2012年教育部哲学社会科学重大课题攻关项目阶段性成果

中国政法大学网络法研究中心文库19

作者简介

于志刚 男，1973年生，洛阳人。中国政法大学网络研究中心主任，教育部长江学者特聘教授。法学学士（1995年，中国人民大学）、法学硕士（1998年，中国人民大学）、法学博士（2001年，中国人民大学），2001年进入中国政法大学任教，次年破格晋升副教授。2004年至2005年赴英国牛津大学做访问学者，2005年破格晋升教授，2006年被遴选为博士生导师，同年开始兼任北京市顺义区人民检察院副检察长至今，2009年至2012年5月任研究生院副院长，2012年5月任教务处处长，2015年5月任中国政法大学副校长。2007年入选教育部新世纪优秀人才支持计划，2010年获北京市五四青年奖章，当选第11届全国青联委员，2013年受聘为最高人民法院案例指导工作专家委员会委员。

近20余年来在《中国社会科学》《法学研究》《中国法学》等刊物发表学术论文200余篇，出版《传统犯罪的网络异化研究》等个人专著12部，合著多部，主持教育部哲学社会科学重大课题攻关项目、国家科技支撑计划项目、国家社科基金项目等省部级以上科研项目近20项。曾获教育部高校优秀科研成果奖、霍英东青年教师奖、钱端升法学研究成果奖、司法部科研成果奖等科研奖励，以及宝钢优秀教师奖、北京市优秀教学成果奖等教学奖励。2010年11月，当选第六届全国十大杰出青年法学家。

于志强 浙江理工大学法政学院讲师，法学博士，华东政法大学法学博士后。曾在《中国法学》《政法论坛》等期刊发表论文10余篇，多篇被《中国社会科学文摘》《人大复印资料》等全文转载，并主持多项省部级课题。

法学格致文库

穷究法理 探求真知

丛书主编 于志刚

本书主编 于志强

中国网络法律规则的完善思路·行政法卷

中国法制出版社
CHINA LEGAL PUBLISHING HOUSE

中国网络法律规则的完善思路·行政法卷

主　　编：于志强

副 主 编：柳泽华

撰写人员：（以姓氏笔画为序）

柳泽华　王华伟　邢程程　于志强

编 写 说 明

    21 世纪已经过去的这十几年，是中国行政法理论和实践高速发展的时期，行政法治建设取得了很大的成效。从 2004 年国务院《全面推进依法行政实施纲要》的发布，到 2014 年党的十八届四中全会通过的《中共中央关于全面推进依法治国若干重大问题的决定》，我国建设社会主义法治国家的脚步正在大幅度的向前迈进。与此同时，网络时代的来临也给人们的工作和生活带来了巨大改变。随着计算机的普及，人们的生活方式、交流形式和工作方式变得越来越多种多样，行政机关的执法方式也日趋多样化，执法对象的种类也日渐丰富起来。正是在这一背景下，如何更好的推进中国行政法在网络服务和监管领域的建设和实施，成为了当下中国行政法理论界和实务界高度重视的一个课题。本书正是为了积极回应这一课题研究的需要，针对当前我国网络行政法领域几个十分重要且亟待解决的问题，在立法层面提出一些建议和分析。

    本书共分为四章，第一章为电子行政行为领域立法完善，提出了立法建议稿——《电子行政行为法（草案）》，共计 13 条；第二章为互联网上网服务营业场所管理领域立法完善，提出了立法建议稿——《互联网上网服务营业场所管理法（草案）》，共计 31 条；第三章为互联网信息服务管理领域立法完善，提出了立法建议稿——《互联网信息服务管理法（草案）》，共计 34 条；第四章为社会团体网络行为领域立法完善，提出了立法建议稿《社会团体利用网络开展活动若干问题的规定（草案）》，共计 15 条。本书在这四个部分中，对各立法草案逐条进行了说明，具体分析了各条款的立法理由，并对在这四个领域提出这些立法建议的目的以及各法律草案所起到的作用和能够解决的问题，进行了详细的阐述。同时，本书还对大量客观、真实的案例进行了汇总、整理，详实地介绍了基本案情、案件的调查和审理过程以及最终的处罚或判决结果，并在此基础上从新法律草案的视角对案件进行了重新审视。

本书之所以选择在这四个领域提出立法建议，一方面是因为这几个领域和人们的日常生活息息相关，是网络行政法的重要组成部分；另一方面是因为这些领域立法缺失或不完善，给行政机关的执法带来了诸多不便和问题，亟需立法更新。首先，在电子政务方面，电子行政是行政行为未来发展的趋势和方向。但就电子政务的立法而言，目前我国地方电子政务立法远比中央立法更为活跃，并且其涉及的面也很广。电子行政行为是整个电子政务法和网络行政发展的核心。但是对于电子行政行为如何发展，比如电子行政行为的适用范围、种类、法律效力应当如何界定，其与传统书面行政行为之间是何种关系，以及电子行政行为的送达和司法管辖等等，均存在诸多争议和模糊之处，目前立法上也没有统一的规定，因此如何有效规范和引领电子行政行为就成为迫在眉睫的问题。因此，只有对电子行政行为及时进行立法和规范，使其具有法律的依据和授权，未来电子行政的发展才会最终取得合法地位，才会更加健康蓬勃地发展。其次，互联网的蓬勃发展给人类的生活带来了巨大的影响，也由此兴起了诸多全新类别的服务产业，其中与人们日常生活联系最为紧密的有两个：互联网信息服务和互联网上网服务。目前我国在对这两个领域的监督管理上，法律缺失，行政机关只能以行政法规作为最高层面的执法依据。因此，针对这一现状，本书在相关行政法规的基础上，在互联网信息服务的管理和互联网上网服务营业场所的管理方面，分别提出了立法建议草案。最后，随着中国社会的不断发展，各类社会团体开始兴起，成为新的社会力量，在社会运行中发挥着日益重要的作用，而对于社会团体的相关立法却明显不足，特别是社会团体的网络行为领域更是处于空白，本书对此亦专门展开了详细的论证，提出可行的立法建议，以图推动相关领域的立法尽快实现。

本书由于志强博士（浙江理工大学法政学院副教授）担任主编。在研究分工和撰写执笔上，本书由主编确定本书的整体思路和主要结构体例，并负责最后的修订和统稿，撰写人员包括：柳泽华（中国政法大学法学院博士研究生）、王华伟（中国政法大学法学院博士研究生）、邢程程（中国政法大学马克思主义学院硕士研究生）、于志强（浙江理工大学法政学院副教授）。在本书的编写过程中，柳泽华博士承担了大量编务工作，并负责了初稿的审读和修改，确保了本书的顺利出版，在此深表谢意。

依法治国是我国的基本治国理念，当前我们更多关注的是"法治"，但不可否认，"法制"是"法治"实现的前提基础，由于信息网络技术给人类社会带来了根本性的变革，人类在进入一个从未有过的信息和技术大爆炸时代的同时，网络法领域众多的立法空白也日益明显。因此，对于网络法领域，我们或许更应该将视线由"法治"转向"法制"，尽快的填补网络法律规制的空白，初步建立起符合新的时代背景的法律体系。网络行政法领域是网络法领域的重要组成部分，同时，相对于其他部门法，行政法领域的立法更具灵活性，因此更应当成为网络法领域法律规则完善的先导，通过网络行政法领域的完善推动相关部门法领域的更新。希望本书的出版能够引发更多学界同仁和法律实务界对中国网络法律规则体系建构这一宏大的时代课题的兴趣和思考。

本书系中国网络法律规则完善思路丛书的行政法卷部分，丛书的初步设想是分为民商法卷、行政法卷、刑法卷和刑事诉讼法卷四本，以后视情况将会续加其他类别。本套丛书系教育部哲学社会科学重大课题攻关项目"信息时代网络法律体系的整体建构研究"的阶段性成果，同时亦是中国政法大学网络法研究中心文库的一部分。本书的出版，受到中国法制出版社的大力支持，尤其是刘峰编辑、韩璐玮编辑从中做了大量的工作，在此深表谢忱！

目　　录

第一章　电子行政行为领域立法完善

第一节　《电子行政行为法（草案）》

为有效规范和促进电子行政行为的健康发展，保障行政机关依法实施电子行政行为，更有效地保护公民、法人和其他组织的合法权益，根据宪法，制定本法：

第一条　本法所称电子行政行为是指行政主体通过计算机网络等电子信息化技术和设备，行使行政职权、履行行政职能，依法作出的对公民、法人和其他组织合法权益产生直接或间接法律影响的法律行为。

第二条　行政机关在符合相关法律法规的情形下，可以在政府采购、政府信息公开、行政指导、行政合同、行政许可、交通处罚等涉及大量日常管理、相对人易于接受的领域，以电子行政的方式作出相应行政行为。

第三条　行政机关以电子行政的方式作出行政行为应当满足以下条件：

（一）行政行为内容具有类似性且需重复作出；

（二）行政行为内容明确具体且易于理解；

（三）行政机关具有较为成熟的电子签章技术和设备；

（四）行政行为的作出无需特别说明理由和举行听证；

（五）行政机关和相对人之间电子数据收发渠道畅通；

（六）不违反其他法律法规的规定。

下列情形行政机关不适宜实施电子行政行为：

（一）涉及相对人或第三人重大人身和财产权益的；

（二）行政行为的主要内容需要由行政机关裁量决定的；

（三）相对人是不懂网络技术、视觉智力有障碍、身体机能严重受损等特殊人群的；

（四）涉及必须当面或当场提交纸质文件的申请事项；

（五）其他不适宜使用电子行政行为的情形。

第四条 行政机关实施电子行政的过程中，应当对能够识别公民个人身份和涉及公民个人隐私的电子信息加强保护，未征得当事人之同意，不得向他人提供公民个人电子信息。

第五条 实施电子行政行为的机关在设置和使用电子设备设施时应当透明、公开，遵循比例原则，不得侵害公民、法人和其他组织的正当合法权益。

电子设备必须由专业的技术人员进行控制和维护，并应当定期进行技术性检修。

第六条 行政机关通过电子文件等方式实施电子行政行为的，事先应当取得对方同意，当事人明确表示接受电子行政方式的，行政机关可使用电子文件等方式作出电子行政行为。

除法律、法规和规章规定可以电子行政的方式作出具体行政行为的情形外，行政机关不得强制公民、法人和其他组织接受电子行政行为。

第七条 电子行政行为的作出主体本身应当合法，并应遵循法定的权限、内容、程序、形式。

在通常情形下，行政机关作出的电子行政行为应当附有电子签名或签章，否则不予认可其法律效力。

第八条 行政机关依照本法规定作出的电子行政行为应当认定事实清楚、程序合法，且与实体行政行为具有同等地位和法律效力。

第九条 电子签章是用以辨识电子文件签署者身份及表明签署者

认可电子文件内容的重要依据，除应符合《电子签名法》的相关规定外，电子签章的字体内容、图案格式等实质性因素均应与实体印章相一致，在形式上也应尽量做到与实体印章大小一致。

第十条 电子证据是借助电子技术或电子设备而形成的一切证据，包括以电子形式存在的、用作证据使用的电子文本、电子记录、电子信息处理数据等及其派生物。

电子证据的提取应当由专业的技术人员和执法人员，依照法定的程序和要求，调取作出电子行政行为所依赖的所有相关原始数据，并按照科学合理的方式方法进行保存。

第十一条 电子证据的举证实行举证责任倒置原则，被告对作出的电子行政行为合法性负有举证责任。被告举证应依照程序法定的要求，指派专业人员采用科学方法对电子证据进行采集、分类、标注和保存。

电子证据的质证和认证，适用《最高人民法院关于行政诉讼证据若干问题的规定》第64条之规定。除此之外，通过非法方式获取的电子证据应当予以排除其证明力。

第十二条 电子行政行为双方当事人应当明确指定收受电子文件的信息系统。

在双方指定电子文件收受信息系统的情况下，电子文件进入该信息系统的首次时间即为收到电子文件的时间。若双方将电子文件发送到对方指定信息系统以外的信息系统的，则以收文者实际取出电子文件的时间作为收到时间，同时当事人双方另有约定的，则从其约定。

电子行政行为双方当事人未指定收受电子文件的信息系统的，则以对方实际收到纸质文本的日期作为送达的时间。

第十三条 因电子行政行为引起的诉讼，由最初作出电子行政行为的行政机关所在地人民法院进行管辖，但由事实发生地、违法行为确认地、处罚决定作出地、实际义务履行地等与电子行政行为有实际联系的地点的人民法院管辖更有利于查清案件事实、作出公正裁判的，相对人可以根据实际情况选择以上的人民法院管辖。

相对人向两个以上有管辖权的人民法院提起诉讼的，由最先收到起诉状的人民法院管辖，同时收到起诉状的，报请它们的共同上级人民法院依据"最密切联系原则"，确定管辖权的归属。

第二节　《电子行政行为法（草案）》草拟说明及理由

第一条　电子行政行为的定义界定

本法所称电子行政行为是指行政主体通过计算机网络等电子信息化技术和设备，行使行政职权、履行行政职能，依法作出的对公民、法人和其他组织合法权益产生直接或间接法律影响的法律行为。

◉说明及理由

关于电子行政行为的概念。电子行政行为是指行政决定的内容通过行政机关以传统的方式作出，然后通过电子邮件等电子递送方式递送给接收者。这种行政行为与自动化行政行为在实践中也彼此转化，后者也可能以电子形式递送。事实上，只有行政行为的成立和生效都是以电子方式实现的才能称之为严格意义上的电子行政行为，满足此项要求的，目前在我国只有交通信号灯等少数几个行为。但我们认为，电子行政行为的概念还是应当从宽界定，即本法所称电子行政行为是指行政主体通过计算机网络等电子信息化技术和设备，行使行政职权、履行行政职能，依法作出的对公民、法人和其他组织合法权益产生直接或间接法律影响的法律行为。电子行政行为具有以下典型特征：1. 虚拟性。电子政务"最大特色就在于虚拟性"。[1] 电子行政行为的虚拟性来源于其所依赖的电子信息和数字网络技术的虚拟化。传

---

[1] 丁先存、王辉：《电子政务中行政行为形式合法性探析》，载《中国行政管理》2004 年第 12 期。

统行政法律关系双方当事人是面对面的交流和抗辩，无论是通过当场提出申请还是邮寄送达，各方都能清楚地感受到对方的实际存在以及所接收信息的真实性。但电子行政行为与此不同，在电子化行政的时代下，行政法律关系双方当事人更多的是在网络虚拟空间内发生各种法律行为，互联网、电子邮件、数码通信等技术也促使传统的有形政府逐渐形成一个广泛联结的"虚拟政府"（Virtual Government），使得行政主体与行政相对人之间形成的行政法律关系呈现出虚拟化趋势。2. 无纸化。这也是数字网络技术发展的必然趋势，即在电子行政的发展中减少纸面公文，实现无纸化办公，这是电子行政行为最鲜明的特点之一。行政机关办公通过计算机网络技术，实现公文制作及交换、数据传输的网络化、电子化，以电子文件、电子邮件、电子签名等无纸化为中心的电子行政行为，逐渐取代以书面文件为中心的传统行政行为模式。3. 技术性。电子行政行为，顾名思义就是用高科技、信息化、技术化支撑的现代行政管理方式，行政行为作出的准确性、安全性、即时性以及电子数据库保密性等等，都需要现代信息技术措施的保障。4. 跨地域性。计算机网络与通信平台的互通性与覆盖性，极大拓展了人类交往和活动的物理空间，将世界各地囊括在网络的"地球村"里。电子行政行为的行政相对人，从千里之地提出行政申请，行政机关在千里之外作出许可或处罚决定已不是难事。这就使得电子行政行为具有了不受空间和地域限制、互通互联的性质。尽管如此，从本质上看，电子行政行为仍然是行政行为的一种，比如电子行政行为作出的主体仍然是行政机关、电子行政的过程是依照法律法规之规定行使公权力、对相对人权利义务产生法律后果等。不过与传统行政行为相比，电子行政行为也有些新的特点：比如适用范围的有限性，也就是说并非所有的行政行为均可以通过电子方式作出，这涉及法律保留和技术保留的问题；再如由于电子行政行为具有虚拟性、技术性和即时性等特征，也会影响到电子证据规则的适用以及送达时点的认定，即电子行政证据的采集、举证、质证认证以及证明力等均需适用较为特殊的规则。

目前来说，电子行政行为的表现形式主要有：1. 电子文件。对于何为电子文件，《珠海市档案条例》第 3 条将其界定为："在数字设备及环境中生成，以数码形式存储于磁带、磁盘或者光盘等载体，依赖计算机等数字设备阅读、处理，并可在通信网络上传送的文件。"因此，通俗言之，电子文件就是记载于电子媒体的文件，其依赖于电子载体。电子文件具有无纸化、非人工可读性的特点，《行政许可法》第 29、33 条①，对以电子文件提出许可申请的方式也进行了规定。2. 电子记录。"这种方式的电子行政行为依赖于一个与相对人个人信息连接的系统。根据外部执法中获得的某些数据内容，在与相对人权利有关的个人系统中生成一个记录，该记录对相对人产生一定的法律效力。典型的是驾驶员违章扣分、罚款和滞纳金的生成，其不具有可选择性，是在一定系统设置下因满足系统设定的条件自动生成的。相对人对其个人记录的生成是被动的、无法控制的，但可以对其记录的生成提出质疑和说明。"② 3. 电子信号。这种方式的电子行政行为以电子信号作为行政执法的方式，在行政执法中，电子设备发出的电子信号具有执行力，行政相对人应当依照电子信号的指示从事相关行为，因为此类电子信号代表的是行政机关。如果因电子信号的指示错误而给行政相对人的人身和财产造成损害，行政机关应当承担相应的法律责任。在这方面最典型的是交通信号指示灯，它是对道路路口通行指示的设备，车辆、行人应当依据交通信号灯的指示通行。③

---

① 《行政许可法》第 29 条第 3 款："行政许可申请可以通过信函、电报、电传、传真、电子数据交换和电子邮件等方式提出。"第 33 条："行政机关应当建立和完善有关制度，推行电子政务，在行政机关的网站上公布行政许可事项，方便申请人采取数据电文等方式提出行政许可申请；应当与其他行政机关共享有关行政许可信息，提高办事效率。"

② 靳超：《电子行政行为研究》，中国政法大学 2007 年硕士学位论文。

③ 《道路交通安全法》第 38 条规定："车辆、行人应当按照交通信号通行；遇有交通警察现场指挥时，应当按照交通警察的指挥通行；在没有交通信号的道路上，应当在确保安全、畅通的原则下通行。"

第二条　电子行政行为的行为类型

行政机关在符合相关法律法规的情形下，可以在政府采购、政府信息公开、行政指导、行政合同、行政许可、交通处罚等涉及大量日常管理、相对人易于接受的领域，以电子行政的方式作出相应行政行为。

◉ **说明及理由**

本条是关于电子行政行为种类的规定。就电子行政行为的种类，有学者认为，"电子行政主要包括六种形式：（1）行政许可，如行政相对人通过网络申请驾驶执照、工商企业营业执照、出国护照等，行政机关予以审批和颁发；（2）行政征收，如一些税务部门开展的网上报税、发票核查等电子税务；（3）行政确认，如网上防伪打假，对公民身份、婚姻、学历状况等提供的网上认证或公证服务等；（4）行政给付，如社会福利的电子支付等；（5）行政合同，如政府签订的电子采购合同等；（6）自动执法，如交通警察开展的道路交通违章监测仪执法等。"[1] 我们认为，从行政管理的领域来分，具体行政行为的类型可分为刚性的行政处罚、行政强制、行政征收等，以及柔性的行政指导、行政合同、行政奖励等两大类型。由于电子行政方式具有无纸化、信息传送网络化等特征，相应地也会导致行政法律关系的虚拟化、柔性化。因此电子行政行为首先应适用于柔性化色彩同样浓厚的行政指导、行政合同、行政奖励等领域，在本质上电子行政只是行政机关运用电子化的方式为社会提供公共服务的手段，与行政处罚、行政强制、行政征收等刚性管理方式在服务目的上并无实质区别，因此电子行政也适用行政许可、交通处罚等领域的部分规定。

---

[1]　刘品新：《网络法学》，中国人民银行出版社 2009 年版，第 84 页。

第三条　电子行政行为的适用条件

行政机关以电子行政的方式作出行政行为应当满足以下条件：

（一）行政行为内容具有类似性且需重复作出；

（二）行政行为内容明确具体且易于理解；

（三）行政机关具有较为成熟的电子签章技术和设备；

（四）行政行为的作出无需特别说明理由和举行听证；

（五）行政机关和相对人之间电子数据收发渠道畅通；

（六）不违反其他法律法规的规定。

下列情形行政机关不适宜实施电子行政行为：

（一）涉及相对人或第三人重大人身和财产权益的；

（二）行政行为的主要内容需要由行政机关裁量决定的；

（三）相对人是不懂网络技术、视觉智力有障碍、身体机能严重受损等特殊人群的；

（四）涉及必须当面或当场提交纸质文件的申请事项；

（五）其他不适宜使用电子行政行为的情形。

◉ 说明及理由

行政行为的内容纷繁复杂，行政管理领域和范围涉及社会生活的各个方面，其中充斥着各种价值冲突和利益衡量。电子行政行为亦是如此，虽然其在社会管理的领域和范围方面与传统行政行为并无本质区别，但更复杂之处在于作出电子行政行为的媒介是电子计算机信息系统。正如前文所言，网络空间基于其自身的虚拟性等特征，使得其成为独立于现实空间的一个新的空间系统，需要特殊的规则进行治理和规范。正是网络空间的这种特殊性，时刻提醒着我们在确定电子行政行为的适用范围时，也应当遵循一些特殊的规则和标准。为此，我们认为可以从以下几个方面对电子行政行为的适用范围和条件进行界定：

一、关于电子行政行为适用条件问题

在高家伟教授翻译的德国学者哈特穆特·毛雷尔《行政法学总论》一书中，涉及电子政务行为适用范围的问题，参考其中的观点并结合相关法律实践，我们认为，对电子行政行为的适用条件和适用范围应作如下限制：1. 类似性的行政行为。效率是公共行政追求的重要价值之一。在现实中可能会存在行政机关需要大量作出相同或类似的行政行为，一般情况下这些行政行为所适用的程序、设备、数据也基本相同，那么此时就可以考虑通过电子设备和电子系统作出此类行政行为。因为计算机电子技术的运用，其便捷性和即时性，将极大促进行政效率的提升，满足效率行政的最基本要求。2. 行政行为的内容应当明确具体。即行政机关所欲作出的行政行为内容或所表达的含义应当明确具体，使用的数字、字母、符号等电子标志或者文字足以毫无遗漏地说明行政行为的全部内容，而且这些内容以及处理决定能够使相对人易于理解，并且不会产生其他误解和文字性歧义。3. 具备电子签章的技术和设备。长期以来，绝大多数行政行为的作出都需要机关领导签名或加盖机关印章，尤其是当场作出的行政行为，比如适用简易程序作出的行政处罚决定，没有执法人员签名或者盖章，就无法保障相对人权利的有效救济。① 从公文规范和真实性的角度而言，签名或盖章既是对行政行为内容的确认，又是对权力行使主体的认可，更是对未来行政责任人的确定。然而，在电子行政行为发展的过程中，某些行政行为虽然没有行政机关领导的当面签名或盖章，但通过电子签名或签章也可以实现传统行政行为的效力。这类行政行为的作出既需要行政机关有比较成熟的电子签章技术和完善的设备，也需要有相关法律法规的保障。4. 一般无需说明理由。电子行政行为也可分为因案情简单、适用简易程序作出的行政行为，和因案情较为复杂、某些环节适用电子送达等方式作出的行政行为。对于只是涉及当事人身份

---

① 《行政处罚法》第34条第2款："前款规定的行政处罚决定书应当载明当事人的违法行为、行政处罚依据、罚款数额、时间、地点以及行政机关名称，并由执法人员签名或者盖章。"

等信息确认的事实行为，或者电子违章拍摄等即时性的行政行为，一般情况下无需事先说明理由，但这并不意味着说明理由是错的，因为说明理由毕竟是行政程序的基本制度，对行政主体、行政相对人、行政复议机关以及司法机关审查都有着重要的意义。所以如果能在有限的时空范围内，在保证行政效率的同时，可以向当事人说明理由，比如对电子行政行为的作出起决定意义的客观事实依据和法律依据等，可以在电脑数据输入和编程过程中予以录入和设定，随电子行政行为作出的最终文本说明理由，使得行政相对人可以清楚明了地理解电子行政行为的内容，这样对于行政行为的执行反而可能会起到更好的效果。当然，如果具体情况和当时情形没必要说明理由，也可以不说明，但前提是需要同时权衡说明理由在行政行为内容中的重要性和必要性，不能违背"即使事后阐明理由，也不能治愈附加理由不全的瑕疵"。① 5. 行政行为无需听证。听证制度是程序正义的一项基本制度。对相对人或第三人将产生重大影响、涉及重大利益的行政决定，比如作出责令停产停业、吊销许可证或者执照、处以较大数额罚款等，就必须要进行事前听证，以充分听取各方面的意见，使行政决定实现最大的公正。但是，现实中还存在大量不涉及相对人或第三人重大利益，也不对其产生重大影响的事项，对于此类行政决定则无需举行听证，可通过电子行政的方式作出，以提高行政效率。6. 电子数据收发渠道畅通。"行政机关以及公民都不存在强制接受敞开渠道的义务，如果行政机关不能和公民对此的意愿一致，可以对此进行裁量决定。"② 因此，电子数据收发渠道的畅通包括两方面：一是在主观上，电子数据发送者与接收者就使用电子方式作出行政行为达成合意；二是在客观上，电子数据发送者与接收者的电子设备均应当畅通无阻，保证电子数据传输的即时性和有效性。可以说，电子数据收发渠道畅

---

① [日] 室井力主编：《日本现代行政法》，吴微译，中国政法大学出版社 1995 版，第 183 页。

② [德] 哈特穆特·毛雷尔：《行政法学总论》，高家伟译，法律出版社 2002 年版，第 79 页。

通对于电子行政行为能否即时送达和生效起着至关重要的作用。7. 不违背相关法律法规的规定。电子行政行为的作出和适用应当遵循现有法律法规的规定，如果现有的相关法律法规明确排除某些情形下电子行政的适用，此时就不能采用电子行政行为。

二、关于电子行政行为适用的排除情形

电子计算机等信息技术因素优化了行政行为的模式，极大地提高了行政效率，但这种模式的采用以不侵害公民的基本权利为根本准则。"通过什么样的行政程序引出行政决定能够为受其影响的公众所接受时，它才算得到有效的实施。"① 同理，虽然电子行政行为在现代行政中具有诸多的优点，但这并不是说所有的行政事项均可以通过电子行政行为的方式完成，事实上电子行政行为的适用是有很多排除情形的：1. 涉及当事人人身自由、较大数额财产等重大利益的决定不宜由电子行政行为作出。通常来看，行政行为的内容主要包括设定权利和义务、撤销权利、免除义务、赋予、剥夺能力或资格、确认和变更相对人法律地位等等。对当事人重大利益产生影响的内容主要涉及限制人身自由和较大数额处罚：如对相对人作出行政拘留的处罚决定，仅仅通过发送电子邮件的方式就送达给当事人，无论于情于法都不太合适，其效力也是值得怀疑的；再如在征地拆迁过程中，涉及相对人重大利益的事项，若未按照法定的程序进行公告和征求民意，只是以电子行政的方式而作出，这显然也是不符合程序正义和实质正义的。2. 具有行政裁量内容的决定不适宜由电子行政行为完成。由于适用电子行政行为作出的决定多具有类似性和重复性，因此电子设备的运作程序需要通过人工预先设置和输入数据，一般电子设备启动后就开始了其程式化运作模式，无需再介入人工操作。但这也会产生一定的问题，比如旧的行政行为的客观事实发生了变化，或者出现了新的未曾预料的情况，导致预先设计的程式和输入的数据不能囊括这些新内容

---

① 《德国行政程序法的实施》，《中欧行政程序法国际研讨会论文集》，国家行政学院法学部，第 82 页。

时，就需要对原先的电子数据系统进行调整或大幅修改。事实上，这些情况的出现往往涉及行政自由裁量的决定，比如针对不同的情况和人员适用不同的处罚幅度，充分考虑出现的各种具体情况，从而作出及时的反应和妥适的决定，但电子行政由于其预先设计好的固定的程序模式，无法做出这种即时的改变。故而，具有较多行政自由裁量内容的决定不适宜通过电子行政方式完成。3. 对某些特殊主体不宜使用电子行政行为。电子行政行为的使用既应符合行政机关的人财物等实际情况，更应考虑到不同受众群体的客观现实能力。对于接受过一定程度学历教育、身体智识均无异样的人来说，经过他们同意，适用电子的方式作出行政行为并无疑义。但对于没有网络条件、不懂电脑操作技术、视觉智力有障碍者、身体机能严重受损者等特殊人群，应当避免采用电子行政行为，否则会导致电子行政行为无法有效送达，影响其效力。4. 其他不适宜使用电子行政行为的情形。除上述列举的不应适用电子方式作出行政行为的类别以外，可能还存在其他不适宜使用电子行政行为的情形。比如适用简易程序可以当场作出的行政行为，就没有采用电子行政行为方式的必要；又如行政机关的技术水平和设施设备尚未达到一定的标准，大量适用电子行政行为可能给政府信息安全或当事人权利造成极大的风险和损害，此时也不适合适用电子行政行为。

第四条　电子行政中对公民网络隐私权的保护

行政机关实施电子行政的过程中，应当对能够识别公民个人身份和涉及公民个人隐私的电子信息加强保护，未征得当事人之同意，不得向他人提供公民个人电子信息。

●说明及理由

本条是电子行政中如何加强公民隐私权保护的规定。隐私权一词的创立者、美国法官路易斯·布兰代斯认为，隐私权就是一个人独处的权利（right to be left alone）。① 随着时代的变更，隐私权逐渐涵盖更多的内容，现在一般认为，隐私权至少包括如下内容：（1）个人信息的保密；（2）个人生活不受干扰的权利；（3）决定个人私事的自由。② 自从互联网诞生以来，网络技术的迅猛发展极大地改变着人类生活的方式，同时也导致传统意义上的隐私权向互联网隐私权的延伸和转变，这给公民个人隐私权的保护造成了很大的挑战。就目前而言，网络上公民的个人信息往往与个人隐私相提并论，比如我们常见的个人信息与个人隐私、个人资料、个人数据等术语的混同使用。但这并非网络隐私权的权威界定，对于何为网络隐私权，通说认为，网络隐私权是指网络环境中权利主体在最少的干预下，顺应自己的意愿而生活的权利，其核心是网络环境中对隐私权的控制，对个人信息资料的控制与利用。"从网络隐私权保护的中心而言，其主要内容包括以下几个方面：网络个人信息资料搜集的知情权；网络个人信息资料搜集的选择权；网络个人信息资料的控制权；网络个人信息资料的安全请求权；网络个人信息资料的利用限制权。"③ 那么，在电子行政中，网络隐私权保护的必要性又何在呢？正如有学者指出，"诚然，以各种方式获得个人信息、并由此产生的隐私保护问题并非网络环境下独有。然而，网络具有多媒体的特点，使得迅速、高效地收集、存储、修改和传播个人信息成为可能。这是传统社会所不能想象的。因此，各国均需要对网络环境下的个人信息保护予以特别的立法规制。"④ 网络隐私权保护问题的凸显，既有电子计算机网络系统自身方面的客观原因，又有公民个人保护能力差保护意识不强等方面的主观原因。而在电子行政环境下，政府也就是作出电子行政行为的行政机关在公民个人网络隐私权的保护中应扮演什么样的角色呢？我们认

---

① See Samuel Warren & Louis D. Bradeis, *The Right to Privacy*, Harvard Law Review, 15th December 1890, Vol. IV pp. 193~220.

② 参见张新宝：《隐私权的法律保护》，群众出版社1997年版，第12页。

③ 张楚：《网络法学》，高等教育出版社2003年版，第155~156页。

④ 刘品新：《网络法学》，中国人民银行出版社2009年版，第91页。

为，行政机关对公民个人网络信息资料的收集和管理，与其管理社会公共事务的各种传统行政行为，在本质上都是一样的。行政机关在收集和管理公民个人网络信息资料时，也应当遵循合法与必要的原则，而不是说"政府行为想怎样就怎么样"。具体而言，行政机关在公开或展示公民个人网络信息资料时，应当征得其合法所有者或提供者的同意，行政机关对收集或掌握的公民个人信息资料应当采取加密方式保护，防止被第三方恶意窃取等其他应当采取的保护措施。总之，对公民个人网络信息资料，行政机关在作出电子行政的过程中应当采取各种措施加强保护，同时更应当通过立法进行全面的保护，这不仅体现在平等权利主体之间的民事活动中公民个人信息资料，还表现在政府与公民地位不对等的行政法律关系活动中所出现的，涉及公民的各项网络信息，特别是在行政机关实施电子行政的过程中，应当通过立法加强对能够识别公民个人身份和涉及公民个人隐私的电子信息的保护。

第五条　电子行政行为实施的人财物保障

实施电子行政行为的机关在设置和使用电子设备设施时应当透明、公开，遵循比例原则，不得侵害公民、法人和其他组织的正当合法权益。

电子设备必须由专业的技术人员进行控制和维护，并应当定期进行技术性检修。

◉**说明及理由**

电子行政行为需要在一个安全、可靠、有效的计算机信息技术系统中运行，以确保电子信息的真实、准确和有效，从而保障政府信息的安全。因为政府信息安全和公民隐私权保护是电子行政中不可回避的两大问题。公民隐私权是保护、处理个人信息之秘密，使其不被侵扰和泄露的权利，这是一项公民最基本的权利。在电子行政的发展过程中，网络电子设备不仅关乎政府信息的安全，而且也已经触及到公民的隐私权问题，因此确保政府信息安全的同时，对公民的隐私权的加强保护成为了电子行政应当遵循的原则。但我们看到无论是政府信息安全的维护还是公民个人隐私权的保护，无不依赖于网络技术及电子设备的合理设置及应用。电子设备的设置主体必须合法，设置程序应当严格，设置场所应当合理，设置目的应当符合公共利益的需要。而所有的这些均离不开专业技术人员的操作和维护，以及强有力的财政和物质保障。这是因为在现代计算机信息模式下，任何电子技术、电子设备、计算机系统的运行都需要一种人为的设定，需要提前人为输入"指令"，否则电子设备将无从运转，系统程序也将无法运行。同样，电子设备和技术程序也需要专门的人员对其进行监测、控制、维护，以及发生突发状况及时进行补救。如果计算机系统被破坏将导致系统瘫痪和信息丢失，甚至会导致机密数据被窃取及重要信息被删改。因此，电子行政所依赖的电子设备和系统由技术人员进行专门维护，并定期对其进行检测和维护就显得极为必要，也亟须在立法上对电子行政的人财物保障事项予以明确。

第六条　电子行政行为双方自愿协商使用原则

行政机关通过电子文件等方式实施电子行政行为的，事先应当取得对方同意，当事人明确表示接受电子行政方式的，行政机关可使用电子文件等方式作出电子行政行为。

除法律、法规和规章规定可以电子行政的方式作出具体行政行为的情形外，行政机关不得强制公民、法人和其他组织接受电子行政行为。

◉说明及理由

合意性和平等原则是行政机关适用电子方式作出具体行政行为时应当遵守的基本原则。所谓合意性，是指行政机关适用电子方式作出行政行为，事先应当与行政相对人协商一致，而不是一方强加于另一方的结果。所谓平等原则，是指行政机关作出电子行政行为时，应当

为行政相对人提供平等交流的机会和平台，以平等的身份与行政相对
人进行协商和沟通。这是因为，电子行政行为与传统行政行为相比，
虽然具有各种突出的优点，但这并不意味着电子行政可以取代传统行
政。事实上电子行政行为与传统行政行为之间是协调互补的关系，即
行政机关对于是否使用电子行政方式虽有自由裁量权，但行政相对人
也有自由选择权。行政机关在电子行政行为方式的适用中必须遵守平
等原则，为民众与政府之间的交流提供多种可供选择的方式。如果当
事人明确告知行政机关，其不愿通过电子行政方式或者不懂电子文件
处理方式时，行政机关就有责任通过传统的书面文件形式实施行政行
为。换言之，除非当事人明确表示其愿意接受电子文件并指定了具体
的电子文件接收系统时，行政机关方可使用电子文件的行为方式，这
是平等原则在电子行政方面最基本的要求。同时，我们也应注意到，
在当事人向行政机关提交相关申请时，行政机关不能因当事人提交方
式的不同，比如有的相对人以书面方式提交，有的以电子方式提交，
此时行政机关不能根据自己的喜好进行差别对待和歧视性处理，而应
当一视同仁、同等处理。

第七条　电子行政行为的合法有效要件

电子行政行为的作出主体本身应当合法，并应遵循法定的
权限、内容、程序、形式。

在通常情形下，行政机关作出的电子行政行为应当附有电
子签名或签章，否则不予认可其法律效力。

◉说明及理由

行政行为的合法要件是指合法行政行为所必须具备的法定条件，
通常包括行为主体合法、权限合法、内容合法、形式合法以及程序合
法。电子行政行为独有的虚拟化、无纸化、跨地域性等特征，使其与
传统行政行为模式有着很大的区别。若法律不明确规定电子行政行为
的法律效力和法律地位，将导致其法律角色模糊化，在其对相对人的

合法权益造成损害时，相对人将难以寻求法律救济。故而，对电子政行行为模式的合法性判断问题必须进行深入研究，并在立法中予以明确。

一、电子行政行为的合法性判断

1. 主体合法：电子行政行为虽具有一定的虚拟性，但仍需附着于现实客观存在的行政机关才能作出。电子行政行为不能因为其具有虚拟性就不加规范和约束，相对于各种有形的行政组织而言，电子行政不具有独立性，依赖于现实的政府组织。从"一套班子两块牌子"的角度观之，电子行政可以看作是现实行政机关的分身，真正承担法律后果的仍然是各种有形的行政机关。由于传统行政程序中，行政主体的资格一般都由签字或盖章的方式予以确认，如果伪造、变造、买卖或者盗窃、抢夺、毁灭国家机关的公文、证件、印章将受到严厉的刑事责任追究。但在电子行政中，可以设计出与纸质公文格式相同的电子公文模板，有发文机关标识、落款等，由于网络通信的虚拟化特点，电子公文不再采用纸质文件，传统的印章和亲笔签署方式在电子文本中难以发挥应有的作用。如果缺乏对电子文件操作权限的严格控制，电子行为主体的标识很容易被篡改且不留痕迹。这不仅给行政主体的识别带来相应的困难，也为不法分子伪造、变造行政主体签章提供了可乘之机。为了避免上述情况的发生，行政机关、司法机关开始采用电子签章技术，从技术上保障了签章的唯一性且不容易被伪造，我国在2004年也通过了《电子签名法》，明确了电子行政行为的主体身份，并规定了严格的法律责任作为保障。具有了法律保障的电子签名，使得通过网络以电子公文进行信息传输的形式更加安全可靠。

2. 权限合法：权限适当且合法，是电子行政行为合法有效的必要条件之一，这就要求电子行政行为必须是行政主体在其法定权限内作出。所谓法定权限，主要涉及的是行政主体之间就某一行政事务的首次处置所作的管辖权划分问题，具体而言包括事务管辖权、地域管辖权和级别管辖权。由于电子行政行为跨区域的特点，使得传统的行政地域管辖和级别管辖不能完全适用，所以应对电子行政中的地域管辖和级别管辖予以特别关注。我们认为，电子行政案件的管辖应以电子行为所在地（即电脑终端操作地）的属地管辖为主，同时辅之以属人管辖，此外还要根据互联网的特点，在某些电子行政违法行为中还可以考虑以 IPS（网络服务提供商）登记地进行相应的地域管辖。关于电子行政行为的级别管辖问题，在实践中我们经常看到网络行为的影响力和传播力，有时远远超出传统行政行为的影响范围，所以我们认为为了便于对重大复杂的电子行政行为进行更加有效的管理，有必要适当提高其行政管辖的级别。

3. 内容真实：行政行为内容的真实、合法，指的是行政行为所涉及的公民、法人或其他组织的权利、义务，以及对这些涉及的权利、义务的处分或处置，均应符合相关法律法规的规定以及社会公共利益。在电子行政行为中，从本质上讲，电子行政行为内容的合法性与传统行政行为内容的合法性并没有什么根本的区别，只是在能否保障行为内容的真实性方面有着很大的不同。与传统行政行为的纸质文本相比，电子公文的真实性更易受到威胁，也更难维护与认证。这是因为，当前在证据法学上已经发展出了一套专门的物证技术来鉴定纸质文本的真实性，由于纸质文本的信息内容已经固化于载体之上，纸张载体的原始性决定了信息内容的真实性和不能被轻易篡改的可能性，即使存在争议或模糊之处，也可以通过对字体、字迹、纸张性质、印刷方式、印章等进行物理鉴定，判断出该份行政文书是否被伪造或变造。正是基于原件能体现行为人意思表示的完整性、真实性，所以为了确保纸质文本的真实性，行政机关在受理当事人的各种申请时，通常要求相对人提供许可证等相关文本的原件，而非复印件，而行政机关送达给相对人的正式行政决定也必然是带有红头印章的原件。

与纸质文本不同，电子行政的信息内容与原始载体的关系不如纸质文件那么紧密，因为仅仅保证磁盘、光盘等电子文件载体的完好无损，并不能确保电子信息内容的真实可靠，而且在现实中用于鉴定纸质文本真实性的一套物证鉴定技术和方法对电子文件来说收效甚微。

正是基于这层原因，人们对电子信息的内容是否真实地反映了行政主体的意图难免产生疑虑，这对于电子行政的合法性、有效性是一个非常大的挑战。但这一挑战并非无法克服，我们认为只要从提升技术、改善管理和健全法律三方面入手，电子行政行为的真实性还是可以得到有效维护和认证的，比如在电子行政的未来发展中，技术人员积极研制先进又实用的电子认证技术，管理人员完善电子文件的管理制度和标准，立法人员制定电子文本认证的法律规范和措施，"三管齐下"必然可以提高电子行政的真实性，大大避免伪造电子公文的现象发生。

4. 形式合法："行政行为必须通过一定的形式表现出来。"[①] 不同的行政行为会有不同的表现形式，"行政行为的形式主要指书面文字和特定意义的符号"[②]，但就目前政府机关作出的行政行为来看，最大量、最普遍、最常见的是以文字、图表等直接记录于纸张上的书面形式，由于书面形式符合现代行政明确性的要求，也有利于证明行政行为的客观存在，故法律法规一般要求行政机关以书面形式作出行政行为，并将这一行为作为其合法的要件之一。如我国《行政许可法》第32条第2款规定："行政机关受理或者不予受理行政许可申请，应当出具加盖本行政机关专用印章和注明日期的书面凭证"。《行政处罚法》第39条第1款规定："给予行政处罚，应当制作行政处罚决定书。"而电子行政以计算机信息网络为支撑，行政机关的意思表示和行为过程以电子形式为载体形成电子文件，不具有纸质的书面载体，电子文件显然不能满足传统书面形式的要求，这给证据的固定和司法审查的进行均造成了较大的障碍。但是"只有形式合法的行政行为才是合法的行政行为。这就要求行政行为必须具备法律所要求的形

---

① 胡建淼：《行政法学》，法律出版社2003年版，第196页。

② 姜明安：《行政法与行政诉讼法》，北京大学出版社、高等教育出版社1999年版，第146页。

式"①，在电子行政行为尚无相关立法的情况下，我们可以借鉴我国《电子签名法》第5条的规定，对电子行政行为的形式要件进行规范。②

5. 程序合法：行政程序是行政主体实施行政行为时应当遵循的方式、步骤、时限和顺序。我国行政程序主要内容如下：（1）顺序，即行政行为的步骤。（2）形式，即行政行为的表现形式，如口头、书面或动作手段。（3）时限，即对行政行为的作用或完成作时间上的限制。③ 因此，只有符合法定程序的行政行为才是合法的行政行为，这是程序法治原则的基本要求。但是程序的简便性，电子行政行为的突出特征，表现在某些程序阶段可以合并在一起完成，甚至可以省略其中的某个程序节点，电子行政行为的作出也不受时空范围的限制等。但无论电子行政行为的程序如何简略，也应当符合调查、取证、裁决、送达等最基本的程序要求。

二、电子行政行为的生效

行政行为的生效是指行政行为发生了其内容所确定的相应法律后果。"行政主体无瑕疵；相对人无瑕疵；目的和内容无瑕疵；程序和形式无瑕疵"④，即行政行为业已合法成立，是其生效的前提。但并不是所有行政行为具备了上述要件便立即生效，根据行政行为生效时间的不同，可以分为即时生效、受理生效、告知生效和附条件生效等类型。其中告知制度最常见的生效方式，比如我国《行政处罚法》第31条规定："行政机关在作出行政处罚决定之前，应当告知当事人作出行政处罚决定的事实、理由及依据，并告知当事人依法享有的权

---

① 姜明安：《行政法与行政诉讼法》，北京大学出版社、高等教育出版社1999年版，第154页。

② 《中华人民共和国电子签名法》第5条："符合下列条件的数据电文，视为满足法律、法规规定的原件形式要求：（一）能够有效地表现所载内容并可供随时调取查用；（二）能够可靠地保证自最终形成时起，内容保持完整、未被更改。但是，在数据电文上增加背书以及数据交换、储存和显示过程中发生的形式变化不影响数据电文的完整性。"

③ 许崇德、皮纯协主编：《新中国行政法学研究综述》（1949－1990），法律出版社1991年版，第501页。

④ 张正钊：《行政法与行政诉讼法》，中国人民大学出版社1999年版，第104页。

利。"所以，告知一般是指行政机关在作出行政行为的过程中，将行政决定的相关事实和理由等情况告诉行政相对人的一种基本制度。从理论上讲，"行政处理只在行政机关的当事人知悉时起才能实施，只在公布以后才能对当事人主张有效。"① 故根据行政法的基本原理，只有行政决定送达相对人并且相对人知晓行政决定的内容以后，才能对相对人生效，并开始计算复议或诉讼期限。电子行政行为的生效制度也不应违背这一基本法理和程序要求，其生效时间通常取决于电子文件的送达时点。

三、电子行政行为的无效和撤销

参照传统行政行为无效和可撤销的理论，电子行政行为的无效是指电子行政行为出现了明显且重大违法情形，从而导致其自始不产生任何法律效力。对于电子行政行为的无效，这里我们采取的仍然是"明显且重大违法"标准，因为该标准体现了违法程度的最高性和不可接受性，其违法情节已经超出任何一个智识正常的人所能理解和接受的程度，违背了自然法的最基本原则，当然应当将其归于无效。"明显且重大违法"的情形主要包括，作出电子行政行为的主体明显不具有合法主体资格、严重违反正当行政程序、明显超越职权和滥用职权而作出的电子行政行为，这些行为均应当归于无效。电子行政行为的撤销是指行政行为因欠缺合法要件或者存在不适当情形，由有权的国家机关作出撤销该电子行政行为的决定，从而使该行政行为自撤销之时起失去法律效力的一种制度。电子行政行为可撤销的情形多属于其合理性问题，其违法或不当的程度明显低于行政行为无效的情形，比如在电子行政行为作出过程中，因存在行政程序瑕疵，从而导致行政相对人合法权益受到侵害的，有权的行政机关可以对该电子行政行为进行撤销，使之失去原有的法律效力。总之，电子行政行为是否需要撤销、在何种情形下应当撤销以及被撤销后行政行为的效力等问题，应当由合法的行政机关，依据相关法律规范，进行综合价值权

---

① 应松年：《比较行政程序法》，中国法制出版社 1999 年，第 159 页。

衡予以判定，根据不同的案情，或者给予瑕疵补正之机会，或者直接作出撤销决定等。

第八条　电子文本的法律效力

行政机关依照本法规定作出的电子行政行为应当认定事实清楚、程序合法，且与实体行政行为具有同等地位和法律效力。

◉ **说明及理由**

电子行政行为与实体行政行为以及电子文本与纸质文书是否具有相同的法律效力，可谓仁者见仁智者见智。有观点就认为，单纯的电子文本由于其自身的易更改性、虚拟性等特性，导致其法律效力大大降低，在没有与相应纸质文本进行相互印证的前提下，甚至其根本就不具备任何法律效力。但是我们认为，在电子行政过程中所作出的各种行政行为，包括所产生的各种电子信息、电子文件等，在认定事实清楚、作出程序合法的情况下，应当具有法律效力，而且是具有与实体行政行为同等的地位和法律效力。这是因为电子行政行为与实体行政行为在本质上并无二致，都是为行政行为方式的一种，只不过是为达同一行政管理之目的而采取的不同方式或手段而已，只要电子行政行为认定事实清楚、程序合法、适用法律正确，那么其作出的电子行政决定就具有与实体行政行为同等的对外的法律效力。

第九条　电子签章

电子签章是用以辨识电子文件签署者身份及表明签署者认可电子文件内容的重要依据，除应符合《电子签名法》的相关规定外，电子签章的字体内容、图案格式等实质性因素均应与实体印章相一致，在形式上也应尽量做到与实体印章大小一致。

◉说明及理由

按照《现代汉语词典》的解释，签名是指写上自己的名字。① 作为法律术语的一种，我国《电子签名法》第 2 条对电子签名所下的定义是指："数据电文中以电子形式所含、所附用于识别签名人身份并表明签名人认可其中内容的数据。"在日常生活的实践中，签名具有特殊的法律意义，特别是在正式的法律文书中，只要涉及纸质文本的制作和生成，一般都以符合法律条件的签名或签章作为前提，而且在很多情况下行政机关甚至将其作为要式法律行为最主要的构成要素之一。在电子行政发展的过程中，电子签名或签章同样必不可少。对于行政相对人来说，电子签章是识别电子行政主体身份的重要标识，而对于行政机关来讲，电子签名则是辨别相关行政申请等事项是否为相对人真实意思表示的重要依据。所以，对电子签名或签章在立法上进行规范，无论是对于国家行政机关来说，还是对于作为行政相对人的公民、法人或其他组织而言，都是十分必要的。根据电子公文的技术特点，按照信息的存在形式可以将电子文件分为文本文件、数据文件、图形文件、图像文件、影像文件、声音文件和程序文件、多媒体文件和超文本文件。② 这些电子文件在行政机关作出电子行政的过程中均起着相关的媒介和桥梁作用，它们或直接作为电子行政行为的依据体现出来，或作为电子行政行为得以作出的媒介而起作用。但是无论如何，有一点不容否认的是，任何电子文本或电子数据欲作为电子行政行为的文件依据而使用，并对外发生相应的法律效力，就必须符合一定的形式要件——具备相应的电子签章。没有电子签章的电子文件，属于主体不明的文件，不应对外产生任何的法律效力，而且这种电子签章还必须符合一定的文字、图案等格式要求，否则极易引起当事人的误解而引发纠纷。

---

① 参见中国社会科学院语言研究所词典编辑室：《现代汉语词典》，商务印书馆 2002 年版，第 109 页。

② 冯慧玲：《政府电子文件管理》，中国人民大学出版社 2004 年版，第 5～7 页。

第十条　电子证据范围及取证

电子证据是借助电子技术或电子设备而形成的一切证据，包括以电子形式存在的、用作证据使用的电子文本、电子记录、电子信息处理数据等及其派生物。

电子证据的提取应当由专业的技术人员和执法人员，依照法定的程序和要求，调取作出电子行政行为所依赖的所有相关原始数据，并按照科学合理的方式方法进行保存。

◉说明及理由

电子证据是借助电子技术或电子设备而形成的一切证据，包括以电子形式存在的、用作证据使用的一切材料及其派生物。[①] 故而电子证据与传统书证相比，其依附于电子技术或电子设备，本身不具有独立性，需要与电子设备系统的程序、运行等鉴证一起作为证据使用，其具有虚拟性，能快速传播，且可以借助电子介质保存，本质上是一种数字信息。电子证据具有的高科技性、无形性、易破坏性、非原件性等特点，使诉讼过程中的证据收集和审查判断，往往需要一定的科学技术，甚至是尖端的科学技术，因而对审判中的证据采集与审判人员的相关专业知识提出了较高的要求。[②] 我们认为电子证据的取证应当遵循如下技术规则：一是取证主体。电子证据的取证主体包括法院、行政机关、行政相对人以及其他诉讼参加人，基于电子行政行为的技术性很强的特点，必要时可以聘用或者委托专家以调取证据。二是取证内容。《最高人民法院关于行政诉讼证据若干问题的规定》第12条规定："根据行政诉讼法第三十一条第一款第（三）项的规定，当事人向人民法院提供计算机数据或者录音、录像等视听资料的，应当符合下列要求：（一）提供有关资料的原始载体。提供原始载体确

[①] 何家弘主编：《电子证据法研究》，法律出版社，2002 年 7 月版，第 5 页。

[②] 王天星、王亚琴：《电子政务与行政诉讼》，载《人民司法》2002 年第 11 期。

有困难的，可以提供复制件；（二）注明制作方法、制作时间、制作人和证明对象等；（三）声音资料应当附有该声音内容的文字记录。"我们认为电子证据的取证应当围绕上述要求展开，具体包括电子行政行为作出所依赖的原始载体，比如电子文本、电子记录、电子信息处理数据等；以及产生这些电子信息和数据所依赖的电子设备和数据系统的完整性；以及数据系统中可能存在的删除、修改电子数据的各种原始记录及其他有助于查明案件事实的记录。三是取证方法。电子行政行为中的证据取证方法具有一定的特殊性和技术性，例如注意在现场寻找有关硬件、软件的使用说明或安装盘，对于复制的数据，要用信息摘要和数字签名来确保证据不被改动，对于采集的证据，要及时标注提取的时间、来源、提取过程、适用方法、提取人员，以证明电子证据是否属实。① 四是取证程序。依照程序法定的要求，取证人员调取电子证据应当注意如下事项：在调取电子证据之前获得相关机构或人员的许可和授权、调查人员系符合规定的专业技术人员、合法的行政执法人员或其他符合法律要求的人员，对所调取的证据采用科学合理的方法进行采集、分类、标注，做好相应证据的保存和保全措施，使电子证据的整个过程具有完整性、连续性。

第十一条　电子证据举证及认证

电子证据的举证实行举证责任倒置原则，被告对作出的电子行政行为合法性负有举证责任。被告举证应依照程序法定的要求，指派专业人员采用科学方法对电子证据进行采集、分类、标注和保存。

电子证据的质证和认证，适用《最高人民法院关于行政诉讼证据若干问题的规定》第64条之规定。除此之外，通过非法方式获取的电子证据应当予以排除其证明力。

---

① 刘品新：《网络法学》，中国人民银行出版社2009年版，第91页。

◉说明及理由

本条是关于电子证据举证、质证的规定。首先，关于电子证据的举证问题。电子行政行为作出的主体是行政机关，接受方为行政相对人，从本质上讲，电子行政行为仍是行政行为的一种。但由于双方的地位本来就不完全平等，又加之电子数据的高技术性等因素，使得相对人和行政机关之间的举证能力差距又在拉大，这对于某些电子信息技术能力不强的相对人来说，其在举证责任上处于更加"被动"和"不利"的状态。因此，我们认为电子行政行为的举证，同样适用《行政诉讼法》第34条、《最高人民法院关于执行〈中华人民共和国行政诉讼法〉若干问题的解释》第26条举证责任倒置的原则。即在电子行政行为的举证过程中，行政相对人在承担初步证明责任的前提下，作出电子行政行为的行政机关必须提供充分的反证以证明其行为合法有效。在这个过程中，行政相对人承担推进责任，行政机关承担说服责任，这是由二者的法律地位、举证能力等客观事实情况所决定的。其次，对于电子证据如何进行质证和认证的问题。《最高人民法院关于行政诉讼证据若干问题的规定》第39条第1款规定："当事人应当围绕证据的关联性、合法性和真实性，针对证据有无证明效力以及证明效力大小，进行质证。"第64条："以有形载体固定或者显示的电子数据交换、电子邮件以及其他数据资料，其制作情况和真实性经对方当事人确认，或者以公证等其他有效方式予以证明的，与原件具有同等的证明效力。"第71条规定："难以识别是否经过修改的视听资料不能单独作为定案依据。"我们认为上述司法解释的规定是相当全面的，同样也应适用于电子证据的质证和认证。但这里还需要注意一个问题就是，非法证据排除原则的适用。非法证据排除原则是证据可采性认定非常重要的一个标准，网络电子证据也不例外，更应经过合法性、关联性、真实性的检验。现在对于非法网络证据排除的情形，主要包括：通过窃录方式获得的电子证据，侵害他人正当合法权益的；通过非法搜查、扣押等方式获取的电子证据，情节严重的；通过非核证程序得来的网络电子证据；通过非法软件得来的电子证据。[①]
上述证据在电子证据的质证和认证时，一律不予采用。

第十二条　电子行政行为送达

电子行政行为双方当事人应当明确指定收受电子文件的信息系统。

在双方指定电子文件收受信息系统的情况下，电子文件进入该信息系统的首次时间即为收到电子文件的时间。若双方将电子文件发送到对方指定信息系统以外的信息系统的，则以收文者实际取出电子文件的时间作为收到时间，同时当事人双方另有约定的，则从其约定。

电子行政行为双方当事人未指定收受电子文件的信息系统的，则以对方实际收到纸质文本的日期作为送达的时间。

◉ **说明及理由**

近二十年来随着计算机信息技术日新月异的发展，行政机关作出的行政决定、行政文书等，采取电子传真、电子邮件等送达方式进行送达，是未来发展的必然趋势。特别是与传统的送达方式相比，电子送达的简便性、快捷性等优点极为突出，极大地提高了行政效率，所以电子送达的方式应得到大力提倡和使用。当然我们也看到，电子送达并非完美毫无瑕疵，我们未来所要做的就是及时发现电子送达中可能存在的各种问题并予以解决。解决的路径可以从以下两方面着手：一是从法律上确立电子送达方式的合法性以及明确电子文件收发的时点，这点我们可以借鉴合同法上的相关规定，其中《合同法》第16条第2款规定："采用数据电文形式订立合同，收件人指定特定系统接收数据电文的，该数据电文进入该特定系统的时间，视为到达时

---

① 参见张楚：《网络法学》，高等教育出版社2003年版，第155～156页。

间；未指定特定系统的，该数据电文进入收件人的任何系统的首次时间，视为到达时间。"这一法律规定为我们界定电子送达的时点提供了有益的参照。但需要注意的是这一规定适用的前提在于行政机关实施电子送达要取得相对人的同意，并将电子文件发送至相对人指定的数据接收系统。二是从技术上加强计算机信息技术的研发和应用，最好确立和完善全国统一的网络技术标准，实施电子送达的部门和机关应当配备专业的网络技术人才，接收电子送达的当事人也要从计算机软硬件方面提升自己的能力。

第十三条　电子行政行为司法管辖

因电子行政行为引起的诉讼，由最初作出电子行政行为的行政机关所在地人民法院进行管辖，但由事实发生地、违法行为确认地、处罚决定作出地、实际义务履行地等与电子行政法有实际联系的地点的人民法院管辖更有利于查清案件事实、作出公正裁判的，相对人可以根据实际情况选择以上的人民法院管辖。

相对人向两个以上有管辖权的人民法院提起诉讼的，由最先收到起诉状的人民法院管辖，同时收到起诉状的，报请它们的共同上级人民法院，依据"最密切联系原则"确定管辖权的归属。

◉ **说明及理由**

互联网技术的发展使得距离不再是制约人与人之间交往和沟通的主要难题。在网络世界里，电子行政的发展使行政行为也变得虚拟化和技术化。一方面使得行政管辖区域界限变得模糊和淡化。传统行政行为的管辖区域可以通过实体的观测、考察等直观的方式进行判断，而网络空间的开放性和虚拟性使得电子行政的管辖区域很难再通过这种直观判断的方式予以确定，最典型的例子莫过于在相隔万里的情况下，行政机关亦可以对特定的相对人作出某些具体行政行为；另一方面网络的虚拟化使得身份认证也更加困难。这不仅给行政相对人的身份认证带来诸多困难，也给行政机关身份的认证造成一定难题。比如说，行政相对人通过网络在线申请行政许可或政府信息公开，所申请的行政部门是否真的是现实存在且有权处理该事项的部门，以及在该申请人收到计算机系统的反馈时，反馈的信息是否一定就是行政主体的真实意思表示，这些问题在网络的虚拟世界里很难得到百分之百肯定的回答。

管辖区域界限的模糊化和身份认证的困难化，也涉及电子行政行为的司法审查和司法救济方面。由于网络技术跨地域、跨空间的特殊联系方式，相对人往往忽略了不同的行政机关在地域管辖上的职权划分，使得电子行政行为对相对人产生的法律效果也突破了原有地域空间的限制，再加之当事人身份认证的困难化，这些因素的叠加使得行政诉讼司法管辖的审查和确认变得更加复杂。在现行法律法规体系下，行政管辖权主要包括地域管辖、级别管辖和特别管辖这几类，其中地域管辖系涉及同级行政主体之间就首次处理行政事务的权限和分工问题，它针对的是行政事务活动的空间区域和范围。诚如前文所述，行政机关作出电子行政行为时，可能会导致传统的行政地域管辖的规则无法完全适用，行政管辖权的混乱和模糊继而会对司法管辖产生重大影响。对于新型的电子行政行为的司法管辖权，学界存在网址管辖论、技术优先论、相对人所在地管辖论、服务器所在地法院管辖论等诸多观点，这给我们提供了有益的启示。但我们认为电子行政行为的司法管辖，应在继承现有行政诉讼司法管辖权体制的前提下，可以借鉴合同法以及涉外纠纷中有关管辖事务比较成熟的做法予以进一步完善。比如我国《合同法》及其司法解释对于司法管辖作了很多细致、灵活的规定，例如侵权行为地、合同履行地、合同成立地等等，在涉外纠纷中还规定了最密切联系原则，这些规定对于同样属于新型事务的电子行政行为司法权管辖权的确立，具有极强的借鉴意义。

第三节 《电子行政行为法（草案）》 实证案例分析

本法律草案重在为电子行政行为的良性发展提供法律保障，在促进行政机关依法实施电子行政行为的同时，达到更有效地保护公民、法人和其他组织正当合法权益的目的。具体来看，本法律草案主要立足于解决电子行政行为发展中以下几个最为关键和迫切的问题，为了更好地体现本法律草案对电子行政行为现有规范和未来发展的促进作用，每个相关问题都附有真实的案例进行对比分析。

一、电子行政行为概念的明确化

从现代行政发展的角度来看，电子政府（E-Government）是相对于传统的"纸质政府"（P-Government）而言的。可以说，电子行政是行政行为未来发展的趋势和方向。但就电子政务的立法而言，目前我国地方电子政务立法远比中央立法更为活跃，并且其涉及的面也很广。但是，仔细分析可以发现，地方电子政务立法目前主要还是集中在电子政务工程建设或者项目管理方面，还没有太多规定涉及信息技术的应用，遑论行政流程的再造与改革。① 正是在这个层面上，我们可以说我国的电子政务立法目前表现出很强的"重电子建设、轻政务应用"特征。② 这种局面的出现，与我们对电子政务还缺乏系统的研究有关，就电子政务建设所包含的内容来看，电子政府根据不同的发展和建设方向，大体可以分为电子政务组织体系、电子政务技术体系、电子行政行为体系、电子政务监督体系，相应地在电子政府立法的过程中，也可以将立法的过程分为电子政务组织立法、电子政务

---

① 各地方制定的电子政务规定，主要集中在电子政务工程的立项管理、审批权限划分、网络平台构建、工程项目管理、监理、验收、事后评估、运行维护资金保障等方面。规定信息技术应用较多的领域主要在信息公开、办公自动化以及信息共享等几个方面。

② 周汉华：《电子政务法研究》，载《法学研究》2007 年第 3 期。

技术立法、电子行政行为立法、电子政务监督立法。这些部分共同构成了电子政府法的整个体系，电子政府的各个组成部分之间，本不应有"厚此薄彼"之分，但是我们也知道电子政务发展的目的在于通过电子政务的建设以电子行政的方式，实现行政效率的提升以及行政执法的公正。正是在这种意义上，我们认为电子行政行为建设在电子政务体系中起着最为关键的作用，也是整个电子政务法和网络行政发展的核心。但是我们也看到，对于电子行政行为如何发展，比如电子行政行为的适用范围、种类、法律效力等应当如何界定，其与传统书面行政行为之间是何种关系，以及电子行政行为的送达和司法管辖等等，均存在诸多争议和模糊之处，目前立法上也没有统一的规定，因此如何有效规范和引领电子行政行为就成为迫在眉睫的问题。此外，由于电子行政行为是在当今电子信息与通讯技术发展的基础上，对传统行政行为流程的再造和变革，它对于过去以部门权力划分和纸面办公方式为背景的传统行政运作模式是一项全新的挑战。因此，在电子行政发展的过程中，推行电子政府和电子行政之初，必然面临着如何突破现有法律对相对人亲自到场确认或签名、采用书面形式作出行政决定以及当面送达本人等传统行政行为所要求的障碍。因此，我们认为电子行政行为要有比较大的发展，就必须对电子行政行为及时进行立法和规范，也就是说，只有具有了法律的依据和授权，未来电子行政的发展才会最终取得合法地位，才会更加健康蓬勃地发展。

相关问题的案例对比分析——（2012）沪二中行终字第 193 号①

1. 案例基本案情

2011 年 11 月 17 日，姜某某至上海市虹口区民政局申请办理定期抚恤金。经查，姜某某为部队后勤部招待所退休人员，退休工资为每月人民币（以下币种均为人民币）1,590.7 元，虹口区民政局根据 2004 年 8 月 1 日公布的《军人抚恤优待条例》及沪民优发〔2006〕

---

① 来源北大法宝司法案例，访问网址：http://www.pkulaw.cn/case/pfnl_118614920.html？match=Exact，访问时间：2014 年 10 月 14 日。

18 号文等规定，认定姜某某属定期抚恤对象。当时上海市定期抚恤金标准为每月 1,910 元，因姜某某属于超过退休年龄且收入水平低于相应定期抚恤金标准的病故军人的配偶，姜某某可享受的定期抚恤金差额补助为每月 319.3 元。虹口区民政局遂于 2011 年 12 月起将钱款直接支付至姜某某银行账户内，姜某某业已收悉。后姜某某认为虹口区民政局拒绝发放定期抚恤金，侵犯其合法权益，遂诉至法院，要求判令虹口区民政局履行职责，足额发放定期抚恤金及颁发《定期抚恤金领取证》。被告上海市虹口区民政局辩称理由之一为，根据本市定期抚恤金标准，已将上诉人的差额补助汇入其银行账户。目前，本市各区县民政优抚部门都是通过电子信息系统确认抚恤金发放对象、发放金额，并通过银行划拨的方式发放抚恤金，故不再需要发放《定期抚恤金领取证》。

2. 判决和评析

法院经审理认为，虹口区民政局作为管理其行政区域内军人抚恤优待工作的行政部门，具有认定定期抚恤对象及核定费用的职权。虹口区民政局在收到姜某某申请后，依法进行审核，并认定姜某某属于定期抚恤对象，依据沪民优发 [2006] 18 号文等相关规定，对姜某某予以差额补助，并于次月开始发放。虹口区民政局已依法履行职责，其行为认定事实清楚、适用法律正确、程序正当。至于《定期抚恤金领取证》，顾名思义是作领取定期抚恤金之用。现虹口区民政局从简化程序、方便群众角度出发，对确定为优抚对象者主动通过银行划拨方式发放，无须上门领取，其做法充分体现民政部门便民、节流的工作作风，应予提倡。鉴于领取证已丧失其效用，姜某某实际也已领取了补助，因此虹口区民政局不再颁发并无不妥。遂判决：驳回姜某某的诉讼请求。原告不服提起上诉，二审法院判决驳回上诉，维持原判。

3. 新法草案下的重新审视

本案虹口区民政优抚部门通过电子信息系统确认抚恤金发放对象、发放金额，并通过银行划拨的方式发放抚恤金，不再发放纸质文本的《定期抚恤金领取证》是否合法的问题，成为双方争议的焦点之一。本案行政机关的行为可称为利用电子数据信息系统作出具体行政行为的有益尝试，所以该争议焦点本质上体现的是在现代行政发展的过程中，行政机关通过电子数据系统做出的行政行为的合法性问题。由于电子行政是一项新近发展的事务，其内涵、外延均存在一定模糊之处，不同国家或地区、不同专业或领域，对其作出的界定也有所不同，极易引起争议。而在本案的审理中，法院也没有对何谓电子行政作出阐释和说明，但这又是一个极为现实的、常见的、不可回避的概念，所以我们在研究电子行政行为立法时，首先对电子行政行为的基本概念进行了界定和说明，即电子行政行为行政主体通过计算机网络等电子数据信息化技术和设备，行使行政职权、履行行政职能，依法作出的对公民、法人和其他组织合法权益产生直接或间接法律影响的法律行为。

二、电子行政行为适用的管理领域和行为种类问题

目前电子行政行为适用的行政管理领域，主要集中在行政审批、交通行政处罚、政府信息公开等社会管理类别，电子行政行为的种类也五花八门，各种名称都有，比如电子行政审批、电子行政处罚、电子政务信息公开等。可以说，对于电子行政行为的适用领域和种类，目前并无统一的规定和规范。传统行政行为的种类和领域非常广泛，电子行政适用的领域也应不断扩大，电子行政行为的种类应当更加多样化。鉴于传统行政行为可以分为秩序性刚性管理种类以及合意性柔性管理类别，电子行政行为的种类也可以遵循这一思路进行扩展，比如在继续坚持刚性的行政处罚、行政强制、行政征收等部分事项实施电子行政的同时，柔性管理的行政指导、行政合同、行政奖励等领域大力倡导电子化的行政行为。本法条正是为了解决统一和扩大电子行政行为的种类这一问题，而作出了上述相关之规定。

相关问题的案例对比分析——吉林省政务大厅电子行政审批案例①

1. 案例基本案情

相对集中行政审批，就是尽可能低地将政府机关的行政审批职能从原行政部门剥离出来，并且划归政务大厅，实现行政审批项目集中于政务大厅统一办理。吉林省政务大厅自 2002 年 12 月 18 日正式投入运行以来，积极探索行政审批制度改革新思路，完善行政审批运行模式，在规范审批行为、再造审批流程等方面取得可喜的进步，受到社会各界的普遍赞誉和充分肯定。

2. 电子行政审批模式

一是流程再造。吉林省政务大厅对审批和服务流程的再造以"一门受理，并联审批，统一收费，限时办结"为原则，主要通过电子政务系统的建设和网上行政审批的推行来实现。从 2002 年开始，吉林省政务大厅开始进行信息系统建设，从而初步实现了对部分行政审批、公共服务和招投标项目的业务梳理整合与流程统一定制，正在向实现申报（大厅申报、网上申报）、受理、办理、办结、反馈、查询、取件等全部的行政审批环节的网上办理方向发展。

二是电子政务系统。吉林省电子政务大厅始终将电子政务系统当作重要建设内容，先后建成了物理隔离的内外网络体系，以审批业务管理为核心的软件系统，以及满足各类招投标活动需求的招投标统一平台，特别是 2006 年以搬迁为契机，全面升级了信息系统，初步建成了比较完善的网上行政审批系统、公共服务系统、招投标业务系统和电子监察系统。这些电子政务系统的建设为大厅进行行政审批和服务机制的进一步创新与流程再造奠定了坚实的基础。

吉林省政务大厅推行的行政审批流程再造和电子政务系统，是以规范审批行为、简化审批程序、缩减审批环节、提高办事效率为目标，清除了那些容易导致审批行为不规范、审批程序繁琐、审批环节过多、审批效率低下问题的环节，从工作体制和审批环节上实

---

① 参见张锐昕：《电子政府与电子政务》，中国人民大学出版社 2010 年版，第 395~403 页。

现了行政审批流程的重新整合，取得了良好的经济效益和社会效果。

3. 新法草案下的重新审视

这份案例报道突出显示了目前广泛适用的电子行政领域，即行政审批事项的电子化。这不仅表现在行政机关内部审批流程的在线操作和无纸化，还表现在行政机关对行政相对人作出的各种外部行政决定的电子化。我们在此谈论该问题，并不是说电子行政方式适用于行政审批事项不值得称赞，事实上这反而是应当继承和进一步发展的领域。我们只是说，目前对于其他领域电子行政行为方式的应用还略显薄弱，当然交通行政处罚领域例外。本法条所规范的正是电子行政行为的种类和领域，希望通过法律的规定进一步推动电子行政行为的规范化和多样化发展。

三、电子行政行为适用的条件的界定和分类

电子行政行为适用的条件和规则一直是阻碍其发展的重要问题，正如行政诉讼受案范围的确定一样，电子行政行为的"受案范围"也一直备受争议。但这又是无法回避，必须解决的一个前提性问题。这是因为如果电子行政的案件范围不明确，那么之后的当事人合法权益保护以及发生纠纷时的司法管辖等将无从谈起。我们认为，电子行政行为的适用范围可以参考行政诉讼受案范围的做法进行规范。"学术界对行政诉讼受案范围的立法模式讨论比较多，较早的讨论主要是介绍行政诉讼受案范围各种立法模式的特点，比较它们的优劣，并解释我国行政诉讼受案范围立法模式选择的考虑等。如认为行政诉讼受案范围的立法模式基本包括概括式、列举式和混合式三种。"[1] 鉴于单纯的概括式、列举式存在的不足，我国行政诉讼法采用的是将两种方式结合起来的混合式的模式，即通过《行政诉讼法》第 2 条的概括性规定、第 11 条和第 12 条的列举性规定来限定行政诉讼的受案范围，以

---

[1]　王麟：《重构行政诉讼受案范围的基本问题》，载《法律科学》2004 年第 4 期。

期兼具概括式和列举式的优点，避免两者的缺陷。① 尽管行政诉讼受案范围这种概括兼列举的方式受到不少学者的批判，但是对于电子行政行为的适用范围界定的初期探索而言，仍然具有借鉴和参考意义。我们认为，确立我国电子行政行为的适用范围，首先应当从正面肯定的角度，采用概括和列举的方式，尽可能全面地将可以使用电子行政行为的行为种类、特征、要求等进行比较清晰的列举和概括，使各个行政机关在理解和适用电子行政行为时，能够做到"一目了然"；其次，还应当从反面的角度，采用排除的方式，明确规定不得适用电子行政行为的情形和类型，为电子行政的适用划定一条不可逾越的"红线"。通过正面概括列举加反面排除的方式，形成电子行政行为适用范围一个比较清晰的轮廓和结构，这样可以基本解决电子行政行为适用范围混乱、模糊、不统一等问题，从而为电子行政行为后续的发展和提升奠定良好的基础。

相关问题的案例对比分析——（2012）浙嘉行终字第 15 号②

1. 案例基本案情

2010 年 7 月 20 日上午 8 时 05 分许，舒某某驾驶其所有的浙 F××小型轿车沿海盐县武原镇勤俭路由南向北行驶至勤俭路与秦山路交叉口时，被交通技术监控记录。视频记录显示时间为 8 时 05 分 27 秒时，交通信号灯由绿灯转为黄灯，当时舒某某驾驶的小型轿车尚未越过停止线，该车未停车而继续由南向北直行，在越过停止线接触感应系统时由照相机拍摄下显示时间为 2010 年 7 月 20 日上午 8 时 05 分 31 秒的高清照片。舒某某于 2011 年 7 月 11 日前往指定地点接受处理时，海盐县交警大队按简易程序作出编号为 3304241200034785 的《公安交通管理简易程序处罚决定书》（非现场），决定对舒某某处以 150 元罚款。舒某某对该处罚决定不服，于 2011 年 7 月 14 日向海盐

---

① 罗豪才、应松年：《行政诉讼法学》，中国政法大学出版社 1990 年版，第 102~114 页。

② 来源北大法宝司法案例，访问网址：http://www.pkulaw.cn/case/pfnl_119205745.html? match = Exact，访问时间：2014 年 10 月 15 日。

县公安局提起行政复议，海盐县公安局于 2011 年 9 月 9 日作出维持该
处罚决定的盐公行复字（2011）01 号行政复议决定。舒某某对复议
决定不服，诉至法院，要求撤销该行政处罚决定。

2. 判决和评析

根据《道路交通安全法》第五条第一款的规定，海盐县交警大队
作为县级地方人民政府公安交通管理部门，依法有权行使管理本行政
区域内道路交通安全的职权。舒某某认为海盐县交警大队提供的视频
资料与照片在同一时间点上所反映的车辆位置不同，不能证明舒某某
违法的事实。显示时间为 2010 年 7 月 20 日上午 8 点 05 分 31 秒的照
片中的浙 F×× 小型轿车为舒某某所有，结合司法鉴定意见"检材和
样本中摄像的车辆整体结构外形基本相似，是为同一辆车"，对舒某
某 2010 年 7 月 20 日 8 时 05 分驾车至勤俭路与秦山路交叉口时闯黄灯
的事实予以确认。中华人民共和国公安部令第 105 号《道路交通安全
违法行为处理程序规定》第五十条规定，对交通技术监控设备记录的
违法行为，当事人应当及时到公安机关交通管理部门接受处理，处以
警告或者二百元以下罚款的，可以适用简易程序。根据上述法律、法
规、规章，海盐县交警大队按简易程序作出行政处罚有法律依据，并
无不当。故判决维持海盐县交警大队于 2011 年 7 月 11 日作出的编号
为 3304241200034785《公安交通管理简易程序处罚决定书》。舒某某
不服，提起上诉，二审法院判决驳回上诉，维持原判。

3. 新法草案下的重新审视

本案系 2012 年浙江省嘉兴市法院判决的闯黄灯案例，当时被媒
体称之为"全国闯黄灯行政诉讼第一案"。该案件涉及诸多法律适
用的问题，比如舒某某认为《道路交通安全法》等法律、法规未规
定"黄灯亮时禁止未越过停止线的车辆继续通行"，故对其所作处
罚决定无法律依据的问题，但我们在此重提该案例的目的并不在于
勾起大家对"闯黄灯究竟违不违法"的讨论，而是重点讨论电子行
政行为的适用情形问题。由于现实中闯黄灯的案例不止这一则，这
种违法行为在交通行政管理过程中具有普遍性，并且属于重复性相

当高的交通违法行为，不同违法者之间的违法情形也多具有类似性。对于此类事项，就可以适用电子行政行为记录违法情形，甚至作出电子行政处罚决定。本案中正是由于交通监控设备如实地记录了行为人的违法情形，保留这一关键的电子证据，行政机关才能作出了公正合法的处罚决定。事实上，在今后的交通违法行政处罚案件中，电子监控设备记录的违法情形，不只应作为电子证据使用，而且对于违法情节轻微、事实清楚的案件，还可以直接依据该电子证据作出电子行政处罚决定。

四、电子行政行为适用中公民网络隐私权的保护问题

对于何为个人隐私信息，美国帕润特教授认为："个人信息系指社会中多数所不愿向外透漏者（除了对朋友、家人等之外）；或是个人极敏感而不愿他人知道者（如多数人不在意他人知道自己的身高，但有人则对其身高极为敏感，不欲外人知道）。"[1] 同国外发达国家相比，我国对个人信息保护的立法还是比较滞后的。比如在宪法层面未将保护个人信息作为一项基本权利予以规定，民事方面关于个人信息保护的专门法也没有出台，行政法规范领域对于个人信息保护的立法也比较缺失。又如在内容方面，目前我国关于公民个人信息的保护还停留在名誉权保护的范围内，只有严重侵害公民名誉权、造成其他恶果时，司法机关才会根据不同的情形作出审理和判决。正是基于对公民信息保护的效力层次低、内容相对缺乏、保护力度不够的现实，我们认为在行政机关作出电子行政行为的过程中，应当坚持对公民个人信息进行全面保护的原则，即无论是体现人格利益的个人信息还是体现财产利益的个人信息，未征得当事人之同意，行政机关均不得擅自向他人公开和提供。

---

[1] 陈起行：《信息隐私权法理探讨——以美国法为中心》，载《政大法律评论》2000年第64期。

相关问题的案例对比分析——（2013）粤高法行终字第 336 号①

1. 案例基本案情

原告北京市北斗鼎铭（广州）律师事务所于 2012 年 7 月 25 日向被告广东省通信管理局邮寄了《广东省通信管理局政府信息公开申请表》及相关材料，称原告已代理广东省建设工程造价管理总站提起与翁辉鹏等的著作权纠纷，为明确被告，故申请被告公开涉案网站负责人翁辉鹏在被告处备案登记的身份信息。被告 2012 年 7 月 26 日收到该申请后，于 2012 年 8 月 2 日向原告作出政务［2012］25 号《答复》，告知原告工业和信息化部已将网站备案信息在网站上公布，可直接登录网站（www. miitbeian. gov. cn）"公共查询"栏目查询，并同时要求原告明确其申请公开的翁辉鹏备案身份信息的详细内容。2012 年 8 月 6 日，原告再次向被告邮寄了《广东省通信管理局政府信息公开申请表》，明确其申请信息公开的内容为：1. 翁辉鹏提供的出版物经营许可证；2. 翁辉鹏的有效证件号码及证件上载明的地址；3. 手机或办公电话；4. 通信地址。被告 2012 年 8 月 8 日收到该份申请后，于 2012 年 8 月 14 日就是否同意公开翁辉鹏相关个人隐私信息一事书面征求翁辉鹏的意见。同日，翁辉鹏在书面意见及被告的询问笔录中均表示：不同意公开原告申请公开的其个人相关身份信息。据此，被告 2012 年 8 月 20 日对原告作出政务［2012］27 号《答复》，并于同日送达原告。原告对该《答复》不服，诉至法院。

2. 判决和评析

法院经审理认为，《全国人民代表大会常务委员会关于加强网络信息保护的决定》第一条规定："国家保护能够识别公民个人身份和涉及公民个人隐私的电子信息。任何组织和个人不得窃取或者以其他非法方式获取公民个人电子信息，不得出售或者非法向他人提供公民个人电子信息。"隐私是公民个人生活中不愿为他人公开或知悉的秘

---

①　来源北大法宝司法案例，访问网址：http://www.pkulaw.cn/case/pfnl_ 119583408. html? match＝Exact，访问时间：2014 年 10 月 15 日。

密。本案中，上诉人申请公开翁辉鹏的有效证件号码及证件上载明的地址、手机或办公电话、通信地址等信息，这些信息显然涉及个人隐私。《政府信息公开条例》第二十三条规定："行政机关认为申请公开的政府信息涉及商业秘密、个人隐私，公开后可能损害第三方合法权益的，应当书面征求第三方的意见；第三方不同意公开的，不得公开。但是，行政机关认为不公开可能对公共利益造成重大影响的，应当予以公开，并将决定公开的政府信息内容和理由书面通知第三方。"本案中，上诉人出于个人利益需要而申请公开涉及翁鹏辉个人隐私的相关信息，不属于不公开可能对公共利益造成重大影响的情形。被上诉人认为公开上述信息可能损害第三方合法权益，在书面征求翁辉鹏意见且翁辉鹏明确表示不同意公开上述信息后，书面答复上诉人因其申请公开的信息涉及个人隐私且未经第三方同意故不得公开，并无不当。故判决驳回原告北京市北斗鼎铭（广州）律师事务所的诉讼请求。

3. 新法草案下的重新审视

本则案例重申了这么一个原则，即行政机关受理政府信息公开申请后，对涉及公民个人隐私的有效证件号码、家庭住址、手机或办公电话、通信地址等电子信息，应当遵循严格保护的原则，未经当事人同意，不得擅自泄露给第三方。同理，电子行政也包含有大量的涉及公民个人隐私的各种电子信息，为此也应当借鉴政府信息公开条例中的相关规定，通过立法的方式加强保护。本法条的目的正是在于加强电子行政中公民隐私权的保护，并规定了一般不得公开的情形，这些规定有利于增强公民个人信息的安全性，也有利于今后电子行政的健康有序发展。

五、行政机关实施电子行政行为需要的人财物保障问题

"电子眼"是政府为了保障公共安全而采用的一种监管手段。用在公共场所安装"电子眼"的方式来保障安全与保护隐私权是相互冲突的。这是因为在公共场所安装"电子眼"必然干扰或侵害到个人的

隐私。① 对于公共场所有无隐私权的问题，学界曾经有过这方面的争论，但现在的观点基本趋于一致，即普遍承认公共场所的隐私权。当前"电子眼执法"是电子行政行为最为普遍和常见的变现方式，但目前尚没有针对公共场所安装"电子眼"的全国性法律法规，只是某些省、直辖市或较大市的地方人民政府颁布了相应的地方性规章进行规范。这难免会出现这样或那样的问题，比如立法层次低，立法质量参差不齐，缺乏纲领性的指导和规定；对"公共场所"概念、特征及范围的界定等认识不一。这些问题的出现，不仅使电子行政的发展遭受诸多诟病和质疑，也极易侵害公民的隐私权以及其他合法权益。然而我们也应当看到，尽管电子行政在发展的过程中存在各种不足和缺陷，但对新生事物的发展不能因噎废食，而是应当对其进行有效的调整和规范。所以针对当前"电子眼执法"暴露的种种弊端，有人提出取消"电子眼执法"的观点我们并不赞同，而是应当采取积极合理的措施去更好地规范和引导电子行政的发展，以及更有效地保护公民的隐私权。首先，需要在设立"电子眼"时，做到公开、透明，让"被监控"的公民知道电子眼的所在。这里需要特别指出的是设置"电子眼"时应当遵循比例原则，即"目的与手段之间必须具有客观的对称性，禁止任何国家机关采取过度的措施。在实现法定目的的前提下，国家活动对公民的限制应减少到最低限度。"② 其次，对于电子设施设备应当有专业人员定期进行检测、维修、保养，以保障电子设备始终处于良好的运行状态。

相关问题的案例对比分析——（2013）金行初字第 124 号③

1. 案例基本案情

2012 年 12 月 28 日 8 时 6 分，豫 A13E90 号机动车行驶在郑州市

---

① 杨秋霞：《"电子眼"下的隐私权及法律救济》，山东工商学院学报 2012 年第 4 期。

② 哈姆雷特·毛雷尔：《行政法学总论》，高家伟译，法律出版社 2000 年版，第 66、106 页。

③ 来源北大法宝司法案例，访问网址：http：//www.pkulaw.cn/case/pfnl_119243082.html？match=Exact，访问时间：2014 年 10 月 20 日。

航海路（郑密路至工人路）行驶时，占据左拐道直行，不按交通信号灯规定通行，该行为被交通技术监控设备摄录。2013 年 2 月 17 日，原告陈某某到违章处理室接受处理，值班民警通过违法记录信息资料查询，对原告作出编号 410103 - 1905600545 号的公安交通管理简易程序处罚决定书，认定原告实施机动车不按交通信号灯规定通行的违法行为，违反相关法律规定，并对原告罚款 200 元。原告不服，诉至法院，其诉称根据《河南省公安交通管理部门设置使用道路监控设施工作规定》电子监控需安放在明显位置，并经过批准设置；监控设施应通过检测；违章通知无法送达的，应通过公告方式送达。故其请求撤销被告作出的处罚决定书。

2. 判决和评析

法院认为，《中华人民共和国道路交通安全法》第一百一十四条规定，公安机关交通管理部门根据交通技术监控记录资料，可以对违法的机动车所有人或者管理人依法予以处罚。被告作出行政处罚的事实认定、程序及法律适用是否合法属于本案具体行政行为的审查内容，电子监控设施所获取的影像记录足以证明处罚决定认定的违法事实。至于公安机关交通管理部门所使用的电子监控设备设置、管理及维护等，原告可另行通过法律渠道解决。综上，原告请求撤销行政处罚的理由不能成立，依照《最高人民法院关于执行〈中华人民共和国行政诉讼法〉若干问题的解释》第五十六条第（四）项的规定，判决如下：驳回原告陈红涛的诉讼请求。

3. 新法草案下的重新审视

行政机关据以作为证据使用的电子设备所拍摄的录像，对于认定行政相对人的行为是否具有违法情形有重要的作用，对相对人权益影响极大，故而电子设备的设置主体应当合法、设置场所应当公开透明，电子设备不能在当事人不知情的情况下，以侵害当事人正当权益的秘密手段使用，否则有违公开、透明的正当程序。本案虽然认定了将电子监控设施所获取的影像记录作为行政机关处罚事实的证据使用的合法性，但对于电子监控设备设置、管理及维护等故意进行了回避。事实上，这一问题并非不重要，相反，对于当事人合法权益的维护以及电子取证的正当性、合法性有着至关重要的影响，在立法上需要对此作出明确的回答。本法条正是从严格规范公权力运行、切实保护当事人正当合法权益的角度，对电子设备的设置、管理、维护等问题作出了专门性的规定。

六、行政机关适用电子行政行为应遵循协商一致和平等原则

电子政务是互联网技术发展的必然产物，是政府信息化建设的新内容。近年来，电子政务已经成为许多国家信息化建设的重要领域。[①] 伴随着电子政务的快速发展，电子行政行为也在发生着新的变化，特别是电子行政高效、便捷的优势，使其大有超越传统书面行政之势。但是我们也应当看到，并非所有的行政行为均适合由电子方式作出，也并非所有的当事人都愿意接受电子行政的方式。比如囿于个人阅读、审美等习惯的不同，有的当事人对传统的书面行政情有独钟，而对电子文本以及电子行政持较大的排斥态度。在实践中，也不止一次出现当事人对行政机关通过电子数据系统作出的行政决定不满，而产生纠纷和争议，最终对簿公堂的案例。由于现代行政最基本的理念之一在于协商与民主，在电子行政发展的过程中，同样应遵循这一理念，以协商与民主的精神去指引电子行政的发展，行政机关适用电子行政作出的具体行政行为、送达电子行政决定等应事先征得相对人同意，决不应在当事人不知情、不愿意的情况下，向当事人作出电子行政行为。

相关案例对比分析——（2010）沪一中行终字第 90 号[②]

1. 案例基本案情

机场集团公司委托浦东机场公司通过国际招标采购虹桥国际机场扩建工程所需高杆灯。该招标项目于 2008 年 9 月 8 日开标，共有艾伯

---

① 杨安：《电子政务规则与案例解析》，清华大学出版社 2007 年版，第 39 页。

② 来源北大法宝司法案例，访问网址：http：//www.pkulaw.cn/case/pfnl_ 119205562.html？match＝Exact，访问时间：2014 年 10 月 20 日。

克斯公司、北京吉乐灯具厂及希优公司三家企业参与投标。经招标机构组织的评标委员会评审，推荐艾伯克斯公司中标，评标结果于2008年10月7日在招标网上进行公示。评标委员会对希优公司的评审结论为：技术废标，并载明理由。希优公司不服，于2008年10月13日、10月28日两次向市商委提出书面质疑，并要求重新评标。市商委于同年12月10日在招标网上作出重新评标的质疑处理决定。

招标机构根据市商委要求组织了新的评标委员会进行了重新评标，对希优公司的评审结论仍为技术废标，只不过理由稍有不同。市商委收到招标机构提交的重新评标专家报告后，对重新评标进行了审核，作出了"同意专家复评意见，维持原评标结果"的决定，并于同年12月29日对重新评标报告予以网上备案。招标网当即自动生成招标编号为0681-0840ZBJ08022的高杆灯中标公告，公告显示，"经重新评标，艾伯克斯公司为上海虹桥国际机场扩建工程西航站楼站坪工程、维修机坪、货机坪工程高杆灯国际招标项目的最终中标人。"希优公司不服，遂于2009年7月23日向上海市长宁区人民法院提起诉讼，请求法院撤销市商委于2008年12月29日作出的高杆灯中标公告的具体行政行为。

2. 判决与分析

一、二审法院经审理认为，电子政务是政府部门利用现代信息科技和网络技术，实现高效、透明、规范的电子化内部办公、协同办公和对外服务的程序、系统、过程或界面。相对于传统行政方式，电子政务的最大特点在于行政方式的无纸化、信息传递的网络化等。市商委依法具有作出被诉行政决定的法定职权。希优公司对于机电产品国际招标、质疑处理采用网络化方式是明知的，其选择了本案所涉的投标项目，就表明接受了网络化的招投标方式和之后质疑处理的电子政务化行政处理方式。希优公司又以市商委未向其送达书面的处理决定书为由主张行政程序违法，缺乏法律依据，不予采纳。综上，行政机关在网上公布当事人质疑处理决定的，符合法律规定，当事人不能以行政机关未向其送达书面处理决定书为由主张行政程序违法。

3. 新法草案下的重新审视

在本案中，法院判决行政机关使用网络行政方式的前提之一，就在于相对人知晓并明确接受电子化的行政处理方式，否则将影响到电子行政行为的合法性。这是因为作为行政法律关系相对方的公民、法人和其他组织，在与行政机关的交往中应当处于对等的地位，行政机关应为其提供平等交流的平台，相对人对于是否使用电子行政的方式亦应享有适度的选择权，这是现代民主行政、公平行政发展的必然要求。本法条正是遵循司法实践和现代行政发展的这一基本规律，以立法方式明确规定了相对人对电子行政方式的选择权，这对于行政机关正确使用电子行政方式以及处理因电子行政引起的纠纷和争议具有非常强的指导意义。

七、电子行政行为的成立、生效、无效、撤销等法律效力问题

行政行为的效力即行政行为所发生的法律效果，表现为一种特定的法律约束力和强制力。行政行为只有发生预期的法律效果才能达到其应有的目的，并在社会生活中发挥其应有的作用。因此，行政行为的效力是行政行为研究中的一个重要问题。[①] 关于行政行为究竟具有何种效力，行政法学界大多数观点认为，行政行为具有确定力、拘束力和执行力等三种效力。[②] 也有学者将其概括为确定力、拘束力、公定力和执行力等四种效力。[③] 但是，我们应当看到行政行为具备上述效力的前提在于，其本身应当依法成立并合法有效。这也是我们在研究电子行政行为过程中所重点关注的问题。对于传统书面行政行为而言，通说认为行政行为的效力要件主要包括主体要件、职权要件、内容要件、程序要件、形式要件，一般情况下行政行为只有同时具备以上五个有效要件，才能依法成立并生效。但电子行政行为与传统行政

[①] 周佑勇：《行政行为的效力研究》，载《法学评论》1998 年第 3 期。

[②] 张尚鹭主编：《走出低谷的中国行政法学》，中国政法大学出版社 1991 年版，第 153 页。

[③] 罗豪才主编：《行政法学》，北京大学出版社 1997 年版，第 112 页。

行为相比，上述五个要件都比较难判断，比如主体要件，由于计算机网络的虚拟性和跨区域性，行政机关与行政相对人的真实主体身份就存在模糊和虚假的可能，即使行政机关有电子签章或行政相对人有电子签名，都无法排除签章或签名被伪造的情形，更何况有些行政文书或行政信息是在行政机关不加盖公章的情况下作出的，这使得电子行政行为的真实性、合法性的认定均面临着较大的挑战。正是在这种情况下，我们不得不深入分析和研究电子行政行为的法律效力问题。本法条所欲解决的正是，如何识别和确保电子行政主体的真实性、如何实现电子行政的权限合法、内容真实、形式合法等问题，通过对这些问题的研究，从而确立起电子行政行为一套比较完整又符合其自身特性的法律效力体系。

相关案例对比分析——（2013）锦江行初字第48号①

1. 案例基本案情

2012年7月，成都市公安局交通警察支队完成了违法处罚离柜办理系统建设，对适用简易程序处理的交通技术监控设备记录的违法行为，当事人可持含有数字身份证书的银行芯片卡，在银行网点自助设备上通过违法处罚离柜办理系统自助进行交通违法行为处理。2013年2月25日（星期一）8时37分许，王某某驾驶川ADL746号小型轿车行驶至成都市锦江区劼人路与菱窠路交叉路口（二三环路之间），被设置在该路口的交通技术监控设备所记录。2013年6月6日，王某某持含有其本人数字身份证书的银行芯片卡到工行沙河堡分理处，通过银行网点自助设备上的违法处罚离柜办理系统申请对上述违法行为进行处理，交警三分局将拟作出的处罚决定的事实、理由、依据、王某某依法享有的陈述、申辩等权利告知王某某，王某某未作陈述和申辩。王某某通过银行网点自助设备打印了8703号简易处罚决定书，该简易处罚决定书未加盖交警三分局的电子印章。王某某通过银行网

① 来源北大法宝司法案例，访问网址：http://www.pkulaw.cn/case/pfnl_119781206.html？match＝Exact，访问时间：2014年10月24日。

点自助设备当场缴纳了罚款。后，王某某认为 8703 号简易处罚决定书存在未加盖交警三分局公章，不符合法律法规规定等情形，故请求人民法院撤销交警三分局作出的 8703 号简易处罚决定。

2. 判决与分析

违法处罚离柜办理系统系电子政务的一种形式，其设立的目的是最大限度方便群众处理交通违法行为，进一步提高行政执法机关工作效率。当事人可以自主选择通过该系统对交通违法行为进行处理，如有异议，可以到违法行为发生地公安机关交通管理部门进行处理。但通过该系统处理交通违法行为，应当符合相关法律法规的规定。依据中华人民共和国公安部《道路交通安全违法行为处理程序规定》第四十二条第一款第（四）项的规定，适用简易程序处罚的，处罚决定书应当由被处罚人签名、交通警察签名或者盖章，并加盖公安机关交通管理部门印章。加盖公安机关交通管理部门印章是处罚决定书必备形式之一。成都市公安局交通警察支队建设的违法处罚离柜办理系统设置了公安机关交通管理部门的电子印章，但由于银行网点自助设备出现故障等原因，可能导致打印的处罚决定书未加盖公安机关交通管理部门的电子印章。本案中，王某某通过银行网点自助设备打印的 8703 号简易处罚决定书未加盖交警三分局的电子印章，不具备处罚决定书的必备形式，该处罚决定依法不成立，属于无效的具体行政行为。据此，依照《最高人民法院关于执行〈中华人民共和国行政诉讼法〉若干问题的解释》第五十七条第二款第（三）项的规定，判决：确认被告成都市公安局交通管理局第三分局作出的 5101031413338703 号公安交通管理简易程序处罚决定无效。本案案件受理费 50 元，由被告成都市公安局交通管理局第三分局负担。

3. 新法草案下的重新审视

在传统的书面行政中单位签章是必不可少的形式要件，直接影响到作出的行政行为有效与否。在电子行政行为中也不例外，尤其是涉及相对人切身权益的行政决定事项，只有电子文件具备了签名或签章等形式要件后，才可能会与书面文件具有同等法律效力。这是因为在没有电子签章的情形下，行政相对人无法识别电子行政行为作出的主体是否合法，主体不明将直接影响到行政行为的生效与否。在本案中电子签章的缺失，使得电子处罚决定不符合行政法律文书的必备形式，直接导致该处罚决定依法不成立和无效。故在本次立法中，为确保电子签字、盖章与传统行政的书面文本具有同等法律效力，我们专门规定了电子签字、盖章的必要性，以避免因缺乏电子签章导致行政行为无效的事情再次发生。

八、行政机关作出的电子文本是否与书面决定具有同等法律效力

本法条主要解决的是电子行政行为的效力问题，即行政机关以电子方式作出的行政行为与以书面文本方式作出的行政行为是否具有同等的法律效力。在司法实践中，已经出现不少这方面的案例，由于法律对电子行政行为效力规定的缺失，导致行政相对人认为行政机关作出的电子行政行为应当认定为无效，甚至还主张行政机关获取的电子证据等也不应认定其法律效力。这些问题的出现，已经严重影响到电子行政行为的公信力和执行力，已经到了不得不进行改变和解决的时刻，这首先需要在立法上明确电子行政行为的法律地位，以及在何种情况下、何种条件下，电子行政行为应当与实体行政行为具有同等的法律效力。

相关问题的案例对比分析——（2014）莆行终字第 89 号[①]

1. 案例基本案情

2013 年 10 月 14 日 16 时 9 分许，原告林国辉驾驶闽 B16379 小型汽车在清塘大道与城港大道交叉路口以时速 75 公里的速度行驶，被告莆田市公安局秀屿分局以其超过规定时速每小时 60 公里的 20% 以上未达到 50% 为由，当场作出编号为 350305120034721 号的公安交通

---

① 来源北大法宝司法案例，访问网址：http：//www. pkulaw. cn/case/pfnl_ 120731427. html? match＝Exact，访问时间：2014 年 10 月 24 日。

管理简易程序处罚决定书，对其罚款人民币 100 元并记驾驶证 6 分。原告不服，于同年 11 月 19 日向莆田市秀屿区人民政府申请复议。莆田市秀屿区人民政府于 2014 年 1 月 10 日作出行政复议决定书，维持该具体行政行为，并于 2014 年 1 月 21 日送达给原告。原告于同月 27 日向本院提起行政诉讼。

2. 判决和评析

法院经审理认为，被告莆田市公安局秀屿分局根据电子警察系统认定原告林国辉在限速路段超速驾驶，证据充分；且交通警察身着警服在公路上值勤，其电子警察系统配备检定合格证，检测符合法律规定，程序合法；《中华人民共和国行政处罚法》与《中华人民共和国道路交通安全法》均为法律，没有上位法与下位法之分，且后者制定的时间晚于前者，故被告依据《中华人民共和国道路交通安全法》第一百零七条的规定，当场作出行政处罚决定没有不当，适用法律正确。原审法院依照《中华人民共和国行政诉讼法》第五十四条第一款的规定，判决：维持被告莆田市公安局秀屿分局作出的编号为 350305120034721 号的公安交通管理简易程序处罚决定书。本案案件受理费人民币五十元，由原告林国辉负担。原告不服提起上诉，二审法院作出驳回上诉，维持原判的判决。

3. 新法草案下的重新审视

本案的行政处罚决定系由行政机关当场作出，但处罚的重要依据却是电子警察监控系统的视频资料，这些视频资料，从其类别归属上讲，属于电子数据，但从其行为性质上分，又属于电子行政行为的一种。关于电子行政行为是否与传统行政行为具备同等效力的问题，无论是理论界还是实务界对此均有争议。我们认为电子行政行为应与实体行政行为具有同等的效力，但前提条件是相关电子设备的设置主体、设置地点、使用过程均应合法，电子证据认定事实清楚、内容全面，易于辨识，并且与实体行政执法行为可以相互印证，本案电子行政证据被法院认定为合法，正是体现了这一特征和要求，在本次立法中也对此作出了规定。

九、电子签章的格式问题

电子签章对于电子行政行为的生效有着至关重要的作用，但我国现行法律中关于电子签名的法律只有《电子签名法》这一部，其虽有效规范了公民个人的电子签名问题，但对于电子行政行为中行政机关的电子签章问题，目前尚未有相关的法律法规予以规范。实践中多是各地行政机关根据当地的特点和习惯，自行出台相关文件规范电子签章的使用，这就导致各地对于电子签章的使用范围、电子签章的格式、大小、图案等有着不甚统一的规定，在不少行政诉讼案件中也暴露出了电子签章格式不规范的问题。由于缺乏有效的法律对电子行政行为中的电子签章进行规范，电子签章的上述问题出现之后，各地法院以及行政机关都有不同的做法和理解，本法条意在对电子签章的格式作出一个比较明确的规范，以统一电子签章的格式、款式等，避免因电子签章格式不明确、不规范而引起的纠纷和争议。

相关问题的案例对比分析——（2014）泰中行监字第 0003 号[①]

1. 案例基本案情

2013 年 4 月 17 日 17 时 30 分，永通公司驾驶员赵某某、押运员顾某某押运蒙 J37387 重型半挂牵引车与蒙 JD010 挂重型罐式半挂车（铰接使用）装载危险化学品丙烯，行至江苏省兴化市境内，被兴化市公安局执勤交警拦住，经检测该车明显超过了核定牵引质量，属使用安全技术条件不符合国家标准要求的车辆运输危险化学品，遂根据《危险化学品安全管理条例》第八十八条第（二）项之规定，对永通公司作出罚款 50000 元的处罚。该处罚经复议机关复议后予以维持。后永通公司诉至法院，要求撤销被诉行政处罚决定，其诉讼理由之一就在于认为该处罚决定所使用的电子印章大小违反公章管理规定。

2. 判决和评析

法院经审理认为，兴化市公安局执勤交警在道路巡查中，发现申

---

① 来源北大法宝司法案例，访问网址：http://www.pkulaw.cn/case/pfnl_ 120276185. html? match = Exact，访问时间：2014 年 10 月 26 日。

请人的货运车辆装载危险化学品后的总质量过高，其使用安全技术不符合国家标准要求，遂依照《危险化学品安全管理条例》对其进行处罚，该行政处罚行为认定事实清楚，证据充分，程序合法，适用法律正确。关于申请人认为处罚决定书的电子印章大小不符合规定的问题，由于该处罚决定书系电脑自动生成，公章系电子印章，与通常印章大小不一致不违反电子印章的规定。综上，永通公司的申请不符合法律规定的再审条件。依照《最高人民法院关于执行〈中华人民共和国行政诉讼法〉若干问题的解释》第六十三条第一款第（十五）项、第七十四条之规定，裁定如下：驳回乌兰察布市集宁永通汽车物流有限公司的再审申请。

3. 新法草案下的重新审视

电子签章是表明电子行政行为主体身份的重要标识，目前关于实体印章的大小、字体、图案、格式等内容，均有相关的印章管理规定进行规范，但对电子签章进行规范的相关法律法规还比较缺乏。虽然《中华人民共和国电子签名法》主要规范的只是公民个人的电子签名问题，但其中有关电子签名的格式、认定等各项要求，对于规范电子签章也具有积极的作用。电子签章的原始载体系各种实体印章，按照通常的理解，其字体内容、图案格式等实质性因素均应与实体印章相一致，并尽量保证大小的一致，以免引起当事人的误解。本案争议的缘由之一就在于当事人认为电子签章的大小与实体印章不一致，虽然法院最终判决电子印章与实体印章大小不一致不违反印章的相关规定，但这并不代表行政机关的电子签章毫无瑕疵，比如在电子签章大小方面应尽力做到与实体印章大小一致，即使不一致，也应遵循一定的比例进行缩小或扩大。本法条正是基于规范电子签章制作之目的，作出了电子签章的相关规定。

十、电子证据的范围确定及取证过程中应注意的事项

实践中，因电子证据范围确定和取证方式等引发的纠纷和问题比较多，特别是交通行政执法中"电子眼"的广泛运用所产生的纠纷最

为突出。这是因为交通信号灯以及交通违法监控电子设备在行政执法中的使用最为普遍。现有的纠纷中一个比较典型的问题就是当电子行政行为与人为执法行为并存时如何进行选择，比如实践中曾发生这么一则案例：曲某开车行至交叉路口逢红灯等待，由于行人较多，当指示曲某方向的信号灯转绿时仍有一部分行人在斑马线通行，此时，交警一面提示行人加速，一面示意曲某方向车辆通行。曲某按照交警的指示行车，将快速通过的行人撞伤。针对此种情况法院经过审理后认定，交通状况复杂，交通行为人不仅要注意交警提示，也要注意交通信号灯及其他路面信息。故交警负主要责任、曲某负次要责任、行人无责任。① 这同时也告知我们，在电子行政行为的应用中应当做好电子证据的调取和保存工作。对于电子行政行为中的电子证据，我们认为必须满足法律对行政执法取证的基本要求，特别是必须由法定的主体、依照法定的程序进行提取，并且采用科学的方式进行保存，使电子证据无论是在形式上还是在实质上均符合合法性的要求。不过，这里还需要注意的是，与传统书面证据的真实性认定相比，电子证据要求更加复杂，更加强调信息来源的合法性以及信息的完整性。也就是说，作为证据使用的该电子证据，必须能够证明其是经过科学的手段、合法的程序所提取，并且在内容上没有对其进行过任何删改和变动，必须能够真实地反映和再现电子行政行为作出的客观过程。这是因为电子行政行为与传统行政行为最大的不同之一就在于，前者的作出需要处理很多电子数据，包括与案件事实相关的各种数据信息，以及数据信息生成、修改、删除等所产生的各种电子记录等等。只有那些能够全面客观地反映待证事实，能与实体纸质文本相一致，对电子行政行为合法性认定具有关联的那些电子证据才具有证明力和说服力。

---

① 李克、宋才发主编：《道路交通疑难案例评析》，人民法院出版社 2003 年版，第 113 页。

相关问题的案例对比分析——（2014）金行初字第 125 号①

1. 案例基本案情

原告高某某拥有豫 A8XXX 号丰田凯美瑞家庭轿车，2013 年审验时，被告郑州市公安局交通警察支队第十大队以原告车辆有电子眼违章记录，不交纳罚款不给审车，直到 2013 年 12 月 11 日，原告在被迫缴纳"电子眼违章罚款"后，车辆才审验。原告对此不服，诉至法院，诉称被告作出处罚，存在以下违法行为：使用违法采集的、不具有法律效力的"电子眼"信息作为处罚依据，不合法。所采用的"电子眼"均没有依法向计量法规定的政府计量监督管理部门申请安装检定和强制性年度检验，违反《中华人民共和国计量法》相关规定。被告通过"电子眼"执法时，在作出行政处罚前，没有把处罚依据的事实和法律依据送达原告，使原告失去申诉和答辩的机会。请求撤销被告作出的 410108 - 19××455 号公安交通管理简易程序处罚决定书。

2. 判决和评析

法院经审理认为：被告对原告作出的行政处罚，提供了违法行为的照片，但该照片拍摄的角度不全面、拍照内容不完整，无法全面、充分地证实原告车辆存在不按交通信号灯规定通行的事实。依照《中华人民共和国行政诉讼法》第五十四条第（二）项第 1 目的规定，判决如下：撤销被告郑州市公安局交通警察支队第十大队对原告高某某作出的 410108 - 19××455 号公安交通管理简易程序处罚决定书。案件受理费 50 元，由被告负担。

3. 新法草案下的重新审视

上述案例暴露出来的突出问题是电子证据可采性的认定。这既包括电子证据本身应当符合什么样的标准和情形才能被认定为合法的证据，又包括行政机关应承担什么样的以及何种程度的举证义务问题。

---

① 来源北大法宝司法案例，访问网址：http：//www. pkulaw. cn/case/pfnl_ 120407524. html？ match＝Exact，访问时间：2014 年 10 月 30 日。

从证据的内容上看，电子证据包括以电子形式存在的所有电子文本、电子记录、电子信息处理数据以及其派生物等。所以行政机关在调取电子证据时，应当保存所有原始记录的视频、数码等电子资料，这些电子资料应当做到全面、清晰、可靠，易于辨识，否则在复议或诉讼时将承担不利的法律后果。而在举证责任的承担方面，理应由作出具体行政行为的行政机关承担举证义务，并指派专业人员采用科学方法对电子证据进行采集、分类、标注和保存，将全部的事实证据、法律依据等呈交给法院，方可在法庭认证和质证时取得法院以及行政相对人的认可，并最终赢得电子行政行为诉讼的胜诉。

十一、电子证据举证及质证认证的规则和标准问题

电子证据认证中涉及的一个非常重要的问题就是对于原件如何进行举证和认定。在证据学上，通常行政决定或文书原件的效力高于复印件和电子件。而电子证据的原件是客观存在于电子设备及计算机系统中的据以作出具体行政行为的各种信息数据，但是这种虚拟的、不可见的客观存在却无法满足现实举证和质证的需要，这就给电子证据的效力认定造成了很大的困难。所以，在电子证据的举证和质证中，必需设法将这些无形的信息数据转化为一种可见的表现方式，并满足法律上和技术上的相关要求，比如电子证据的制作情况和真实性经对方当事人确认，或者以公证等其他有效方式予以证明，这时就应当将电子证据视为原件，与原件具有同等的法律效力。这点在国外也是如此，比如美国联邦证据规则第 1001 条对原件的解释是："如果数据储存在电脑或者类似设备中，任何从电脑中打印或输出的能准确反映有关数据的可读物均为原件。"[①] 这就将电子证据依法"变"成了一种"可见的原件"。在这方面我国《最高人民法院关于行政诉讼证据若干问题的规定》第六十四条也作出规定："以有形载体固定或显示的电子数据交换、电子邮件以及其他数据资料，其制作情况和真实性经过

---

① 赵春雨、张云泉:《论电子证据的特点及其对取证的影响》，载《黑龙江省政法管理干部学院学报》2006 年第 1 期。

对方当事人确认、或者以公证等其他有效方式予以证明的，与原件具有同等的证明效力。"该法条由此确立了电子数据需要经过当事人确认或者通过公证的形式予以证明之后，才能够认定与原件具有同等法律效力的认定标准。这项标准对于电子行政行为中电子证据的审查和认定同样适用，可以有效解决电子证据认定的诸多难题。

相关问题的案例对比分析——（2012）南行终字第 52 号①

1. 案例基本案情

2011 年 5 月 6 日南召县公安局以原告张某某于 2011 年 5 月 6 日八点三十分在南召县云阳镇政府用木棍敲铝盆并大吵大闹，严重扰乱了镇政府的办公秩序为由，依据《中华人民共和国治安管理处罚法》第二十三条第一款第（一）项之规定做出了行政处罚决定书，对张某某行政拘留 5 日，罚款 500 元。同日对张某某执行行政拘留。2011 年 5 月 11 日张某某拘留期满。在法定期限内原告向法院提起行政诉讼，请求法院依法撤销南召县公安局的行政处罚决定。一审法院认为被告向本院提供的证据均为复印件，其真实性无法核实，原告对其提供的证据不认可，应认定被告南召县公安局于 2011 年 5 月 6 日做出的行政处罚决定缺乏证据，判决确认该行政处罚决定违法。南召县公安局不服一审法院判决，提起上诉的主要理由之一是：诉讼期间，上诉人在指定的期间内向法庭提交了相关证据和作出决定的法律依据。因该局数年来实行网上办公，网上审批，因此向法庭提供的电子文档是该局的证据材料应无异议。一审机械办案，对该局从网上下载的证据未予采信，导致错误的判决。

2. 判决和评析

按照行政诉讼举证责任的分配原则，被告对作出的具体行政行为负有举证责任。在诉讼中被告应当提供作出该具体行政行为的证据和所依据的规范性文件，否则，被告要承担举证不能的责任。结合本

---

① 来源北大法宝司法案例，访问网址：http：//www. pkulaw. cn/case/pfnl_ 118931953. html？ match = Exact，访问时间：2014 年 10 月 30 日。

案，上诉人南召县公安局虽然认定被上诉人张某某有违犯《中华人民共和国治安管理处罚法》相关规定的行为，对张某某作出行政拘留并罚款的处罚决定，但在人民法院通知应诉后的举证期间，仅向人民法院提交了证据的复印件和电子文档，并没有向人民法院提交证明张某某违法事实的原始证据，无法确定案件的真实性。一审法院依照《最高人民法院关于执行诉讼证据若干问题的规定》第七十一条之规定"无法与原件、原物核对的复制件或复制品不能单独作为定案依据"的规定，认定上诉人对张某某实施行政处罚缺乏证据支持，判决确认上诉人作出的召公（云）行决字（2011）第0586号行政处罚违法，并无不当。上诉人以该局数年来实行网上办公，网上审批，处罚认定事实清楚，一审法院机械办案为由请求撤销一审判决的上诉理由不足，本院不予支持。

3. 新法草案下的重新审视

电子证据的举证和质证问题直接影响到电子行政行为的合法性。通常情况下，我们认为电子行政行为与传统行政行为具有同等的法律效力，同理电子证据也不例外，应当与书面证据具有相同的证明力。但电子证据由于其自身的无纸化、虚拟性等特点，与书面证据相比，其更容易被篡改或伪造。因此，在司法审查过程中，行政机关在提交电子证据的同时，法院往往要求其提供与电子证据相关的纸质文本，即通说的"原件"。本条即是参照了《最高人民法院关于行政诉讼证据若干问题的规定》，对电子证据的举证、质证、认证等进行了相应的规范，以更好地促进行政机关依法作出电子行政行为。

十二、电子行政行为的送达时点认定

行政决定能否及时送达给行政相对人，直接决定着行政机关作出的具体行政行为能否生效。电子行政发展的过程中，同样面临着电子行政决定能否及时送达到行政相对人的问题。这不仅涉及计算机信息技术的硬件发展情况，也涉及行政机关和行政相对人各种人为影响因素。正本需要清源，欲深入了解电子行政送达可能遇到的各种问题，首先就必须对电子行政送达的方式有一个比较全面的分析和理解。就目前而言，行政机关作出的电子行政行为，通常需要以电子邮件的形式将行政决定通知送达给相对人。但由于电子邮件是借助于计算机硬件与网络软件系统运行，根据长期以来电子邮件收发实践的特点，行政决定的通知或送达可能会出现下列问题：相对人根本就没有计算机或计算机无法联网，则其就收不到行政机关发出的电子邮件；相对人的计算机系统虽然收到了电子邮件，但由于技术原因无法打开或者因个人原因未能及时查看，这时相对人也无法得知行政行为的内容，以及出现的其他情形。这些现象在计算机网络世界是很常见的。这里产生的问题就是，在上述情形下，特别是在非当事人自身因素所发生的情况下，能否认为行政决定已经送达给相对人？或相对人已经受领并知晓了行政决定内容？这些问题甚至已经影响到电子行政行为未来能否健康有序的发展，亟须在学理上进行深入研究，更需在电子行政的立法中予以明确。

相关案例对比分析——（2011）越法行初字第 252 号[①]

2011 年 6 月 1 日，原告李某某通过广东省人民政府公众网络系统向被告广东省交通运输厅递交了政府信息公开申请，申请获取广州广园客运站至佛冈的客运里程数等政府信息。政府公众网络系统以申请编号 11060100011 予以确认，并通过短信通知原告确认该政府信息公开申请提交成功。7 月 28 日，被告作出受理记录确认上述事实，并于 8 月 4 日向原告送达《关于政府信息公开的答复》和《政府信息公开答复书》。庭审中被告确认原告基于生活生产需要获取上述信息，原告确认 8 月 4 日收到被告作出的《关于政府信息公开的答复》和《政府信息公开答复书》。但原告李某某诉称：其于 2011 年 6 月 1 日就已经在线提交了政府信息公开申请，根据《中华人民共和国政府信息公开条例》（以下简

---

① 来源北大法宝司法案例，访问网址：http：//www. pkulaw. cn/case/pfnl_ 119565618. html？ match＝Exact，访问时间：2014 年 10 月 30 日。

称《政府信息公开条例》）第二十四条第二款的规定，被告应在当月 23 日前答复原告，但被告未在法定期限内答复及提供所申请的政府信息，故请求法院判决确认被告未在法定期限内答复的行为违法。

2. 判决与评析

法院生效裁判认为：《政府信息公开条例》第二十四条规定："行政机关收到政府信息公开申请，能够当场答复的，应当当场予以答复。行政机关不能当场答复的，应当自收到申请之日起 15 个工作日内予以答复；如需延长答复期限的，应当经政府信息公开工作机构负责人同意，并告知申请人，延长答复的期限最长不得超过 15 个工作日。"本案原告于 2011 年 6 月 1 日通过广东省人民政府公众网络系统向被告提交了政府信息公开申请。政府公众网络系统生成了相应的电子申请编号，并向原告手机发送了申请提交成功的短信。被告确认收到上述申请并认可原告是基于生活生产需要获取上述信息，却于 2011 年 8 月 4 日才向原告作出《关于政府信息公开的答复》和《政府信息公开答复书》，已超过了上述规定的答复期限。由于广东省人民政府"政府信息网上依申请公开系统"作为政府信息申请公开平台应当具有整合性与权威性，如未作例外说明，则从该平台上递交成功的申请应视为相关行政机关已收到原告通过互联网提出的政府信息公开申请。至于外网与内网、上下级行政机关之间对于该申请的流转，属于行政机关内部管理事务，不能成为行政机关延期处理的理由。被告认为原告是向政府公众网络系统提交的申请，因其厅内网与互联网、省外网物理隔离而无法及时发现原告申请，应以其 2011 年 7 月 28 日发现原告申请为收到申请日期而没有超过答复期限的理由不能成立。因此，原告通过政府公众网络系统提交政府信息公开申请的，该网络系统确认申请提交成功的日期应当视为被告收到申请之日，被告逾期作出答复的，应当确认为违法。法院判决确认被告广东省交通运输厅未依照《政府信息公开条例》第二十四条规定的期限对原告李某某 2011 年 6 月 1 日申请其公开广州广园客运站至佛冈客运里程数的政府信息作出答复违法。

3. 新法草案下的重新审视

电子文件送达时点的确定不仅涉及行政相对人收到的时间如何认定，也涉及行政机关收到时间的界定，任何一方收发时点出现模糊或混乱之处，都将会引起相关纠纷或争议。比如司法实践中经常出现的公民、法人或其他组织通过政府公众网络系统在线向行政机关提交相关许可申请的，如何确定行政机关的收到日期和答复期限？本案确立了一项认定的标准，即公民、法人或其他组织网络在线向行政机关提交相关申请或材料的，若该网络系统未作特别说明，则系统确认申请提交成功的日期即视为行政机关收到政府信息公开申请的日期。本次立法吸收了这一观点，并进一步丰富其内涵，比如若行政相对人提交的电子文件发送到收文者指定信息系统以外的信息系统的，则以收文者实际取出电子文件的时间作为收到时间，同时当事人双方另有约定的，则从其约定。这样使得电子行政文件收发的时点类型更加多样，也更加易于认定。

十三、电子行政行为的司法管辖问题

司法审查的主要目的在于查清案情事实，以交通违法中电子交通处罚的行政行为为例，基于电子行政行为的特殊性，其中涉及违法行为认定的重要地点，比如事实发生地、违法行为确认地、处罚决定作出地以及义务履行地等，对于查清事实和分析案情都具有极为重要的作用和意义。因此，若仅单纯规定作出具体行政行为机关所在地为司法管辖地的原则，并不利于调查取证和查明事实。因为从因特网的特点来看，"因特网和传输信息的机器的物理位置没有重要的联系，因特网的地址和一个特定的法域很难联系在一起"[1]，这对于司法管辖权的传统理解会产生比较大的影响，故而电子行政行为的司法管辖，应当全面综合考虑各种相关的因素，以便作出更为科学细致的规定。综合权衡上述各种因素，我们主张建立"以一般管辖为原则，特殊管辖

---

① 张楚：《网络法学》，高等教育出版社2003年版，第264页。

为例外，并赋予相对人适度选择权"的电子行政行为管辖模式。即电子行政行为的司法管辖，一般由作出具体行政行为的行政机关所在地人民法院管辖，但同时兼顾电子行政行为的特性，辅之一些特殊的管辖方式，比如对于跨地域的电子行政处罚决定，还可以进一步分解为事实发生地、违法行为确认地、处罚决定作出地、实际义务履行地，各相关节点的法院根据近便原则都可享有管辖权，行政相对人也可以根据自己的实际情况选择有管辖权的法院。如果当事人分别向两个有管辖权的法院提起诉讼，便产生了重叠管辖的问题，此时可由双方共同的上级法院依据"最密切联系原则"决定具体由哪一家法院管辖，若双方没有共同的上级法院，则可以由双方各自上级法院相互协商后确定管辖的法院。这种管辖的思路和方案，对于提升相对人的自主选择权，实现行政机关与相对人地位的均衡，起着积极的作用，同时我们也看到，最密切联系原则的运用还有利于更好地查清案件事实、方便当事人举证以及提高审查和裁判的效率和公正性。

第二章　互联网上网服务营业场所管理领域立法完善

第一节　《互联网上网服务营业场所
管理法（草案）》①

第一条　为了加强对互联网上网服务营业场所的管理，规范经营者的经营行为，维护公众和经营者的合法权益，保障互联网上网服务经营活动健康发展，促进社会主义精神文明建设，制定本法。

第二条　本法所称互联网上网服务营业场所，是指通过计算机等装置向公众提供互联网上网服务的网吧、电脑休闲室等营业性场所。

学校、图书馆等单位内部附设的为特定对象获取资料、信息提供上网服务的场所，应当遵守有关法律、法规，不适用本法。

第三条　互联网上网服务营业场所经营单位应当遵守有关法律、法规的规定，加强行业自律，自觉接受政府有关部门依法实施的监督管理，为上网消费者提供良好的服务。

互联网上网服务营业场所的上网消费者，应当遵守有关法律、法规的规定，遵守社会公德，开展文明、健康的上网活动。

第四条　县级以上人民政府文化行政部门负责互联网上网服务营

---

①　本法草案是在《互联网上网服务营业场所管理条例》（国务院令第588号）的基础上加以部分修改和整理而得。

业场所经营单位的设立审批，并负责对依法设立的互联网上网服务营业场所经营单位经营活动的监督管理；公安机关负责对互联网上网服务营业场所经营单位的信息网络安全、治安及消防安全的监督管理；工商行政管理部门负责对互联网上网服务营业场所经营单位登记注册和营业执照的管理，并依法查处无照经营活动；电信管理部门等其他有关部门在各自职责范围内，依照本法和有关法律、行政法规的规定，对互联网上网服务营业场所经营单位分别实施有关监督管理。

第五条 文化行政部门、公安机关、工商行政管理部门和其他有关部门及其工作人员不得从事或者变相从事互联网上网服务经营活动，也不得参与或者变相参与互联网上网服务营业场所经营单位的经营活动。

第六条 国家鼓励公民、法人和其他组织对互联网上网服务营业场所经营单位的经营活动进行监督。

第七条 国家对互联网上网服务营业场所经营单位的经营活动实行许可制度。未经依法许可，任何组织和个人不得设立互联网上网服务营业场所，不得从事互联网上网服务经营活动。

有关行政机关应当将法律、法规、规章规定的有关行政许可的事项、依据、条件、数量、程序、期限以及需要提交的全部材料的目录和申请书示范文本等在办公场所公示。申请人要求行政机关对公示内容予以说明、解释的，行政机关应当说明、解释，提供准确、可靠的信息。

第八条 设立互联网上网服务营业场所经营单位，应当采用企业的组织形式，并具备下列条件：

（一）有企业的名称、住所、组织机构和章程；

（二）有与其经营活动相适应的资金；

（三）有与其经营活动相适应并符合国家规定的消防安全条件的营业场所；

（四）有健全、完善的信息网络安全管理制度和安全技术措施；

（五）有固定的网络地址和与其经营活动相适应的计算机等装置及附属设备；

（六）有与其经营活动相适应并取得从业资格的安全管理人员、经营管理人员、专业技术人员；

（七）法律和行政法规规定的其他条件。

互联网上网服务营业场所的最低营业面积、计算机等装置及附属设备数量、单机面积的标准，由国务院文化行政部门规定。

审批设立互联网上网服务营业场所经营单位，除依照本条第一款、第二款规定的条件外，还应当符合国务院文化行政部门和省、自治区、直辖市人民政府文化行政部门规定的互联网上网服务营业场所经营单位的总量和布局要求。

第九条　中学、小学校园周围 200 米范围内和居民住宅楼（院）内不得设立互联网上网服务营业场所。

第十条　设立互联网上网服务营业场所经营单位，应当向县级以上地方人民政府文化行政部门提出申请，并提交下列文件：

（一）名称预先核准通知书和章程；

（二）法定代表人或者主要负责人的身份证明材料；

（三）资金信用证明；

（四）营业场所产权证明或者租赁意向书；

（五）依法需要提交的其他文件。

第十一条　文化行政部门应当自收到设立申请之日起 20 个工作日内作出决定；经审查，符合条件的，发给同意筹建的批准文件。

申请人完成筹建后，持同意筹建的批准文件到同级公安机关申请信息网络安全和消防安全审核。公安机关应当自收到申请之日起 20 个工作日内作出决定；经实地检查并审核合格的，发给批准文件。

申请人持公安机关批准文件向文化行政部门申请最终审核。文化行政部门应当自收到申请之日起 15 个工作日内依据本法第八条的规定作出决定；经实地检查并审核合格的，发给《网络文化经营许可证》。

对申请人的申请，文化行政部门经审查不符合条件的，或者公安机关经审核不合格的，应当分别向申请人书面说明理由。

申请人持《网络文化经营许可证》到工商行政管理部门申请登记

注册，依法领取营业执照后，方可开业。

第十二条 互联网上网服务营业场所经营单位不得涂改、出租、出借或者以其他方式转让其获得的《网络文化经营许可证》。

第十三条 互联网上网服务营业场所经营单位变更营业场所地址或者对营业场所进行改建、扩建，变更计算机数量或者其他重要事项的，应当经原审核机关同意。

互联网上网服务营业场所经营单位变更名称、住所、法定代表人或者主要负责人、注册资本、网络地址或者终止经营活动的，应当依法到工商行政管理部门办理变更登记或者注销登记，并到文化行政部门、公安机关办理有关手续或者备案。

第十四条 互联网上网服务营业场所经营单位和上网消费者不得利用互联网上网服务营业场所制作、下载、复制、查阅、发布、传播或者以其他方式使用含有下列内容的信息：

（一）反对或违反宪法确定的基本原则的；

（二）危害国家统一、主权和领土完整的；

（三）泄露国家秘密，危害国家安全或者损害国家荣誉和利益的；

（四）煽动民族仇恨、民族歧视，破坏民族团结，或者侵害民族风俗、习惯的；

（五）破坏国家宗教政策，宣扬邪教、迷信的；

（六）散布谣言，扰乱社会秩序，破坏社会稳定的；

（七）宣传淫秽、赌博、暴力或者教唆犯罪的；

（八）侮辱或者诽谤他人，侵害他人合法权益的；

（九）危害社会公德或者民族优秀文化传统的；

（十）含有法律、行政法规禁止的其他内容的。

第十五条 互联网上网服务营业场所经营单位和上网消费者不得进行下列危害信息网络安全的活动：

（一）故意制作或者传播计算机病毒以及其他破坏性程序的；

（二）非法侵入计算机信息系统或者破坏计算机信息系统功能、数据和应用程序的；

（三）进行法律、行政法规禁止的其他活动的。

第十六条　互联网上网服务营业场所经营单位应当通过依法取得经营许可证的互联网接入服务提供者接入互联网，不得采取其他方式接入互联网。

互联网上网服务营业场所经营单位提供上网消费者使用的计算机必须通过局域网的方式接入互联网，不得直接接入互联网。

第十七条　互联网上网服务营业场所经营单位不得经营非网络游戏。

第十八条　互联网上网服务营业场所经营单位和上网消费者不得利用网络游戏或者其他方式进行赌博或者变相赌博活动。

第十九条　互联网上网服务营业场所经营单位应当实施经营管理技术措施，建立场内巡查制度，发现上网消费者有本法第十四条、第十五条、第十八条所列行为或者有其他违法行为的，应当立即予以制止并向文化行政部门、公安机关举报。

第二十条　互联网上网服务营业场所经营单位应当在营业场所的显著位置悬挂《网络文化经营许可证》和营业执照。

第二十一条　互联网上网服务营业场所经营单位不得接纳未成年人进入营业场所。

互联网上网服务营业场所经营单位应当在营业场所入口处的显著位置悬挂未成年人禁入标志。

第二十二条　互联网上网服务营业场所经营单位应当对上网消费者的身份证等有效证件进行核对、登记，并记录有关上网信息。登记内容和记录备份保存时间不得少于 60 日，并在文化行政部门、公安机关依法查询时予以提供。登记内容和记录备份在保存期内不得修改或者删除。

第二十三条　互联网上网服务营业场所经营单位应当依法履行信息网络安全、治安和消防安全职责，并遵守下列规定：

（一）禁止明火照明和吸烟，并悬挂禁止吸烟标志；

（二）禁止带入和存放易燃、易爆物品；

（三）不得安装固定的封闭门窗栅栏；

（四）营业期间禁止封堵或者锁闭门窗、安全疏散通道和安全出口；

（五）不得擅自停止实施安全技术措施。

第二十四条 文化行政部门、公安机关、工商行政管理部门或者其他有关部门及其工作人员，利用职务上的便利收受他人财物或者其他不正当利益，违法批准不符合法定设立条件的互联网上网服务营业场所经营单位，或者不依法履行监督职责，或者发现违法行为不予依法查处，触犯刑法的，对直接负责的主管人员和其他直接责任人员依照刑法第八章第三百八十五条第二款、第九章第三百九十七条及其他相关犯罪的规定，依法追究刑事责任；尚未达到刑事处罚标准的，依法给予降级、撤职或者开除的行政处分。

第二十五条 文化行政部门、公安机关、工商行政管理部门或者其他有关部门的工作人员，从事或者变相从事互联网上网服务经营活动的，参与或者变相参与互联网上网服务营业场所经营单位的经营活动的，依法给予降级、撤职或者开除的行政处分。

文化行政部门、公安机关、工商行政管理部门或者其他有关部门有前款所列行为的，对直接负责的主管人员和其他直接责任人员依照前款规定依法给予行政处分。

第二十六条 违反本法的规定，擅自设立互联网上网服务营业场所，或者擅自从事互联网上网服务经营活动的，由工商行政管理部门或者由工商行政管理部门会同公安机关依法予以取缔，查封其从事违法经营活动的场所，扣押从事违法经营活动的专用工具、设备；触犯刑法的，依法追究刑事责任；尚未达到刑事处罚标准的，由工商行政管理部门没收违法所得及其从事违法经营活动的专用工具、设备；违法经营额1万元以上的，并处违法经营额5倍以上10倍以下的罚款；违法经营额不足1万元的，并处1万元以上5万元以下的罚款。

第二十七条 互联网上网服务营业场所经营单位违反本法的规定，涂改、出租、出借或者以其他方式转让《网络文化经营许可证》，触犯刑法的，依照刑法第二百八十条的规定，依法追究刑事责任；尚未达到刑事处罚标准的，由文化行政部门吊销《网络文化经营许可证》，没收违法所得；违法经营额 5000 元以上的，并处违法经营额 2 倍以上 5 倍以下的罚款；违法经营额不足 5000 元的，并处 5000 元以上 1 万元以下的罚款。

第二十八条 互联网上网服务营业场所经营单位违反本法的规定，利用营业场所制作、下载、复制、查阅、发布、传播或者以其他方式使用含有本法第十四条规定禁止含有的内容的信息，触犯刑法的，依法追究刑事责任；尚未达到刑事处罚标准的，由公安机关给予警告，没收违法所得；违法经营额 1 万元以上的，并处违法经营额 2 倍以上 5 倍以下的罚款；违法经营额不足 1 万元的，并处 1 万元以上 2 万元以下的罚款；情节严重的，责令停业整顿或吊销《网络文化经营许可证》。

上网消费者有前款违法行为，触犯刑律的，依法追究刑事责任；尚未达到刑事处罚标准的，由公安机关依照治安管理处罚法的规定给予处罚。

第二十九条 互联网上网服务营业场所经营单位违反本法的规定，有下列行为之一的，由文化行政部门给予警告，可以并处 15000 元以下的罚款；情节严重的，责令停业整顿或吊销《网络文化经营许可证》：

（一）接纳未成年人进入营业场所的；

（二）经营非网络游戏的；

（三）擅自停止实施经营管理技术措施的；

（四）未悬挂《网络文化经营许可证》或者未成年人禁入标志的。

第三十条 互联网上网服务营业场所经营单位违反本法的规定，有下列行为之一的，由文化行政部门、公安机关依据各自职权给予警告，可以并处 15000 元以下的罚款；情节严重的，责令停业整顿或由文化行政部门吊销《网络文化经营许可证》：

（一）向上网消费者提供的计算机未通过局域网的方式接入互联网的；

（二）未建立场内巡查制度，或者发现上网消费者的违法行为未予制止或未向文化行政部门、公安机关举报的；

（三）未按规定核对、登记上网消费者的有效身份证件或者记录有关上网信息的；

（四）未按规定时间保存登记内容、记录备份，或者在保存期内修改、删除登记内容、记录备份的；

（五）变更名称、住所、法定代表人或者主要负责人、注册资本、网络地址或者终止经营活动，未向文化行政部门、公安机关办理有关手续或者备案的。

第三十一条　互联网上网服务营业场所经营单位违反本法的规定，有下列行为之一的，由公安机关给予警告，可以并处15000元以下的罚款；情节严重的，责令停业整顿或由文化行政部门吊销《网络文化经营许可证》：

（一）利用明火照明或者发现吸烟不予制止，或者未悬挂禁止吸烟标志的；

（二）允许带入或者存放易燃、易爆物品的；

（三）在营业场所安装固定的封闭门窗栅栏的；

（四）营业期间封堵或者锁闭门窗、安全疏散通道或者安全出口的；

（五）擅自停止实施安全技术措施的。

第三十二条　违反国家有关信息网络安全、治安管理、消防管理、工商行政管理、电信管理等规定，触犯刑法的，依法追究刑事责任；尚未达到刑事处罚标准的，由公安机关、工商行政管理部门、电信管理机构依法给予处罚；情节严重的，由原发证机关吊销许可证。

第三十三条　互联网上网服务营业场所经营单位违反本法的规定，被处以吊销《网络文化经营许可证》行政处罚的，应当依法到工商行政管理部门办理变更登记或者注销登记；逾期未办理的，由工商行政管理部门吊销营业执照。

　　第三十四条　互联网上网服务营业场所经营单位违反本法的规定，被吊销《网络文化经营许可证》的，自被吊销《网络文化经营许可证》之日起 5 年内，其法定代表人或者主要负责人不得担任互联网上网服务营业场所经营单位的法定代表人或者主要负责人。

　　擅自设立的互联网上网服务营业场所经营单位被依法取缔的，自被取缔之日起 5 年内，其主要负责人不得担任互联网上网服务营业场所经营单位的法定代表人或者主要负责人。

第二节　《互联网上网服务营业场所管理法（草案）》草拟说明及理由

第一条　立法目的

　　为了加强对互联网上网服务营业场所的管理，规范经营者的经营行为，维护公众和经营者的合法权益，保障互联网上网服务经营活动健康发展，促进社会主义精神文明建设，制定本法。

◉说明及理由

　　本条是关于《互联网上网服务营业场所管理法》（草案）立法目的的说明。本法旨在保护互联网上网服务营业场所的上网消费者和公众的权利和利益，规范互联网上网服务营业场所经营者的经营行为，鼓励和发展相关技术和产业，促进社会主义精神文明建设，进而为国家经济的发展和人民生活的改善做出贡献。

第二条　适用范围

　　本法所称互联网上网服务营业场所，是指通过计算机等装置向公众提供互联网上网服务的网吧、电脑休闲室等营业性场所。

　　学校、图书馆等单位内部附设的为特定对象获取资料、信息提供上网服务的场所，应当遵守有关法律、法规，不适用本法。

◉**说明及理由**

　　本条共分两款，第一款是有关互联网上网服务营业场所的定义。在定义的基础上，明确了本法的适用范围。互联网上网服务营业场所经营单位是以营利为目的的经营组织，同时互联网上网服务营业场所的服务对象是公众，这两点是互联网上网服务营业场所的显著特征。第二款是对学校、图书馆等单位内部附设的为特定对象获取资料、信息提供上网服务的场所不适用本法的排除规定。近年来，高校、科研机构等单位，为提高教学科研水平，扩大学生的知识面，丰富学生的业余生活，纷纷建立了校园网络。一些公共图书馆为进一步提高服务质量，也开设了电子阅览室，通过计算机上网，快速、高效地为读者提供信息服务。① 此类上网场所的设立与管理不适用本法的规定，但应当遵守其他法律、法规的规定。

　　第三条　互联网上网服务营业场所经营者和上网消费者应当遵守的一般行为准则

　　互联网上网服务营业场所经营单位应当遵守有关法律、法规的规定，加强行业自律，自觉接受政府有关部门依法实施的监督管理，为上网消费者提供良好的服务。

　　互联网上网服务营业场所的上网消费者，应当遵守有关法律、法规的规定，遵守社会公德，开展文明、健康的上网活动。

◉**说明及理由**

　　本条是对互联网上网服务营业场所经营者和上网消费者应当遵守

---

　　① 引自《互联网上网服务营业场所管理条例解析》，访问网址：http://wzj. xxz. gov. cn/whyd/xxyd/201306/t20130624_79674. html.

的一般行为准则的规定。经营者应当遵守以下几项基本规定：1. 有关法律、法规的规定；2. 应当加强行业自律；3. 经营者应当自觉接受政府有关部门依法实施的监督管理；4. 应当为上网消费者提供良好的服务。同时上网消费者应当遵守有关法律、法规的规定，遵守社会公德，开展文明、健康的上网活动。

第四条　行政主管部门及其职责

县级以上人民政府文化行政部门负责互联网上网服务营业场所经营单位的设立审批，并负责对依法设立的互联网上网服务营业场所经营单位经营活动的监督管理；公安机关负责对互联网上网服务营业场所经营单位的信息网络安全、治安及消防安全的监督管理；工商行政管理部门负责对互联网上网服务营业场所经营单位登记注册和营业执照的管理，并依法查处无照经营活动；电信管理部门等其他有关部门在各自职责范围内，依照本法和有关法律、行政法规的规定，对互联网上网服务营业场所经营单位分别实施有关监督管理。

◉说明及理由

本条是对互联网上网服务营业场所有关行政主管部门及其职责的规定。文化行政部门是互联网上网服务营业场所的主要管理机关。公安机关对互联网上网服务营业场所的管理职责主要有三项：1. 对互联网上网服务营业场所经营单位的信息网络进行监督管理；2. 对互联网上网服务营业场所进行治安管理；3. 对互联网上网服务营业场所进行消防安全管理。工商行政管理部门对上网服务营业场所的管理职责，主要有两项：1. 对互联网上网服务营业场所经营单位的登记注册和营业执照的管理。2. 查处无照经营活动。电信管理部门管理互联网上网服务营业场所的职责主要是规范互联网上网服务营业场所的互联网接入方式。根据我国有关法律、法规的规定，接入互联网必须通过互联网服务业务经营单位进行，不得擅自接入。对此我国的《电信条例》第六十九条对未经批准设立国际出入口进行国际通信的行为规定了处罚；《计算机信息网络国际联网出入口信道管理办法》第二条规定："我国境内的计算机信息网络直接进行国际联网，必须使用邮电部国家公用电信网提供的国际出入口信道。单位和个人不得自行建立或者使用其他信道（含卫星信道）进行国际联网。"[①]

第五条　禁止性规定

文化行政部门、公安机关、工商行政管理部门和其他有关部门及其工作人员不得从事或者变相从事互联网上网服务经营活动，也不得参与或者变相参与互联网上网服务营业场所经营单位的经营活动。

◉ 说明及理由

本条是对文化行政部门、公安机关、工商行政管理部门和其他有关部门及其工作人员从事或者参与互联网上网服务经营活动的禁止性规定。根据依法行政的要求，无论国家机关还是其工作人员都不应该从其所监督管理的领域中获取利益，这就要求必须实行政企分开，要求国家机关和其工作人员不能以任何方式从事或者参与其管理领域内的经营活动，不能既当裁判员又当运动员。当行政权力与经济活动相结合时，容易滋生腐败，同时也必然使其他经济主体处于不利地位，破坏公平竞争的市场经济原则。现阶段，在法治还不完善的条件下，为了推进依法行政，反腐倡廉，杜绝不正当竞争和权力寻租，本条规定有特别重要的意义。

---

① 引自《互联网上网服务营业场所管理条例解析》，访问网址：http：//wzj. xxz. gov. cn/whyd/xxyd/201306/t20130624_79674. html.

第六条　社会监督

国家鼓励公民、法人和其他组织对互联网上网服务营业场所经营单位的经营活动进行监督。

◉ **说明及理由**

本条目的在于发动全社会的力量对互联网上网服务营业场所经营单位的经营活动进行监督。互联网上网服务营业场所经营活动如果违法，则对全社会的危害极大，而行政机关的力量毕竟又是有限的，如果公民、法人和其他组织能积极监督互联网上网服务营业场所的经营活动，就能有效地发现和制止违法行为，维护社会公共利益。

第七条　准入制度

国家对互联网上网服务营业场所经营单位的经营活动实行许可制度。未经依法许可，任何组织和个人不得设立互联网上网服务营业场所，不得从事互联网上网服务经营活动。

有关行政机关应当将法律、法规、规章规定的有关行政许可的事项、依据、条件、数量、程序、期限以及需要提交的全部材料的目录和申请书示范文本等在办公场所公示。申请人要求行政机关对公示内容予以说明、解释的，行政机关应当说明、解释，提供准确、可靠的信息。

◉ **说明及理由**

本条是有关设立互联网上网服务营业场所经营单位许可制度的规定。行政许可是指行政机关根据自然人、法人或者其他组织依法提出的申请，依法审批，准许其从事特定活动，认可其资格、资质或者使其获得特定民事权利能力和行为能力的行为。对法律、行政法规规定必须取得一定的行政许可方可从事的行为，任何单位或者个人未依法取得相应的行政许可都不得擅自从事。从事互联网上网服务营业场所经营活动，是对社会公共利益有重大影响的活动。实践证明，对互联网上网服务营业场所不严格管理、依法监督，会导致一系列不良影响，如可能导致恶性竞争、扰乱本行业正常的经营管理秩序；也可能导致严重的消防安全事故；更不利于控制有害信息通过网络向社会公众传播，尤其会对青少年的身心健康带来巨大的损害。从社会公共利益的角度出发，对互联网上网服务营业场所的消防安全和信息网络安全条件的要求，也不可能通过市场调节来规范。因此，对互联网上网服务营业场所经营活动的监督和管理，必须更多地依靠政府的强有力的调控，必须通过行政许可的方式来设置一定的市场准入门槛，使经营者达到一定的条件，从而保障社会公共利益的实现。国家对互联网上网服务营业场所经营活动实行许可制度，一方面意味着国家将设定一系列的条件，对允许从事互联网上网服务营业场所经营活动的单位设置一定的市场准入门槛，只有符合法定条件，并且依法经过国家有关机关的审批的市场主体才有资格从事互联网上网服务营业场所经营活动。另一方面要求国家有关机关必须依法行政，依法审批，并对审批行为承担责任。对符合法定条件的申请人，有关国家机关应该依法给予从事互联网上网服务营业场所经营活动的许可，对不符合法定条件的申请人坚决不能给予从事互联网上网服务营业场所经营活动的许可。同时，为保护行政管理相对人的合法权益，行政许可还必须在法定的时间内完成。对上述内容，本法在不同的条款中都作了相应的规定。[1]

第八条　互联网上网服务营业场所经营单位的设立条件

设立互联网上网服务营业场所经营单位，应当采用企业的组织形式，并具备下列条件：

（一）有企业的名称、住所、组织机构和章程；

（二）有与其经营活动相适应的资金；

---

[1] 引自《互联网上网服务营业场所管理条例解析》，访问网址：http://wzj.xxz.gov.cn/whyd/xxyd/201306/t20130624_79674.html.

（三）有与其经营活动相适应并符合国家规定的消防安全条件的营业场所；

（四）有健全、完善的信息网络安全管理制度和安全技术措施；

（五）有固定的网络地址和与其经营活动相适应的计算机等装置及附属设备；

（六）有与其经营活动相适应并取得从业资格的安全管理人员、经营管理人员、专业技术人员；

（七）法律和行政法规规定的其他条件。

互联网上网服务营业场所的最低营业面积、计算机等装置及附属设备数量、单机面积的标准，由国务院文化行政部门规定。

审批设立互联网上网服务营业场所经营单位，除依照本条第一款、第二款规定的条件外，还应当符合国务院文化行政部门和省、自治区、直辖市人民政府文化行政部门规定的互联网上网服务营业场所经营单位的总量和布局要求。

◉ **说明及理由**

本条是有关互联网上网服务营业场所经营单位设立条件的规定。本条共三款：第一款规定了设立互联网上网服务营业场所的条件；第二款是授权性条款，授权国务院文化行政部门对互联网上网服务营业场所经营单位的最低营业面积等做出规定；第三款是对设立互联网上网服务营业场所经营单位应当符合总量和布局要求的规定。

设立互联网上网服务营业场所经营单位应当采用法律规定的企业形式，不得采用个体工商户或者个人合伙形式。本条规定只明确互联网上网服务营业场所经营单位应当采用企业形式，并没有限制采用何种企业形式，因此，互联网上网服务营业场所经营单位可以是公司，也可以是独资企业、合伙企业等其他企业形式。在企业的几种组织形式中，公司的准入条件要求最为严格。关于各种企业组织形式的具体条件，相关法律、行政法规都有明确的规定。除应当采用企业的组织形式外,设立互联网上网服务营业场所经营单位还应当符合本法规定的其他条件,根据本条的规定,这些条件主要包括以下几个方面:1. 有企业的名称、住所、组织机构和章程。企业的名称是市场主体的识别标志。企业名称应当符合法律的规定,企业只能使用一个名称。经企业登记核准机关登记的企业名称受法律保护,同时也是一个企业区别于其他企业的标志。企业的住所是企业的主要办事机构所在地。在法律上,企业住所的意义主要有:(1)确定企业的诉讼管辖地;(2)确定法律文书的受理送达地;(3)在一定的情况下,可以确定合同履行地;(4)在一般情况下,根据住所确定企业的登记机关。企业经营登记机关登记的住所只能有一个。当企业只有一个办事机构时,该机构所在地为住所。企业若有位于不同地方的两个以上的办事机构,以登记的主要办事机构所在地为住所。企业的组织机构因企业的组织形式不同而有所不同。规模大的可能有董事会、监事会,规模小的可能只有法定代表人或者负责人。互联网上网服务营业场所经营单位采取不同的企业组织形式,按照法律、行政法规的规定,就必须有相应的组织机构。2. 有与其经营活动相适应的资金。资金是企业从事营利性活动的物质条件,也是企业信用的基本。本法对资金信用未作具体规定,可以根据设立的形式依照相关法律确定。对有限责任公司、个人独资企业和合伙企业,《公司法》《个人独资企业法》和《合伙企业法》都没有规定最低注册资本额要求,只规定了企业应当有固定的生产经营场所和必要的产生经营条件。应当说,本法规定设立互联网上网服务营业场所经营单位,必须有与所从事的业务相适应的资金,与这三部法律的基本精神是不矛盾的。3. 有与其经营活动相适应并符合国家规定的消防安全条件的营业场所。互联网上网服务营业场所经营单位应当在法定代表人或者主要负责人中确定一名本单位的消防安全责任人。在消防安全责任人确定或者变更时,应当向当地公安消防机构备案。消防安全责任人应当依照《消防法》第十六条规定履行消防安全职责,负责检查和落实本单位防火措施、灭火预案的制定及建筑消防设施、消防通道、电源火源的管理。互联网上网服务营业场所经营单位的房产所有者在与其他单位、个人发生租赁等关系后，互联网上网服务营业场所的消防安全由经营者负责。互联网上网服务营业场所经营单位必须加强电气防火安全检查管理，及时消除火灾隐患。不得超负荷用电，不得擅自拉接临时电线。互联网上网服务营业场所内严禁带入和存放易燃易爆物品，禁止吸烟和明火照明。互联网上网服务营业场所在营业时，不得超过额定人数。互联网上网服务营业场所经营单位应当建立全员防火安全责任制度，全体员工都应熟知必要的消防安全知识，会报火警，会使用灭火器材，会组织人员疏散。4. 有健全的信息网络安全管理技术措施。安全技术措施主要包括：（1）具有保存 3 个月以上系统网络运行日志和用户使用日志记录功能，内容包括 IP 地址分配及使用情况，交互式信息发布者、主页维护者、邮箱使用者和拨号用户上网的起始时间和对应的 IP 地址，交互式栏目的信息等；（2）具有安全设计或预警功能；（3）开设邮件服务的，具有垃圾邮件清理功能；（4）开设交互式信息栏目的，具有身份登记和识别确认功能；（5）计算机病毒防护功能；（6）其他保护信息和系统网络安全的技术措施。5. 有固定的网络地址和与其经营活动相适应的计算机等装置及附属设备。互联网上网服务营业场所是公共场所，人员流动性强，信息流动量大，情况复杂，社会影响面大。为了方便管理和维护网络安全，有效控制有害信息的传播，本法要求互联网上网服务营业场所必须有固定的网络地址，不能采用其他方式上网。同时，为了维护消费者的合法权益，保证互联网上网服务营业场所具备适合上网活动的环境与条件，本法还要求互联网上网服务营业场所必须具备与其经营活动相适应的计算机等装置及附属设备。6. 有与其经营活动想适应并取得从业资格的安全管理人员、经营管理人员、专业技术人员。由于互联网上网服务营业场所人员比较复杂、拥挤，因此必须有人员负责场所内的安全事宜和日常的经营管理事宜。7. 法律、行政法规规定的其他条件。[①]

---

　　① 引自《互联网上网服务营业场所管理条例解析》，访问网址：http://wzj. xxz. gov. cn/whyd/xxyd/201306/t20130624_79674. html.

第九条　设立互联网上网服务营业场所的禁止性规定

中学、小学校园周围 200 米范围内和居民住宅楼（院）内不得设立互联网上网服务营业场所。

◉ **说明及理由**

本条是有关设立互联网上网服务营业场所的地点的禁止性规定。从实践中来看，青少年容易沉湎于网络世界不能自拔，从而影响其学习和生活，甚至危害其身心健康。目前，社会中已经发生了一些中小学生因沉湎于网吧而导致的恶性事件。而一些互联网上网服务营业场所经营者为谋取利益，将互联网上网服务营业场所设立在中小学学校周围。由于网络世界比较新奇，内容十分丰富，各种各样的游戏以及交友、聊天等活动，对未成年人非常具有吸引力。互联网上网服务营业场所设立在学校附近，很容易吸引学生，使他们沉湎于网络，从而使其荒废了学业、危害了身心健康，也不利于学校教学秩序的维护。因此，本法要求互联网上网服务营业场所远离学校。根据本条的规定，本法生效后，对在中学、小学校园周围 200 米范围内，设立互联网上网服务营业场所的申请，一律不得批准。对已有的在中学、小学校园周围 200 米范围内的合法互联网上网服务营业场所，应当予以迁出。除中小学学校周围外，本条还规定不得在居民住宅楼（院）内设立互联网上网服务营业场所，这也是十分必要的。因为在居民住宅楼（院）内设立互联网上网服务营业场所，一方面将会对周围邻居的生活造成很大的干扰，侵害其他社会公众的合法权益；另一方面，居民住宅楼（院）也相对封闭，很难具备必要的消防安全条件，存在更大的安全隐患，一旦发生安全事故，也很难疏散人群，给予救助。另外，在居民住宅楼（院）内设立互联网上网服务营业场所，也不利于有关部门的监督管理。因此，本法规定居民住宅楼（院）内不得设立互联网上网服务营业场所。[①]

---

① 引自《互联网上网服务营业场所管理条例解析》，访问网址：http://wzj.xxz.gov.cn/whyd/xxyd/201306/t20130624_79674.html.

第十条　许可申请

设立互联网上网服务营业场所经营单位，应当向县级以上地方人民政府文化行政部门提出申请，并提交下列文件：

（一）名称预先核准通知书和章程；

（二）法定代表人或者主要负责人的身份证明材料；

（三）资金信用证明；

（四）营业场所产权证明或者租赁意向书；

（五）依法需要提交的其他文件。

◉**说明及理由**

本条是对申请设立互联网上网服务营业场所的规定。申请人申请设立互联网上网服务营业场所，应当向县级以上人民政府文化行政部门提出书面申请。申请书应当载明：申请人的名称或姓名、申请内容、营业场所的基本情况、申请日期等内容。同时申请人申请设立互联网上网服务营业场所，还应当提交下列文件：1. 名称预先核准通知书和章程。2. 法定代表人或者主要负责人的身份证明材料。设立公司性质的互联网上网服务营业场所经营单位，申请人应当提交法定代表人的身份证明；设立为个人独资企业形式的，申请人应当提交投资人的身份证明材料；申请设立合伙企业形式的，应当提交合伙事务执行人的身份证明材料。身份证明材料是指居民身份证或者其他能证明当事人身份的证明文件。3. 资金信用证明。设立互联网上网服务营业场所，要购置一定数量的设备，具有一定的场所条件。这些都需要有一定的资金。但是，要求申请人在向政府有关部门申请设立互联网上网服务营业场所时就要具备这些条件，一旦申请人的申请没有被批准，就会给申请人造成很大的浪费和损失。因此，本法并不要求申请人在提出申请时就应该具备设备、场所等条件，而是要求其提供必要的资金信用证明，表明其有达到设备、场所等条件的资金能力。4. 营业场所产权证明或者租赁意向书。营业场所对互联网上网服务来说是最重要的条件之一，营业场所是有关部门进行监督管理的重要对象，设立互联网上网服务营业场所经营单位必须有明确的营业场所，并应该由审批的部门掌握必要的情况。因此，申请设立互联网上网服务营业场所必须提供有关营业场所的证明文件。互联网上网服务营业场所经营单位，可以通过不同的方式取得营业场所，既可以是利用自有产权的房屋开设互联网上网服务营业场所，也可以是租用他人的房屋开设互联网上网服务营业场所。因此，对利用自有产权的房屋开设互联网上网服务营业场所的应该向审批机关提供营业场所产权证明；对租用他人的房屋开设互联网上网服务营业场所的，应该向审批机关提供营业场所租赁意向书。与前面说明的道理一样，要求申请人在被批准前就必须租赁房屋是不合适的，因此，对利用他人房屋开设互联网上网服务营业场所的，本条只要求申请人在申请设立时提供营业场所租赁意向书即可。5. 依法需要提交的其他文件。对依法需要提交的其他文件，审批机关应该向申请人说明。①

第十一条　审查程序

文化行政部门应当自收到设立申请之日起 20 个工作日内作出决定；经审查，符合条件的，发给同意筹建的批准文件。

申请人完成筹建后，持同意筹建的批准文件到同级公安机关申请信息网络安全和消防安全审核。公安机关应当自收到申请之日起 20 个工作日内作出决定；经实地检查并审核合格的，发给批准文件。

申请人持公安机关批准文件向文化行政部门申请最终审核。文化行政部门应当自收到申请之日起 15 个工作日内依据本法第八条的规定作出决定；经实地检查并审核合格的，发给《网络文化经营许可证》。

对申请人的申请，文化行政部门经审查不符合条件的，或者公安机关经审核不合格的，应当分别向申请人书面说明理由。

---

① 引自《互联网上网服务营业场所管理条例解析》，访问网址：http://wzj. xxz. gov. cn/whyd/xxyd/201306/t20130624_79674. html.

申请人持《网络文化经营许可证》到工商行政管理部门申请登记注册，依法领取营业执照后，方可开业。

◉ **说明及理由**

本条是有关设立互联网上网服务营业场所的审查程序规定。本条共分五款，分别规定了文化行政部门、公安机关和工商行政管理部门对申请人的申请进行审查、予以批准或不予批准的程序。根据本条的规定，对设立互联网上网服务营业场所的申请有以下四个程序：1. 筹建审查程序。当事人申请设立互联网上网服务营业场所，应当向县级以上人民政府文化行政部门提出申请。文化行政部门收到当事人的申请后，应当按照本法的规定对当事人的申请进行书面审查，并在本条规定的 20 个工作日内作出审批决定。经实地审查，对符合本法规定的，应该发给当事人批准文件。对提交的文件不符合本法第十条规定的，应当在 20 个工作日内通知当事人予以补充，审批期限自收到当事人补充材料之日起重新起算，仍为 20 个工作日。如果申请人的选址不符合本法的要求或者有其他不符合本法要求的情形的，应当在 20 个工作日内驳回申请，并向当事人书面说明理由。对文化行政部门的决定，申请人不服的，或者文化行政部门对当事人的申请逾期不予处理的，申请人可以申请行政复议或者提起行政诉讼。2. 公安机关的审核程序。申请人完成互联网上网服务营业场所的筹建工作后，应该持文化行政部门统一筹建的批准文件向公安机关申请消防和信息网络安全审核。根据《公安部关于加强互联网上网服务营业场所安全管理工作的通知》的规定，公安机关安全审核的内容主要有：（1）经营人员是否具有合法的身份证明；（2）营业场地是否符合消防安全有关规定；（3）营业场地面积、计算机终端数量是否符合规定要求；（4）有无被撤销批准文件的记录；（5）有无专职的或兼职的安全管理人员；（6）有无相应的防病毒、防有害信息传播等安全技术措施；（7）有无经安全检测合格的互联网上网服务营业场所经营单位安全管理软件；（8）是否符合国家现行法律、法规的规定。对互联网上网服务营业场所是否符合上述要求，公安机关也应该依据国家有关消防安全的规定以及互联网信息网络安全的规定，到实地进行检查。公安机关对当事人的申请，应该在 20 个工作日内审核完毕，对审核合格的，应该发给批准文件；对审核不合格的，依法可以整改的，应该通知当事人在规定的期限内整改，并重新报请审核，审核期限重新起算；对无法整改或经整改之后仍不合格的，依法不予批准，并向当事人书面说明理由。3. 文化行政部门终审。申请人取得公安机关的批准文件后，可以持公安机关的批准文件向原审批的文化行政部门申请最终审查。文化行政部门应当自收到申请人的最终审查申请之日起 15 个工作日内，审查完毕。经实地检查，符合本法第八条的规定的，应该发给当事人《网络文化经营许可证》，经实地检查不合格的，不予批准，并向当事人书面说明理由。4. 企业登记注册。当事人取得《网络文化经营许可证》后，应当持《网络文化经营许可证》到工商行政管理部门申请登记注册，经依法核准登记并领取营业执照。①

第十二条　使用《网络文化经营许可证》的禁止性规定

互联网上网服务营业场所经营单位不得涂改、出租、出借或者以其他方式转让其获得的《网络文化经营许可证》。

◉ **说明及理由**

本条是对经营者使用《网络文化经营许可证》的禁止性规定。按照本法的规定，国家对互联网上网服务营业场所实行许可证管理制度，设立互联网上网服务营业场所必须依法履行审批手续。未经审批并取得《网络文化经营许可证》，任何单位或者个人都不得从事互联网上网服务营业场所经营活动。涂改、出租、出借或者以其他方式转让《网络文化经营许可证》的行为是妨害《网络文化经营许可证》

---

① 引自《互联网上网服务营业场所管理条例解析》，访问网址：http://wzj. xxz. gov. cn/whyd/xxyd/201306/t20130624_79674. html.

制度的违法行为，应该予以禁止。依法取得的《网络文化经营许可证》，都是经过有关行政机关依法审查通过的，其记载的内容意味着国家有关行政机关的审批和认可。而涂改《网络文化经营许可证》，改变了《网络文化经营许可证》所记载的内容，涂改后的内容并没有依法获得国家有关机关的认可，因此，涂改后的《网络文化经营许可证》是不具有法律效力的。另外，涂改《网络文化经营许可证》也妨害了国家对公文、证件的管理秩序，损害了行政行为的法定效力和公信力，是一种违法行为，自然应该予以禁止。脱离互联网上网服务营业场所而出租、出借或者以其他方式转让《网络文化经营许可证》，或者接受转让人的营业场所，受让人并没有经过依法审批，因而不能从事互联网上网服务营业场所经营活动。因此，在法律上，通过转让的方式取得《网络文化经营许可证》从事互联网上网服务营业场所经营活动是违反本法规定的许可制度的。而且允许转让《网络文化经营许可证》，也不利于有关机关的监督管理。转租、转包或者以其他方式转让营业场所，也对互联网上网服务营业场所的管理秩序的破坏，也应当予以禁止。虽然转租、转包或者以其他方式转让营业场所，一般不会改变互联网上网服务营业场所的消防设施和安全条件，但由于《网络文化经营许可证》不仅是对互联网上网服务营业场所经营单位设立的认可，也是对互联网上网服务营业场所是否满足消防安全、信息网络安全以及其他法定条件的认可。总之，涂改、出租、出借或者以其他方式转让《网络文化经营许可证》，或者转租、转包或者以其他方式转让营业场所都破坏了国家对互联网上网服务营业场所的管理秩序。为了维护国家行政管理制度的严肃性，更为了维护社会公共利益，避免规避行政审批的违法行为的发生，本法明确规定互联网上网服务营业场所经营单位不得涂改、出租、出借或者以其他方式转让《网络文化经营许可证》，不得转租、转包或者以其他方式转让营业场所。①

① 引自《互联网上网服务营业场所管理条例解析》，访问网址：http：//wzj. xxz. gov. cn/whyd/xxyd/201306/t20130624_79674. html.

第十三条　营业场所变更

互联网上网服务营业场所经营单位变更营业场所地址或者对营业场所进行改建、扩建，变更计算机数量或者其他重要事项的，应当经原审核机关同意。

互联网上网服务营业场所经营单位变更名称、住所、法定代表人或者主要负责人、注册资本、网络地址或者终止经营活动的，应当依法到工商行政管理部门办理变更登记或者注销登记，并到文化行政部门、公安机关办理有关手续或者备案。

◉ **说明及理由**

本条是关于互联网上网服务营业场所变更时应办理手续的规定。本条共分两款，第一款规定的是互联网上网服务营业场所经营单位进行变更必须取得原审核机关同意；第二款规定的是互联网上网服务营业场所经营单位变更相关事项后，应当依法办理工商行政管理手续，并依法到文化行政部门、公安机关办理有关手续或者备案事宜。[①]

互联网上网服务营业场所经营单位变更营业场所地址或者对营业场所进行改建、扩建，变更计算机数量或者其他重要事项的，应当经原审核机关同意。根据本法第八条的规定，互联网上网服务营业场所经营单位的营业场所，是互联网上网服务营业场所经营单位设立的法定审批事项。也就是说互联网上网服务营业场所经营单位的营业场所是经过有关审批机关审批通过的，是决定互联网上网服务营业场所经营单位能否成立的实质条件。因此，当互联网上网服务营业场所经营单位的营业场所发生变更时，应认定为有关审批机关审批其成立的实质条件之一发生了变化，若变更后的营业场所没有经过有关审批机关审批，营业场所变更后的互联网上网服务营业场所经营单位是否仍然可以成立，尚需要有关部门依法对其变更后的营业场所进行审批后方

---

① 引自《互联网上网服务营业场所管理条例解析》，访问网址：http://wzj. xxz. gov. cn/whyd/xxyd/201306/t20130624_79674. html.

可确定。因此，本条规定互联网上网服务营业场所经营单位变更营业场所，应经原审核机关同意。这里的原审核机关不仅包括文化行政部门，也包括公安机关。文化行政部门应该对互联网上网服务营业场所新的营业场所是否与其经营活动相适应，公安机关应该对互联网上网服务营业场所经营单位新的营业场所是否符合消防安全标准等事项进行审核。互联网上网服务营业场所经营单位不变更营业场所地址，单在原地址对营业场所进行改建、扩建的，也应该经原审核机关同意。一方面，原营业场所进行改建、扩建，将改变已经审批合格的营业场所状况，对改建、扩建后是否与互联网上网服务营业场所经营单位经营活动相适应，仍然应由文化行政部门审核决定。另一方面，对营业场所的改建、扩建，必须改变营业场所建筑和设施的布局、结构等，改建、扩建后的经营场所是否符合消防安全要求很不确定，因此，对营业场所进行改建、扩建，必须经公安机关审核同意，否则就可能存在重大的安全隐患。计算机数量的变化，也涉及互联网上网服务营业场所经营单位设立重大审批事项的变化。根据本法第八条的规定，互联网上网服务营业场所的计算机数量以及单机面积等，都应该符合法定要求，计算机数量的变化不仅涉及互联网上网服务营业场所计算机数量是否符合法定标准，还必然导致单机面积的变化，因此，对互联网上网服务营业场所经营单位变更计算机数量后，是否符合法定标准，应该经原审核机关同意。互联网上网服务营业场所经营单位变更名称、住所、法定代表人或者主要负责人、注册资本、网络地址或者终止经营活动的，应当依法到工商行政管理部门办理变更登记或者注销登记，并到文化行政部门、公安机关办理有关手续或者备案。

互联网上网服务营业场所经营单位的主要登记事项涉及政府对该企业的一些监督管理，这些事项发生变化，企业应当向工商行政管理部门办理变更登记手续，以方便工商行政管理部门掌握相关情况，调整对企业的监督管理措施。根据本条第二款的规定，这些登记事项主要有：1. 互联网上网服务营业场所经营单位名称的变更。即指互联网上网服务营业场所经营单位名称的变化。名称的变化涉及互联网上网服务营业场所经营单位合同主体名称及印章的改变，企业名称的改变，如果不以适当方式报有关监管部门知晓，容易使这些企业脱离有关行政机关的监管。2. 互联网上网服务营业场所经营单位住所的变更。在法律上，企业的住所地就是企业的所在地，如果企业没有住所地的，那么企业的经营场所所在地为企业所在地。企业的住所地对国家对该企业的监督管理有十分重要的意义。实际上，国家对企业实行的监督管理，以属地管理为主，其内容主要有税务监管、治安管理、工商管理等，还有诉讼中管辖法院的确定等。因此，明确企业的住所对政府正确、及时地对企业实施监督管理有重要意义。所以，当互联网上网服务营业场所经营单位改变其住所时，应当办理相应的变更登记手续。3. 互联网上网服务营业场所经营单位法定代表人或者负责人的变更，涉及互联网上网服务营业场所经营单位主要责任人的变化，也是有关国家机关直接管理对象的变化。因此，互联网上网服务营业场所经营单位法定代表人或者负责人的变更，也应当到有关国家机关办理变更登记手续。4. 互联网上网服务营业场所经营单位变更注册资本。注册资本是企业进行经营活动的资金基础，是企业资本信用的法律体现，企业注册资本的变化，对企业履行合同、偿还债务等能力有重要影响。因此，法律要求企业注册资本的变化必须进行工商变更登记。5. 互联网上网服务营业场所经营单位终止经营活动。互联网上网服务营业场所经营单位终止经营活动，应当清理债权债务，履行应尽的法定义务，并经工商行政管理部门审核其清算报告，依法办理注销登记手续，企业才能终止。①

互联网上网服务营业场所经营单位变更以上事项的，除应该进行工商登记外，为便于文化行政部门和公安部门正确行使对互联网上网服务营业场所经营单位的管理职权，本法还规定互联网上网服务营业场所经营单位依法应到文化行政部门、公安机关办理有关手续或者备

① 引自《互联网上网服务营业场所管理条例解析》，访问网址：http://wzj. xxz. gov. cn/whyd/xxyd/201306/t20130624_79674. html.

案。其中如果涉及的是本法规定的审批事项的，要依法取得原审核机关的同意，如果不涉及本法规定的审批事项的，为便于文化行政部门和公安部门了解相关情况，要向文化行政部门、公安部门备案。同时网络地址的变更，不是工商登记事项，不需要办理工商登记。但网络地址的变更，对日常管理、网络安全和控制有害信息的传播有重要影响，对文化行政部门和公安机关的管理职权的行使也有一定的影响。因此本条规定互联网上网服务营业场所经营单位变更网络地址的，应依照文化行政部门、公安机关的规定办理有关手续或者备案。①

第十四条　经营单位和上网消费者承担的义务（一）

互联网上网服务营业场所经营单位和上网消费者不得利用互联网上网服务营业场所制作、下载、复制、查阅、发布、传播或者以其他方式使用含有下列内容的信息：

（一）反对或违反宪法确定的基本原则的；

（二）危害国家统一、主权和领土完整的；

（三）泄露国家秘密，危害国家安全或者损害国家荣誉和利益的；

（四）煽动民族仇恨、民族歧视，破坏民族团结，或者侵害民族风俗、习惯的；

（五）破坏国家宗教政策，宣扬邪教、迷信的；

（六）散布谣言，扰乱社会秩序，破坏社会稳定的；

（七）宣传淫秽、赌博、暴力或者教唆犯罪的；

（八）侮辱或者诽谤他人，侵害他人合法权益的；

（九）危害社会公德或者民族优秀文化传统的；

（十）含有法律、行政法规禁止的其他内容的。

---

① 引自《互联网上网服务营业场所管理条例解析》，访问网址：http://wzj. xxz. gov. cn/whyd/xxyd/201306/t20130624_79674. html.

◉说明及理由

本条是关于互联网上网服务营业场所经营单位和上网消费者在网络信息内容方面承担的义务。本条中所列的有害信息是当前危害信息网络内容安全的突出问题，有害信息有多种形式，如计算机程序、图像、文字、声音等形式。有害信息在内容上表现为：攻击人民民主专政、社会主义制度，攻击党和国家领导人，破坏民族团结，宣扬封建迷信、淫秽色情、暴力凶杀、教唆犯罪等。从其社会危害后果来看，有害信息严重危害国家安全、社会治安和青少年的健康成长，严重影响了互联网上网服务经营活动健康发展的主旨。本条中所列的有害信息包括：

1. 反对或违反宪法确定的基本原则的信息。所以宪法确定的基本原则，是指我国现行《宪法》规定的国体、政体、基本政治制度、国家结构形式等国家政治、经济生活中的一系列基本原则和制度，其中主要是四项基本原则，即坚持中国共产党的领导，坚持马列主义、毛泽东思想、邓小平理论，坚持人民民主专政，坚持社会主义道路。反对或违反宪法确定的基本原则，是指恶意攻击、否定宪法确定的国体、政体、基本政治制度、国家结构形式等国家政治、经济生活中的基本原则和制度。

2. 危害国家统一、主权和领土完整的信息。国家统一是指国家领土完整、不容分裂。领土完整是指国家领土不受外来侵略、侵占、割让。危害国家统一、主权和领土完整的信息是指煽动、支持、赞同、认可、同情出卖国家主权、签订卖国条约、分裂祖国、对我国发动侵略战争、制造国际争端向我国提出领土要求、干涉我国内政、组织傀儡政权等信息。

3. 泄露国家秘密，危害国家安全或者损害国家荣誉和利益的信息。这一项包括三种信息。一是泄露国家秘密的信息。国家秘密，是指依照《保守国家秘密法》等有关规定，关系国家安全和利益，在一定时间内只限于一定范围的人员知悉的事项，包括绝密、机密和秘密。保守国家秘密是公民的基本义务。二是危害国家安全的信息。我国的国家安全包括了我国主权、领土完整与安全以及人民民主专政的政权和社会主义制度的安全。维护国家安全是公民的基本义务。三是损害国家荣誉和利益的信息。国家荣誉是指国家和民族的尊严、信誉、声誉、形象等。对国旗、国徽、国歌进行侮辱的信息都是对国家荣誉的损害。国家利益是国家的整体利益，是全国各族人民共同利益的最高体现，包括政治、经济、外交、军事等多方面的内容。维护国家荣誉和利益是公民的基本义务，禁止一切损害国家荣誉和利益的信息的制作和传播。

4. 煽动民族仇恨、民族歧视，破坏民族团结，或者侵害民族风俗习惯的信息。我国《宪法》第四条规定"中华人民共和国各民族一律平等。国家保障各少数民族的合法的权利和利益，维护和发展各民族的平等、团结、互助关系。禁止对任何民族的歧视和压迫，禁止破坏民族团结和制造民族分裂的行为。"维护全国各民族团结是公民的基本义务。煽动民族仇恨的信息是指利用历史、文化、风俗、习惯等挑起民族间的对立、仇视、憎恨，破坏民族团结、伤害民族感情的信息。煽动民族歧视的信息，是指挑唆、鼓动给予不同民族以不平等待遇的信息。民族风俗、习惯是各民族在历史发展过程中形成的稳定的生活方式，包括婚姻、饮食、丧葬、礼仪等，是一个民族区别于另一个民族的特征之一。破坏民族风俗习惯的信息是指以各种形式煽动或实施反对、攻击、嘲笑、讽刺民族风俗习惯的信息。国家保障各少数民族的合法的权利和利益，民族风俗、习惯便是其中一项重要的内容。煽动民族仇恨、民族歧视，其目的在于破坏民族团结，危害国家稳定。侵害少数民族风俗、习惯，其结果也必将导致民族仇恨、民族歧视，从而破坏民族团结。

5. 破坏国家宗教政策，宣扬邪教、迷信的信息。《宪法》和《民族区域自治法》等有关法律规定了我国的宗教政策。破坏国家宗教政策的行为包括侵犯公民的宗教信仰自由，歧视信仰宗教的公民和不信仰宗教的公民，侵害正常的宗教活动，以及利用宗教活动破坏社会秩序、损害公民身体健康、妨碍国家教育制度的活动，以及违反国家关于宗教团体和宗教事务不受外国势力的支配的规定等。破坏国家宗教政策的信息是指违反、攻击国家宗教政策的信息，或者对违反、攻击国家宗教政策的行为进行煽动、支持、赞同、认可、同情的信息。

6. 散布谣言，扰乱社会秩序，破坏社会稳定的信息。谣言是与事实不符的言论。散布谣言，客观上可能引发混乱，导致扰乱社会公共秩序，危害社会稳定。

7. 宣传淫秽、赌博、暴力或者教唆犯罪的信息。本项包括三种有害信息。一是宣传淫秽信息。本条淫秽的信息是指具体描绘性行为或者露骨宣扬色情，没有艺术价值或者科学价值的淫秽性图像、文字、声音等信息。二是宣传赌博信息。宣传赌博的信息指引诱、招揽他人参加赌博或者提供赌博咨询等信息。三是宣传暴力或者教唆犯罪的信息。本条所指暴力信息是指描述荒诞、有悖人性的残酷行为或暴力行为，会对青少年造成心理伤害的信息。教唆犯罪的信息是指故意引起他人犯罪企图的信息，即描写犯罪形象，足以引起青少年对罪犯同情或者赞赏的、描述罪犯践踏法律的行为、描述犯罪方法或细节会诱发或鼓动人们模仿犯罪行为的、正面肯定具有犯罪性质的行为的信息。

8. 侮辱或者诽谤他人，侵害他人合法权益的信息。我国《宪法》第三十八条规定，公民的人格尊严不受侵犯。人格权是公民的基本权利，禁止用任何方法对公民进行侮辱、诽谤。利用互联网侮辱或者诽谤他人是随着网络的发展出现的侵犯公民和组织名誉权的新形式。侮辱是指公然贬低他人人格，破坏他人名誉。诽谤是指故意捏造并散布事实，破坏他人名誉。侮辱或者诽谤他人仅是侵害他人合法权益的一种方式，侵害内容包括侵害他人的人身、财产、民主等方面的合法权利。

9. 危害社会公德或者民族优秀文化传统的信息。社会公德，根据《宪法》和《公民道德建设实施纲要》的规定，是指全体公民在社会交往和公共生活中应该共同遵循的行为准则和道德规范。如《宪法》

第二十四条第二款规定，国家提倡爱祖国、爱人民、爱劳动、爱科学、爱社会主义的公德。现阶段，社会公德的主要内容是"文明礼貌、助人为乐、爱护公物、保护环境、遵纪守法"。民族优秀文化传统，是指几千年来中华各民族共同创造并世代相传的精神财富，是民族的、科学的、大众的社会主义文化的重要组成部分。危害社会公德或者民族优秀传统文化的信息，是指违反、攻击社会公德，恶意攻击中华民族优秀文化传统的信息，或者对违法、攻击社会公德，恶意攻击中华民族优秀文化传统的行为进行煽动、支持、赞同、认可的信息。

10. 含有法律、行政法规禁止的其他内容的信息。①

第十五条　经营单位和上网消费者承担的义务（二）

互联网上网服务营业场所经营单位和上网消费者不得进行下列危害信息网络安全的活动：

（一）故意制作或者传播计算机病毒以及其他破坏性程序的；

（二）非法侵入计算机信息系统或者破坏计算机信息系统功能、数据和应用程序的；

（三）进行法律、行政法规禁止的其他活动的。

◉**说明及理由**

本条是对互联网上网服务营业场所经营单位和上网消费者在网络运行安全、信息安全责任方面的禁止性行为规定。随着互联网的普及和网络技术的提高，黑客及利用黑客技术对网络、网站的非法攻击和入侵，已经成为当前网络世界的一大公害。近年来，黑客技术又朝着研究开发专业化、黑客工具智能化、操作应用普及化的趋势发展。特别是黑客技术与病毒技术的融合，使得其侵入、潜伏、窃取、控制和

———————

① 引自《互联网上网服务营业场所管理条例解析》，访问网址：http://wzj.xxz.gov.cn/whyd/xxyd/201306/t20130624_79674.html.

攻击能力大大加强。一些不法分子，利用黑客技术非法侵入、破坏国际机关、金融系统、重要网站等计算机信息系统，实施违法犯罪活动，给国家安全、经济安全、社会秩序、信息网络安全造成严重危害和后果。因此，本条对这样的行为进行了禁止性规定。

第十六条　经营单位和上网消费者承担的义务（三）

互联网上网服务营业场所经营单位应当通过依法取得经营许可证的互联网接入服务提供者接入互联网，不得采取其他方式接入互联网。

互联网上网服务营业场所经营单位提供上网消费者使用的计算机必须通过局域网的方式接入互联网，不得直接接入互联网。

◉说明及理由

本条是关于互联网上网服务营业场所经营单位网络接入方式的规定。1998 年信息产业部下发《关于计算机信息网络国际联网业务实行经营许可证制度有关问题的通知》规定：依据国务院 1997 年 5 月 20 日第 218 号令发布的《中华人民共和国计算机信息网络国际联网管理暂行规定》和原国务院信息化工程领导小组印发的《中华人民共和国计算机信息网络国际联网管理暂行规定实施办法》有关规定，决定自 1998 年 11 月 1 日起对从事计算机信息网络国际联网业务的经营单位实行经营许可证制度。未经信息产业主管部门审查批准，任何单位不得经营国际联网业务。国际互联网既是巨大的信息源，也是庞大的全球性信息传播媒介，我国对从事计算机信息网络国际联网业务的经营单位及经营性互联网信息服务单位实行经营许可证制度，主要是基于维护国家安全以及信息网络安全的考虑。目前，网吧等互联网上网服务营业场所经营单位是我国数量最大的从事互联网上网服务的单位，拥有数量巨大的信息服务对象和互联网使用者，如果不对互联网上网服务营业场所经营单位及融入互联网的方式作出限定，《计算机信息网络国际联网管理暂行规定》《互联网信息服务管理办法》等法规的有关规定就无法贯彻执行，信息网络安全将无法得到有效保证。①

本条第二款关于互联网上网服务营业场所经营单位提供上网消费者使用的计算机必须通过局域网的方式接入互联网，不得直接接入互联网的规定，主要是出于对互联网上网服务营业场所的安全管理的需要。如果上网消费者使用的计算机直接接入互联网，上述措施将无法实现，互联网上网服务营业场所的监督管理将得不到保证。

第十七条　经营单位承担的义务（四）

互联网上网服务营业场所经营单位不得经营非网络游戏。

◉**说明及理由**

本条是对互联网上网服务营业场所经营单位经营非网络游戏的禁止性规定。互联网上网服务营业场所不得经营非网络游戏，主要是因为非网络游戏种类过于繁杂，内容良莠不齐，大量的色情、赌博、暴力、愚昧迷信等不健康内容混杂其中，给有关部门的监督管理造成困难。由于计算机游戏经营活动对青少年学生有较大的负面影响，2002年5月16日，文化部出台了《关于加强网络文化市场的通知》（文市发［2002］10号），要求各地坚决取缔"充实色情、赌博、暴力、愚昧迷信等不良内容"的网络游戏，以及"经营含有色情、赌博、暴力、愚昧迷信等不健康内容的电脑游戏和非网络游戏"的网吧等互联网上网服务营业场所。当前一些网吧等互联网上网服务营业场所经营非网络游戏特别是局域网游戏的现象仍很突出，对此要依照本法的规定严厉查处，坚决防止互联网上网服务营业场所变成变相的电脑游戏经营场所。②

---

① 引自《互联网上网服务营业场所管理条例解析》，访问网址：http://wzj.xxz.gov.cn/whyd/xxyd/201306/t20130624_79674.html.

② 引自《互联网上网服务营业场所管理条例解析》，访问网址：http://wzj.xxz.gov.cn/whyd/xxyd/201306/t20130624_79674.html.

第十八条　经营单位承担的义务（五）

互联网上网服务营业场所经营单位和上网消费者不得利用网络游戏或者其他方式进行赌博或者变相赌博活动。

◉ **说明及理由**

本条是对互联网上网服务营业场所经营单位和上网消费者利用网络游戏或者其他方式进行赌博或者变相赌博活动禁止性规定。赌博，是指以财物下注比输赢的活动。其他方式，是指除网络游戏以外，通过网络提供的可以财物下注比输赢的其他信息服务方式，包括利用网上体育赛事或者网络报道的事件推测打赌以及通过网上聊天打赌等多种方式。近几年来，赌博之风死灰复燃，且存在发展蔓延之势。赌博的手段不断翻新，参加人员范围越来越广，严重地影响了社会治安秩序，网吧等互联网上网服务营业场所是公众聚集的公共场所，网吧中利用网络游戏或者其他方式进行赌博或者变相赌博的活动时有发生。对此类现象如不严加制止、严格管理，网吧等互联网上网服务营业场所中的赌博活动将日益猖獗，对青少年一代的身心健康、社会风气及社会治安造成不良影响，并可能引发新的社会问题。我国现行法律体系中，《刑法》《治安管理处罚法》都对赌博行为作出了禁止和处罚的规定。本法规定互联网上网服务营业场所经营单位和上网消费者不得利用网络游戏或者其他方式进行赌博或者变相赌博活动，主要是根据互联网上网服务营业场所经营活动的特点，加强互联网上网服务营业场所的社会主义精神文明建设，并进一步完善我国查禁赌博的法律体系。①

第十九条　经营单位承担的义务（六）

互联网上网服务营业场所经营单位应当实施经营管理技术

---

① 引自《互联网上网服务营业场所管理条例解析》，访问网址：http://wzj.xxz.gov.cn/whyd/xxyd/201306/t20130624_79674.html.

措施，建立场内巡查制度，发现上网消费者有本法第十四条、第十五条、第十八条所列行为或者有其他违法行为的，应当立即予以制止并向文化行政部门、公安机关举报。

◉说明及理由

本条是关于互联网上网服务营业场所建立场内巡查制度，实施经营管理技术措施，发现、制止、举报有关违法犯罪行为的规定。近年来，利用互联网上网服务营业场所制作、下载、复制、查阅、发布、传播有害信息，危害国家安全、扰乱社会秩序、破坏信息网络安全或者进行赌博、抢劫、诈骗等违法犯罪活动呈上升趋势。在互联网上网服务营业场所内实施经营管理技术措施，建立场内巡查制度是预防、发现、制止有关违法犯罪行为、保障互联网上网服务营业场所正常营业的有效手段。

第二十条　经营单位承担的义务（七）

互联网上网服务营业场所经营单位应当在营业场所的显著位置悬挂《网络文化经营许可证》和营业执照。

◉说明及理由

本条是关于悬挂互联网上网服务营业场所开业所要求具备的许可证照的规定。本条中营业场所的显著位置是指公众进入互联网上网服务营业场所即能看到、引人注目的明显位置，如服务台的正上方。本条目的是使公众了解该互联网上网服务营业场所经营单位是否为合法经营的主体，以及其法人代表、服务类型等有关事项，便于接受行政管理机关检查和公众监督。

第二十一条　经营单位承担的义务（八）

互联网上网服务营业场所经营单位不得接纳未成年人进入营业场所。

互联网上网服务营业场所经营单位应当在营业场所入口处的显著位置悬挂未成年人禁入标志。

◉说明及理由

本条是关于禁止互联网上网服务营业场所经营单位接纳未成年人和应当设置、悬挂未成年人禁入标志的规定。随着互联网的快速发展，互联网上网服务营业场所也迅猛发展起来，给上网消费者提供了上网的便利条件，未成年人在网吧上网的人数不断增加。但是，互联网上存在大量淫秽、色情、迷信等有害信息，未成年人由于缺乏相应的是非辨别能力和自控能力，一旦沉迷于网上游戏、聊天甚至不健康的内容，会对青少年的身心健康造成不利的影响。互联网上网服务营业场所作为家庭、学校之外的上网场所，由于缺乏对未成年人必要的监护，未成年人难以得到正确引导，互联网上网服务营业场所已经成为未成年人违法犯罪新的诱因和场所。本条有两方面的规定：1. 经营单位不得接纳未成年人进入互联网上网服务营业场所。该规定包括两方面的含义：一是互联网上网服务营业场所的经营对象仅限于成年人，未成年人不得进入，这是对上网消费者年龄的限制；二是互联网上网服务营业场所经营单位有义务不接纳未成年人进入本场所消费，这是对互联网上网服务营业场所经营单位的要求，违者要承担法律责任，本法明确规定了相应的处罚。2. 在营业场所显著位置悬挂未成年人禁入标志。本条规定互联网上网服务营业场所经营单位应当在营业场所入口处的显著位置悬挂未成年人禁入标志。一是从未成年人对周围环境不能细致观察的特点考虑的。在互联网上网服务营业场所入口处显著位置悬挂未成年人禁入标志，使未成年人在进入互联网上网服务营业场所之前即能看到禁入标志，以打消其进入互联网上网服务营业场所的念头。二是从宣传和社会监督方面出发，互联网上网服务营业场所在入口处显著位置悬挂未成年人禁入标志，即使社会公众知道了未成年人不能进入这些场所的规定，同时也提醒社会公众对互联网上网服务营业场所经营单位具体执行本条规定的实际情况进行监督，以彻底杜绝未成年人进入互联网上网服务营业场所。①

第二十二条　经营单位承担的义务（九）

互联网上网服务营业场所经营单位应当对上网消费者的身份证等有效证件进行核对、登记，并记录有关上网信息。登记内容和记录备份保存时间不得少于 60 日，并在文化行政部门、公安机关依法查询时予以提供。登记内容和记录备份在保存期内不得修改或者删除。

◉说明及理由

本条是关于互联网上网服务营业场所经营单位在营业活动中对上网消费者身份及上网信息进行记录、保存和提供等义务的规定。根据《计算机网络国际联网安全保护管理办法》等法规的规定，申请国际联网的互联网上网用户，应当向互联网接入单位提供有效身份证明，并填写用户等级，同时，要向公安机关履行备案手续。互联网上网服务营业场所的服务对象即上网消费者，是利用互联网上网服务营业场所提供的公用上网账号的个人上网用户。按照《计算机信息网络国际安全保护管理办法》对公用账号管理的有关规定，必须对涵盖了社会各类人员的上网消费者的上网行为，进行有效监督。因此本法制定了对上网消费者的身份证等有效证件进行核对、登记，并记录有关上网信息的规定。同时为了有效追溯上网消费者上网行为，本条还规定对上网记录的保留时间和保留方式。由于上网记录是以电子数据的形式予以保留，存在可修改性，为了确保记录的完整性和真实性，在依法查处网上违法犯罪案件时发挥其证据作用，必须强制规定妥善保存、不得删改，并按有关管理部门的要求随时提供。按本条规定，互联网上网服务营业场所经

---

① 引自《互联网上网服务营业场所管理条例解析》，访问网址：http://wzj.xxz.gov.cn/whyd/xxyd/201306/t20130624_79674.html.

营单位在经营服务中必须履行以下职责：1. 对上网消费者必须要求其出示身份证等有效证件，履行核对、登记责任。2. 对上网消费者必须记录其上网时间、访问日志等上网信息。3. 保证上网消费者的身份登记与上网信息记录的一致和完整，其记录在 60 天的保存期间内不得修改或删改，以备文化行政部门、公安机关依法查询时予以提供。①

第二十三条　经营单位承担的义务（十）

互联网上网服务营业场所经营单位应当依法履行信息网络安全、治安和消防安全职责，并遵守下列规定：

（一）禁止明火照明和吸烟，悬挂禁止吸烟标志；

（二）禁止带入和存放易燃、易爆物品；

（三）不得安装固定的封闭门窗栅栏；

（四）营业期间禁止封堵或者锁闭门窗、安全疏散通道和安全出口；

（五）不得擅自停止实施安全技术措施。

◉说明及理由

本条是关于互联网上网服务营业场所经营单位的信息网络安全、治安和消防安全职责的规定。随着互联网上网服务营业场所规模和经营活动范围的不断扩大，互联网上网服务营业场所已经成为公众聚集性场所，其治安、消防和信息网络安全问题日益突出。特别是该场所人员、计算机及用电设备的密度较大，更容易诱发治安、消防问题。依照《消防法》的有关规定，结合互联网上网服务营业场所的特殊性，制定互联网上网服务营业场所治安、消防安全措施是十分必要的。为了维护信息网络安全，必须采取有效的安全技术措施，而安全技术措施能否完整的、全过程的实施又直接关系到对信息网络安全的

---

① 引自《互联网上网服务营业场所管理条例解析》，访问网址：http://wzj. xxz. gov. cn/whyd/xxyd/201306/t20130624_79674. html.

有效保障。为此，本法采取强制规定要保证安全技术措施的完整性、全面性、有效性和可用性。本法采用概括法和列举法，设定了互联网上网服务营业场所经营单位的信息网络安全、治安和消防安全职责，有利于明确责任，加强执法，有效维护互联网上网服务营业场所的消防安全、治安安全和信息网络安全。①

第二十四条　行政机关及其工作人员的法律责任（一）

文化行政部门、公安机关、工商行政管理部门或者其他有关部门及其工作人员，利用职务上的便利收受他人财物或者其他不正当利益，违法批准不符合法定设立条件的互联网上网服务营业场所经营单位，或者不依法履行监督职责，或者发现违法行为不予依法查处，触犯刑法的，对直接负责的主管人员和其他直接责任人员依照刑法第八章第三百八十五条第二款、第九章第三百九十七条及其他相关犯罪的规定，依法追究刑事责任；尚未达到刑事处罚标准的，依法给予降级、撤职或者开除的行政处分。

◉ **说明及理由**

本条是对互联网上网服务营业场所有管理职权的有关行政部门及其工作人员的行为进行规范的条款，着重体现了行政机关必须依法行政的法治要求。建设社会主义法治国家是我国推行依法治国方略的终极目标，依法治国的一个基本要求就是行政机关必须依法行政，必须在法律的框架下行使选择权力，杜绝以权谋私、徇私舞弊等"权力寻租"现象。所以，对行政机关必须实行"谁审批谁负责""有权必有责"的权责一致的权力监督原则。体现在立法上，就是要对行政机关及其工作人员行使行政权力的行为进行严格、有效的监督。本条规定

---

① 引自《互联网上网服务营业场所管理条例解析》，访问网址：http：//wzj. xxz. gov. cn/whyd/xxyd/201306/t20130624_79674. html.

不是简单的提示性规定，而是对行政机关及其工作人员违法行为的具体表现作了明确的规定。本条规定的责任形式分两类：刑事处罚和行政处罚。1. 刑事处罚。刑事处罚是根据刑法的规定给予犯罪行为人的处罚，是法律责任中最严重的一类，刑事处罚只能由司法机关依法予以决定，其他任何机关或者个人都无权决定。因此，就刑事处罚而言，本条规定表现为与刑法相关条文的衔接。根据本条规定，文化行政部门、公安机关、工商行政管理部门或者其他有关部门及其工作人员，利用职务上的便利收受他人财物或者其他不正当利益，触犯刑律的，对直接负责的主管人员和其他直接责任人员依照刑法关于受贿罪、滥用职权罪、玩忽职守罪或者其他罪行的规定，依法追究刑事责任。2. 行政处分。关于行政处分，本条也规定了明确、具体的处分种类。根据我国《公务员法》的规定，国家公务员的行为，尚未构成犯罪的，或者虽然构成犯罪但是依法不追究刑事责任的，应当给予行政处分。所谓的行政处分，是根据相关法律、行政法规给予违法的国家公务员以及参照国家公务员管理的有关人员的一种处罚。行政处分由国家公务员所属单位依法决定，行政处分根据其程度由轻到重分为六种：警告、记过、记大过、降级、撤职、开除。根据本条的规定，文化行政部门、公安机关、工商行政管理部门或者其他有关部门及其工作人员，有利用职务上的便利收受他人财物或者其他好处，违法批准不符合法定设立条件的互联网上网服务营业场所经营单位，或者不依法履行监督职责，或者发现违法行为不依法查处等违法行为，但尚未达到刑事处罚标准的，对直接负责的主管人员和其他直接责任人员应当依法给予降级或者撤职、开除行政处分。由于上述行为虽然不够刑事处罚，但属于比较严重的违法违纪行为，因此本法直接规定了三种比较重的行政处分，目的就是为了严厉打击腐败现象，推进依法行政。①

---

① 引自《互联网上网服务营业场所管理条例解析》，访问网址：http://wzj.xxz.gov.cn/whyd/xxyd/201306/t20130624_79674.html.

第二十五条　行政机关及其工作人员的法律责任（二）

文化行政部门、公安机关、工商行政管理部门或者其他有关部门的工作人员，从事或者变相从事互联网上网服务经营活动的，参与或者变相参与互联网上网服务营业场所经营单位的经营活动的，依法给予降级、撤职或者开除的行政处分。

文化行政部门、公安机关、工商行政管理部门或者其他有关部门有前款所列行为的，对直接负责的主管人员和其他直接责任人员依照前款规定依法给予行政处分。

◉**说明及理由**

本条是关于互联网上网服务营业场所经营单位经营活动的监督管理部门及其工作人员从事、参与互联网上网服务营业场所经营单位经营活动的法律责任的规定。本条规定的违法行为包括：1. 直接从事互联网上网服务营业场所经营单位的经营活动。即互联网上网服务营业场所经营单位的经营活动的监督管理部门及其工作人员，以自己的名义开办互联网上网服务营业场所经营单位或者从事互联网上网服务营业场所经营单位的经营活动。2. 变相从事互联网上网服务营业场所经营单位的经营活动。即互联网上网服务营业场所经营单位经营活动的监督管理部门及其工作人员，以他人的名义从事互联网上网服务营业场所经营单位的经营活动或者通过举办"挂牌"公司等形式间接地从事互联网上网服务营业场所经营单位的经营活动。3. 直接参与他人开办的互联网上网服务营业场所经营单位的经营活动。即以自己的名义通过入股、参股等形式直接参与互联网上网服务营业场所经营单位的经营活动。4. 变相参与他人开办的互联网上网服务营业场所经营单位的经营活动。即以各种方式，间接参与他人开办的互联网上网服务营业场所经营单位的经营活动。[1]

---

[1]　引自《互联网上网服务营业场所管理条例解析》，访问网址：http://wzj.xxz.gov.cn/whyd/xxyd/201306/t20130624_79674.html.

本条规定违法行为的主体分为两类：一是个人，即负有互联网上网服务营业场所经营单位管理职能的文化行政部门、公安机关、工商行政管理部门或者其他有关部门的工作人员；二是单位，即负有互联网上网服务营业场所经营单位管理职能的文化行政部门、公安机关、工商行政管理部门或者其他负有互联网上网服务营业场所经营单位管理职能的部门。如果是个人违反本法规定，要由违法行为人本人承担法律责任；单位违反本条规定，根据本条第二款的规定，要依法对违法行为的单位的主管人员和其他责任人员根据本条第一款的规定追究法律责任。鉴于本条违法行为严重违背政府工作的廉洁性，因此，本条对这种违法行为规定了降级、撤职和开除这三种严厉的行政处分。

第二十六条　行政处罚（一）

违反本法的规定，擅自设立互联网上网服务营业场所，或者擅自从事互联网上网服务经营活动的，由工商行政管理部门或者由工商行政管理部门会同公安机关依法予以取缔，查封其从事违法经营活动的场所，扣押从事违法经营活动的专用工具、设备；触犯刑法的，依法追究刑事责任；尚未达到刑事处罚标准的，由工商行政管理部门没收违法所得及其从事违法经营活动的专用工具、设备；违法经营额1万元以上的，并处违法经营额5倍以上10倍以下的罚款；违法经营额不足1万元的，并处1万元以上5万元以下的罚款。

●说明及理由

本条是关于非法从事互联网上网服务营业场所经营单位经营活动的法律责任方面的规定。根据本条的规定，非法经营互联网上网服务营业场所的行为有两种类型：一是未经审批，擅自设立互联网上网服务营业场所经营单位的行为；二是虽然没有设立互联网上网服务营业场所经营单位等经营实体，但擅自从事互联网上网服务营业活动的行为。另外，为了有利于及时查处非法经营互联网上网服务营业场所活动，制止违法活动的延续，防止违法行为人非法转移财产以及销毁从事违法活动的证据，本条还规定了必要的强制措施。即对擅自设立互联网上网服务营业场所，或者擅自从事互联网上网服务经营活动的，应当由工商行政管理部门或者工商行政管理部门会同公安机关依法予以取缔，查封其从事违法经营活动的场所，扣押从事非法经营活动的专业工具、设备。根据这一规定，工商行政管理部门在发现违法经营活动时，可以单独查封违法行为人从事违法经营活动的场所，扣押其从事违法活动的专业工具、设备。在必要时。也可以会同公安机关查封违法行为人从事违法经营活动的场所，扣押其从事违法经营活动的专业工具、设备。

第二十七条 行政处罚（二）

互联网上网服务营业场所经营单位违反本法的规定，涂改、出租、出借或者以其他方式转让《网络文化经营许可证》，触犯刑法的，依照刑法第二百八十条的规定，依法追究刑事责任；尚未达到刑事处罚标准的，由文化行政部门吊销《网络文化经营许可证》，没收违法所得；违法经营额 5000 元以上的，并处违法经营额 2 倍以上 5 倍以下的罚款；违法经营额不足 5000 元的，并处 5000 元以上 1 万元以下的罚款。

◉ 说明及理由

本条是对互联网上网服务营业场所经营单位违反《网络文化经营许可证》管理制度，涂改、出租、出借或者其他方式转让《网络文化经营许可证》的处罚规定。本法第十二条规定互联网上网服务营业场所经营单位不得涂改、出租、出借或者以其他方式转让《网络文化经营许可证》。因此，涂改、出租、出借或者以其他方式转让《网络文化经营许可证》违反了法律、法规规定的《网络文化经营许可证》管理制度，破坏了互联网上网服务营业场所经营单位经营许可证制度，妨害了国家对互联网上网服务营业场所经营单位设立的管理秩序，是一种明显的违法行为。涂改、出租、出借或者以其他方式转让《网络文化经营许可证》还有可能构成犯罪，应承担相应的刑事责任。因此。本条对涂改、出租、出借或者以其他方式转让《网络文化经营许可证》的违法行为，不仅规定了行政处罚，还根据刑法有关规定，对违法行为人可能承担的刑事责任作了衔接规定。

第二十八条　行政处罚（三）

互联网上网服务营业场所经营单位违反本法的规定，利用营业场所制作、下载、复制、查阅、发布、传播或者以其他方式使用含有本法第十四条规定禁止含有的内容的信息，触犯刑法的，依法追究刑事责任；尚未达到刑事处罚标准的，由公安机关予以警告，没收违法所得；违法经营额1万元以上的，并处违法经营额2倍以上5倍以下的罚款；违法经营额不足1万元的，并处1万元以上2万元以下的罚款；情节严重的，责令停业整顿或吊销《网络文化经营许可证》。

上网消费者有前款违法行为，触犯刑律的，依法追究刑事责任；尚未达到刑事处罚标准的，由公安机关依照治安管理处罚法的规定给予处罚。

◉说明及理由

本法第十四条规定了互联网上网服务营业场所经营单位不得传播有害信息的内容，本条规定的就是利用互联网上网服务营业场所传播有害信息的法律责任。由于通过互联网传播信息，具有速度快、传播面广等特点，因此，对在互联网上传播有害信息的控制，一直是一个难题。而通过互联网传播有害信息，一方面涉及面广泛，影响面大，另一方面传播出去的信息没有有形的介质，难以挽回影响。所以，互联网上的有害信息对我国的国家安全、社会安全、民族团结、道德风尚以及青少年的健康成长等方面都有极大的危害。本条共有两款，其中第一款规定的是互联网上网服务营业场所经营单位制作、传播有害信息的责任；第二款规定的是互联网上网服务营业场所中上网消费者制作、传播有害信息的法律责任。

第二十九条 行政处罚（四）

互联网上网服务营业场所经营单位违反本法的规定，有下列行为之一的，由文化行政部门给予警告，可以并处 15000 元以下的罚款；情节严重的，责令停业整顿或吊销《网络文化经营许可证》：

（一）接纳未成年人进入营业场所的；

（二）经营非网络游戏的；

（三）擅自停止实施经营管理技术措施的；

（四）未悬挂《网络文化经营许可证》或者未成年人禁入标志的。

◉说明及理由

本条是有关互联网上网服务营业场所经营者的经营活动违反规定应承担的法律责任的规定。本条规定的违法行为有以下四项：一是接纳未成年人进入营业场所。在我国，互联网上网服务营业场所经营单位最大的社会危害就是容易使未成年人沉迷其中，影响学习和成长。所以本法第二十一条明确规定，互联网上网服务营业场所经营单位不得接纳未成年人进入营业场所。接纳未成年人进入营业场所，就违反了本条规定，依法应承担相应的法律责任。二是经营非网络游戏。本法第十七条明确规定，互联网上网服务营业场所经营单位不得经营非网络游戏。违反本条规定，就应该依法承担相应的法律责任。三是擅自停止实施经营管理技术措施。互联网上网服务营业场所经营单位擅自停止实施经营管理技术措施，就是不承担法定的监督义务，依法应承担相应的责任。四是未悬挂《网络文化经营许可证》或者未成年人禁入标志的，为了便于行政机关执法，查处非互联网上网服务营业场所经营单位，本法要求所有依法取得经营资格的互联网上网服务营业场所经营单位都应该在适当的地方悬挂《网络文化经营许可证》。为了给社会公众以必要的警示，向全社会宣传未成年人不得进入互联网上网服务营业场所的法律规定，本法还要求互联网上网服务营业场所经营单位在适当的地方悬挂未成年人禁入标志。互联网上网服务营业场所经营单位未悬挂《网络文化经营许可证》或者未成年人禁入标志，是对法定义务的违反，给互联网上网服务营业场所经营秩序造成了一定的混乱，应该依法承担相应的法律责任。①

　　本条规定的违法行为，都是违法经营，破坏互联网上网服务营业场所经营单位管理秩序的行为。对此，本条规定了四种形式的行政处罚。一是警告，即由文化行政部门对违法行为人给予警告；二是罚款，由文化行政部门处以 15000 元以下的罚款，对本条规定的罚款，需要说明的是，罚款不是必须执行的处罚，而是在给予违法行为人警告后，可以根据违法行为的情节和严重程度决定是否给予和给予多少处罚；三是责令停业整顿，即对违法行为情节严重的，给互联网上网服务营业场所经营单位经营管理秩序造成较大混乱的，不适合继续经营的，应当由文化行政部门责令其停业整顿；四是吊销许可证，即对违法行为情节严重的，文化行政部门认为违法行为人已经丧失互联网上网服务营业场所经营单位经营资格的，由原发证的文化行政部门吊销其《网络文化经营许可证》。本条规定的责令停业整顿和吊销许可证的行政处罚，只对违法行为情节严重的才适用，对一般的违法行为，可以视其违法行为的情节轻重只给予警告或者给予警告并给予罚款。②

---

　　① 引自《互联网上网服务营业场所管理条例解析》，访问网址：http：//wzj. xxz. gov. cn/whyd/xxyd/201306/t20130624_79674. html.

　　② 引自《互联网上网服务营业场所管理条例解析》，访问网址：http：//wzj. xxz. gov. cn/whyd/xxyd/201306/t20130624_79674. html.

第三十条　行政处罚（五）

互联网上网服务营业场所经营单位违反本法的规定，有下列行为之一的，由文化行政部门、公安机关依据各自职权给予警告，可以并处 15000 元以下的罚款；情节严重的，责令停业整顿或由文化行政部门吊销《网络文化经营许可证》：

（一）向上网消费者提供的计算机未通过局域网的方式接入互联网的；

（二）未建立场内巡查制度，或者发现上网消费者的违法行为未予制止或未向文化行政部门、公安机关举报的；

（三）未按规定核对、登记上网消费者的有效身份证件或者记录有关上网信息的；

（四）未按规定时间保存登记内容、记录备份，或者在保存期内修改、删除登记内容、记录备份的；

（五）变更名称、住所、法定代表人或者主要负责人、注册资本、网络地址或者终止经营活动，未向文化行政部门、公安机关办理有关手续或者备案的。

◉说明及理由

本条规定的是关于互联网上网服务营业场所经营单位的经营活动违法的法律责任的规定。本条规定的违法行为有以下五项：一是向上网消费者提供的计算机未通过局域网的方式接入互联网。即互联网上网服务营业场所经营单位向上网消费者提供的计算机没有通过联接局域网的方式而直接与互联网相连接。这种行为使上网消费者的上网活动完全脱离了互联网上网服务营业场所经营单位的监督，是互联网上网服务营业场所经营单位逃避法定监督义务的行为，应该依法承担相应的法律责任。二是未建立场内巡查制度，或者发现上网消费者的违法行为未予制止或未向文化行政部门、公安机关举报。本法要求互联网上网服务营业场所经营单位要建立场内巡查制度，发现上网消费者

的违法行为要予以制止并向文化行政部门、公安机关举报。违反这些
规定，就不能及时发现互联网上网服务营业场所内出现的违法犯罪行
为，给有关国家机关打击网络违法犯罪活动带来困难。因此，应该依
法追究违法经营者相应的法律责任。三是未按规定核对、登记上网消
费者的有效身份证件或者记录有关上网信息。为了解基本的网上活动
的情况，为有关国家机关依法有效追查上网者的违法行为提供线索，
及时查处网上有害信息的来源，本法规定了上网登记制度。互联网上
网服务营业场所经营单位违反这一制度，不保存必要的上网信息记
录，就不能为有关国家机关查处通过互联网传播有害信息的违法犯罪
活动和危害网络安全等违法犯罪活动提供线索。这种违法行为，也是
对经营者的法定监督义务的违反，而且可能给有关国家机关依法查处
违法犯罪造成障碍，应当依法给予惩处。四是未按规定时间保存登记
内容、记录备份，或者在保存期内修改、删除登记内容、记录备份。
为有效查处通过互联网传播有害信息的违法行为和危害网络安全的行
为，除上网登记制度以外，本法还规定了必要的上网信息留存制度，
与前述理由一样，违反这些规定也应该依法予以惩处。五是变更名
称、住所、法定代表人或者主要负责人、注册资本、网络地址或者终
止经营活动，未向文化行政部门、公安机关办理有关手续或者备案，
本法为互联网上网服务营业场所经营单位必要经营事项的变更，规定
了相应的手续，违反这些规定使有关国家机关不能及时掌握互联网上
网服务营业场所经营单位基本情况的变化，对有关国家机关依法监督
互联网上网服务营业场所经营单位的经营活动带来了困难，甚至可能
使互联网上网服务营业场所经营单位脱离有关国家机关的监管。因
此。对这些违法行为，应该依法予以惩处。①

---

① 引自《互联网上网服务营业场所管理条例解析》，访问网址：http：//wzj. xxz. gov.
cn/whyd/xxyd/201306/t20130624_79674. html.

第三十一条　行政处罚（六）

互联网上网服务营业场所经营单位违反本法的规定，有下列行为之一的，由公安机关给予警告，可以并处 15000 元以下的罚款；情节严重的，责令停业整顿或由文化行政部门吊销《网络文化经营许可证》：

（一）利用明火照明或者发现吸烟不予制止，或者未悬挂禁止吸烟标志的；

（二）允许带入或者存放易燃、易爆物品的；

（三）在营业场所安装固定的封闭门窗栅栏的；

（四）营业期间封堵或者锁闭门窗、安全疏散通道或者安全出口的；

（五）擅自停止实施安全技术措施的。

◉ 说明及理由

本条规定的是互联网上网服务营业场所经营者违反消防安全和信息网络安全的规定的法律责任。本条规定的违法行为有五种，分为两类。第一类违法行为是违反消防安全的行为，包括利用明火照明或者发现吸烟不予制止，或者未悬挂禁止吸烟标志；允许带入或者存放易燃、易爆物品的；在营业场所安装固定的封闭门窗栅栏的；营业期间封堵或者锁闭门窗、安全疏散通道或者安全出口。前两种违法行为，没有遵守有关在公共聚集场所应注意防火的规定，存在严重的消防安全隐患，容易引发火灾；后两种违法行为违反了在公共聚集场所应该保持必要的人员疏散通道的规定，一旦发生火灾，不利于互联网上网服务营业场所人员的疏散，加大了造成人员伤亡的可能性。这类违法行为都是可能造成严重安全事故的原因，应该依法予以惩处。第二类违法行为是违反安全技术管理规定的行为，具体就是指互联网上网服务营业场所经营者擅自停止实施安全技术措施。为了保护网络安全，本法规定互联网上网服务营业场所经营单位必须实施安全技术措施，互联网上网服务营业场所经营者擅自停止实施安全技术措施，会使这种监控措施失去效用，给网络安全带来危害。因此，对这种违法行为也应该依法予以惩处。①

第三十二条　行政处罚（七）

违反国家有关信息网络安全、治安管理、消防管理、工商行政管理、电信管理等规定，触犯刑法的，依法追究刑事责任；尚未达到刑事处罚标准的，由公安机关、工商行政管理部门、电信管理机构依法给予处罚；情节严重的，由原发证机关吊销许可证。

◉说明及理由

本条是一条衔接性条款，是对互联网上网服务营业场所经营单位经营活动中相关人员违反其他有关法律规定，依法应承担的法律责任的提示性规定。根据本条的规定，互联网上网服务营业场所经营单位违反了上述方面的法律规定，一般都是由相关的执法部门依法给予行政处罚，但对违法情节严重的，如果有关执法部门认为已经丧失了继续从事提供互联网服务的经营资格，也可以建议文化行政部门吊销其《网络文化经营许可证》。触犯刑法的，应依法追究刑事责任。

第三十三条　行政处罚（八）

互联网上网服务营业场所经营单位违反本法的规定，被处以吊销《网络文化经营许可证》行政处罚的，应当依法到工商行政管理部门办理变更登记或者注销登记；逾期未办理的，由工商行政管理部门吊销营业执照。

---

① 引自《互联网上网服务营业场所管理条例解析》，访问网址：http：//wzj. xxz. gov. cn/whyd/xxyd/201306/t20130624_79674. html.

◉**说明及理由**

本条是关于本法与有关工商行政管理制度的衔接性规定。本法的一些条款规定了吊销许可证的行政处罚，而按照本法相关条款的规定，这些许可证的审批是从工商行政管理部门取得相应经营资格的前置条件，所以，如果经营单位违反本法，被处以吊销许可证的行政处罚，就意味着该单位已经失去了拥有从工商行政管理部门取得的相应经营资格的前提条件，不应该再拥有相应的经营资格。所以，经营单位违反本法，被处以吊销许可证行政处罚的，应该到工商行政管理部门申请办理变更登记或者注销登记。对被处以被吊销许可证的行政处罚后，逾期没有按照国家有关规定到工商行政管理部门办理变更登记或者注销登记的经营者，因其妨碍了工商行政管理秩序，应该由工商行政管理部门吊销其营业执照。①

第三十四条　再次从业的法律限制

互联网上网服务营业场所经营单位违反本法的规定，被吊销《网络文化经营许可证》的，自被吊销《网络文化经营许可证》之日起 5 年内，其法定代表人或者主要负责人不得担任互联网上网服务营业场所经营单位的法定代表人或者主要负责人。

擅自设立的互联网上网服务营业场所经营单位被依法取缔的，自被取缔之日起 5 年内，其主要负责人不得担任互联网上网服务营业场所经营单位的法定代表人或者主要负责人。

◉**说明及理由**

本条规定的是对在互联网上网服务营业场所经营单位的经营活动中因违法而被取消经营资格的相关人员，再次从事互联网上网服务营

---

① 引自《互联网上网服务营业场所管理条例解析》，访问网址：http：//wzj. xxz. gov. cn/whyd/xxyd/201306/t20130624_79674. html.

业场所经营单位的经营活动的法律限制。由于本条规定的处罚措施剥夺了被处罚人从事某种职业的资格，对被处罚人的利益有重大的影响，因此，只有对社会危害性比较大的违法行为才适用。只有被处以吊销许可证行政处罚的互联网上网服务营业场所经营单位或者擅自设立的互联网上网服务营业场所经营单位被依法取缔的，对其法定代表人或者主要负责人才可以依照本条规定处罚。本条规定的对单位法定代表人或者主要负责人的处罚只是在 5 年内不得担任互联网上网服务营业场所经营单位的法定代表人或者主要负责人，并不影响其在互联网上网服务营业场所经营单位内从事其他工作。①

第三节　《互联网上网服务营业场所管理法（草案)》实证案例分析

本法律草案以加强对互联网上网服务营业场所的管理，规范经营者的经营行为，维护公众和经营者的合法权益，保障互联网上网服务经营活动健康发展，促进社会主义精神文明建设为目的。具体来说，本法律草案主要立足于解决互联网上网服务营业场所的管理中的几个最为关键和迫切的问题，为了更好地体现本法律草案对规范互联网上网服务营业场所管理方面的促进作用，每个相关问题都附有真实的案例对比分析。

一、互联网上网服务营业场所概念的明确化

明确互联网上网服务营业场所的概念，对于加强对互联网上网服务营业场所的管理、规范经营者的经营行为具有重要的意义。本法草案所称互联网上网服务营业场所，是指通过计算机等装置向公众提供互联网上网服务的网吧、电脑休闲室等营业性场所。这一概念包括了三层含义：一是互联网上网服务营业场所是通过计算机等装置提

---

① 引自《互联网上网服务营业场所管理条例解析》，访问网址：http://wzj.xxz.gov.cn/whyd/xxyd/201306/t20130624_79674.html.

供互联网上网服务的，这是硬件条件；二是互联网上网服务营业场所提供服务的对象是不特定的人群——社会公众；三是互联网上网服务营业场所是营业性场所，具有盈利的目的。目前的实践中，无论是行政执法案件还是行政诉讼案件均存在大量对于涉案对象能否认定为互联网上网服务营业场所的困惑。主要的争议焦点在于，许多经营者以通过计算机等装置提供免费上网服务为手段吸引公众进入营业性场所，却以其他方式获取利润。对于这一行为能否适用有关的互联网上网服务营业场所管理法规、规章等进行依法处置，行政执法机关和法院均存在很大的困惑。本法草案旨在为这一问题的解决提供可行性的方案。

相关问题的案例对比分析——（2009）甬仑行初字第 20 号；（2009）甬行终字第 79 号①

1. 案例基本案情

浙江省宁波市北仑区人民法院经审理查明，2008 年 7 月 7 日，被告宁波市工商行政管理局北仑分局接到宁波市北仑区文化广电新闻出版局的抄告函后，联合公安等部门对位于北仑区大矸街道灵峰路 125－127 号的大矸后湾茶室（业主为原告胡才寿）进行检查，并在检查中发现该茶室内设可上网的电脑共 25 台，且当时有 10 余人在茶室中上网。因胡才寿涉嫌无照经营互联网上网服务，被告于同日扣留了胡才寿用于经营的电脑 25 台。经调查、听证，被告认为原告的行为属于擅自设立互联网上网服务营业场所，并根据宁波市公安局北仑分局出具的电子证物勘验检查工作记录，认定其违法经营额为 1428.70元，遂根据《互联网上网服务营业场所管理条例》第二十七条的规定，于 2008 年 12 月 17 日作出甬仑工商处字（2008）第 164 号行政处罚决定书。当事人不服，遂提起行政诉讼。

---

① 来源北大法宝司法案例，访问网址：http://www.pkulaw.cn/Case/pfnl_ 119202815.html? match = Exact，访问时间：2014 年 10 月 14 日。

2. 判决和评析

浙江省宁波市北仑区人民法院经审理认为，根据《互联网上网服务营业场所管理条例》第四条规定，被告宁波市工商行政管理局北仑分局有权依法查处无照经营互联网上网服务活动。胡枚生、胡媛媛、陈明波的证言及陈丰出具的情况说明、现场照片等证据，均可证明宁波市北仑区大矸后湾茶室利用20余台电脑非法经营网吧生意的事实，故被告认定原告胡才寿擅自设立互联网上网服务营业场所证据充分。在原告拒绝配合调查的情况下，被告根据电子物证勘验检查记录所载，以吧台现金总计剔除商品出售收入部分认定违法经营额为1428.70元并无不妥。调查人员在听证过程中确曾表示违法经营额无法计算，但不影响被告在涉案证据未发生变化的情况下作出处罚。《互联网上网服务营业场所管理条例》第二十七条规定，违法经营额不足1万元的，罚款幅度在1万元以上5万元以下，故即使原告的违法经营额不足1428.70元，对处罚结论亦无影响。宁波市工商行政管理局北仑分局作出的甬仑工商处字（2008）第164号行政处罚决定书基本事实清楚，程序合法，法律适用准确。被告未按照《无照经营查处取缔办法》第十二条、第十一条规定的期限作出处理决定不当，对此瑕疵，予以指正。依照《行政诉讼法》第五十四条①第（一）项之规定，法院判决维持宁波市工商行政管理局北仑分局2008年12月17日作出的甬仑工商处字（2008）第164号行政处罚决定书。胡才寿不服一审判决，提起上诉。在二审审理过程中，胡才寿以被上诉人宁波市工商局北仑分局作出处罚正确为由，申请撤回上诉。宁波市中级人民法院经审查，依照《最高人民法院关于执行〈中华人民共和国行政诉讼法〉若干问题的解释》第六十三条第（十）项、第九十七条，以及《民事诉讼法》第一百五十六条②之规定，裁定准予上诉人胡才寿撤回上诉。

---

① 对应 2014 年新修订的《行政诉讼法》第六十九条。
② 对应 2012 年新修订的《民事诉讼法》第一百七十三条。

3. 新法草案下的重新审视

在本案中，上诉人称其经营的是茶室，收取的是茶水费，在茶室提供免费上网服务，只是为了提升服务档次，并没有经营互联网上网服务。对于这种茶室能否认定为互联网上网服务营业场所成为本案中双方争议的一个主要焦点。根据本法草案的规定，首先是该茶室通过计算机等装置提供了互联网上网服务，具备成为互联网上网服务营业场所硬件条件；其次是茶室提供服务的对象是不特定的人群——社会公众；再次是本茶室是营业性场所，具有盈利的目的。虽然当事人通过计算机等装置提供免费上网服务，但其是以这种手段吸引公众进入营业性场所——茶室，当事人通过卖茶水等方式获取利润。这两者之间，是手段与目的的关系，因此该茶室应当被认定为互联网上网服务营业场所，对于当事人无证经营互联网上网服务营业场所的行为，依据本法草案应当予以行政处罚。

二、确立对互联网上网服务营业场所经营单位的经营活动实行许可制度

互联网上网服务营业场所经营单位的经营活动对于公众和社会具有重要的影响，因此本法草案对互联网上网服务营业场所经营单位的经营活动确立了许可制度。未经依法许可，任何组织和个人不得设立互联网上网服务营业场所，不得从事互联网上网服务经营活动。互联网上网服务营业场所经营单位如果擅自涂改、出租、出借或者以其他方式转让《网络文化经营许可证》，将是对这种许可制度的严重破坏，将被依法追究相应的责任，由经营单位和经营者的此类违法行为引起的其他的民事行为也将被认定为无效，这对于行政执法机关对互联网上网服务营业场所经营单位的经营活动的有效监管具有重要的意义。

（一）相关问题的案例对比分析——（2012）三民四终字第 101 号①

1. 案例基本案情

2008 年 12 月，杨秀丽与案外人李红梅共同投资合伙经营宇航网吧，法定代表人为李红梅。2009 年 9 月 20 日，杨秀丽与李红梅签订终止合作关系协议书，双方约定，由杨秀丽一次性补偿李红梅现金 20 万元，李红梅退出网吧，该网吧归杨秀丽独家经营，杨秀丽在以后的经营过程中可继续使用该网吧手续，变更法定代表人时可无偿使用网吧手续及李红梅身份证件等，李红梅不得推脱。之后该网吧由杨秀丽单独经营并一直使用原手续。2010 年 9 月，刘丽娟经过考察并与杨秀丽协商，于同月 28 日在见证人骆天鹏的主持下，达成宇航网吧转让协议，杨秀丽以 58 万元的转让价款将宇航网吧转让给刘丽娟，由刘丽娟实际接管经营。因刘丽娟怕转让费过高家人反对，在转让协议书上所写的转让价为 57 万元，另外一万元由刘丽娟为杨秀丽出具一张借条。协议约定转让费包括全套手续、财产、未到期的房租及网费。杨秀丽提供的网吧手续法定代表人为李红梅，因政策原因暂不能变更，刘丽娟承接后可无偿使用该手续，但若刘丽娟需要变更手续时，杨秀丽必须协助刘丽娟变更。付款方式为分期付款，协议签订当天，由刘丽娟一次性付给杨秀丽 30 万元，2011 年 2 月 15 日前再付给杨秀丽 10 万元，2012 年 2 月底前付 10 万元，剩余 7 万元在 2012 年 5 月底前全部付清。在签订协议当天，刘丽娟实际支付杨秀丽现金 28 万元，首批应付的另 2 万元转让费由刘丽娟父亲刘福田为杨秀丽出具欠条一张，剩余转让款 27 万元由刘丽娟为杨秀丽书写借条一张。因该网吧经营许可证的法定代表人为李红梅，而杨秀丽转让网吧时未征得李红梅同意，李红梅知道后拒绝为刘丽娟出具经营委托书，并到卢氏县文化广电新闻出版局举报，县文广新局认为杨秀丽的行为违反了国务院关于《网络文化经营许可证》不得转让的规定，于 2011 年 3 月 22 日

---

① 来源北大法宝司法案例，访问网址：http：//www.pkulaw.cn/Case/pfnl_ 118576709.html？match＝Exact，访问时间：2014 年 10 月 15 日。

向刘丽娟下发了《文化行政处罚事先告知书》，同日该网吧停止营业至今。2011年3月29日县文广新局作出卢文广新罚字（2001）第1号《行政处罚决定书》，对宇航网吧处以吊销《网络文化经营许可证》、罚款1万元的处罚。杨秀丽不服向卢氏县人民政府提起行政复议，卢氏县人民政府于2011年5月5日作出复议决定，认为县文广新局作出的行政处罚未经过听证程序，撤销了县文广新局的行政处罚决定。2011年12月30日，县文广新局经过听证程序后再次对宇航网吧处以吊销《网络文化经营许可证》并罚款1万元的处罚。

本案在审理过程中，为避免损失进一步扩大，经原审法院主持调解，2012年1月18日刘丽娟将网吧移交给杨秀丽，在移交时有63台电脑不能正常运转。同时涉及刘丽娟在接管网吧期间的部分房屋租金未给付，为此杨秀丽向房东交纳2011年1月21日－2012年1月18日的房租3.5万元，交纳刘丽娟停业期间的电费740元。除此之外，杨秀丽还主张其在接收网吧后还支付网维、万象费用1950元；因网卡坏更换网卡花费200元；为整修电脑花费5000元；室内物品损坏（卫生间、灯箱、栏杆、消防器材、监控摄像头、交换机）5000元，刘丽娟对杨秀丽主张上述有关维修费用的数额和项目不予认可，杨秀丽对此又未提交充分有力的证据证实自己的主张。

原审认为，刘丽娟、杨秀丽之间的网吧转让行为，并非简单转让网吧的设备、场地，而涵盖有转让网吧经营权，这就必然涉及互联网上网服务营业场所的标志性证照——《网络文化经营许可证》。根据国务院《互联网上网服务营业场所管理条例》第十二条关于"互联网上网服务营业场所经营单位不得涂改、出租、出借或者以其他方式转让《网络文化经营许可证》"和《中华人民共和国行政许可法》第九条关于"依法取得的行政许可，除法律、法规规定依照法定条件和程序可以转让的外，不得转让"的规定，双方转让网吧的行为违反了法律、行政法规的强制性规定，依照《中华人民共和国合同法》第五十二条第（五）项"违反法律、行政法规的强制性规定，合同无效"的规定，双方签订的网吧转让协议为无效协议。按照《合同法》规定，合同无效，因合同取得的财产，应当予以返还。因此刘丽娟要求返还转让款 28 万元及确认本人及其父为刘丽娟出具的借条和欠条无效的诉讼请求，应予支持。同时刘丽娟应将网吧返还杨秀丽，并保证网吧的电脑等设施能正常使用。审理中经调解，刘丽娟虽于 2012 年 1 月 18 日已将网吧移交给杨秀丽，但移交时确有 63 台电脑不能正常运转，同时存在着灯箱、栏杆损坏，消防器材过期等问题，对此，杨秀丽虽主张花去各项修复费用 12000 余元，但刘丽娟对此不予认可，杨秀丽又未能提交充分有力的证据证实自己的主张，原审酌情认定各项维修费用为 5000 元。2012 年 1 月 18 日以前网吧在刘丽娟的经营管理之下，在此期间产生的房屋租金、电费应由刘丽娟负担。双方订立的网吧转让协议违背了法律、行政法规的强制性规定从而导致合同无效，对此刘丽娟、杨秀丽均应承担一定的责任。因双方的转让行为，导致杨秀丽自 2010 年 9 月 28 日至 2012 年 1 月 18 日未能经营网吧，给杨秀丽造成了一定的损失，对此刘丽娟应予适当赔偿，具体数额依据实际情况酌定。依据《中华人民共和国合同法》第五十二条、第五十八条、《中华人民共和国行政许可法》第九条、国务院《互联网上网服务营业场所管理条例》第十二条之规定，判决：一、刘丽娟与杨秀丽于 2010 年 9 月 28 日签订的网吧转让协议及刘丽娟为杨秀丽出具的 1 万元、27 万元借条两张和刘丽娟父亲刘福田为杨秀丽出具的 2 万元欠条一张均属无效；二、杨秀丽于本判决生效后十日内返还刘丽娟网吧转让款 28 万元；三、刘丽娟于本判决生后十日内支付杨秀丽房屋租金 3.5 万元、电费 740 元、修复费用 5000 元，合计 40740 元；四、刘丽娟实际经营网吧期间所得的收益归刘丽娟所有；五、由刘丽娟于本判决生效后十日内赔偿杨秀丽经济损失 20 万元。如果未按本案判决指定的期间履行给付金钱义务，应当依照《中华人民共和国民事诉讼法》第二百二十九条之规定，加倍支付迟延履行期间的债务利息。案件受理费 5500 元，由刘丽娟、杨秀丽各承担一半。宣判后，杨秀丽不服，上诉称：1. 网吧转让协议并非转让许可证的行为，一审未查清转让许可证的价款，网吧转让协议实质是资产转让，是双方真实意思表示，应撤销原判第一项"协议无效"的判决；2. 一审判决刘丽娟赔偿杨秀丽 20 万元过低，至少应赔偿 25 万元。请求改判杨秀丽不给付刘丽娟 39260 元。刘丽娟答辩称：1. 原判认定协议无效正确，应予维持，杨秀丽的上诉理由均不能成立。2. 一审判决赔偿杨秀丽 20 万没有依据且过高，与原判第三项又重复，损失是双方造成的，仅判决本人一人承担显失公平；杨秀丽的违法行为导致本人长达 10 个月无法正常经营，损失严重，杨秀丽应赔偿我损失 45.15 万元。请求驳回上诉，维持原判第一、二、四项判决，改判原判第三、五项。

2. 判决和评析

二审法院认为，国家对互联网上网服务营业场所经营单位实行许可证制度，未经许可，任何组织和个人不得设立互联网上网服务营业场所，不得从事互联网上网服务经营活动。国务院《互联网上网服务营业场所管理条例》第十二条规定："互联网上网服务营业场所经营单位不得涂改、出租、出借或者以其他方式转让《网络文化经营许可证》。"刘丽娟与杨秀丽达成的网吧转让协议，明确约定转让费包括全套手续、财产等，后该网吧被卢氏县文广新局处以吊销《网络文化经营许可证》、罚款 1 万元的处罚，并停止营业。原审以网吧转让协议违反法律、行政法规的强制性规定而认定无效，符合《中华人民共和国合同法》第五十二条的相关规定，杨秀丽称应撤销原判决第一项"协议无效"的判决的上诉理由，不能成立。宇航网吧未能正常经营给双方均造成较大的经济损失，原审在判决刘丽娟实际经营期间的收益归刘丽娟的同时，考虑到双方的缔约过失及各自的损失状况，酌定刘丽娟赔偿杨秀丽损失 20 万元基本适当，杨秀丽称"一审判决刘丽娟赔偿其 20 万元过低，至少应赔偿 25 万元"的上诉理由，因缺乏相应的事实依据和法律依据，不能成立。

3. 新法草案下的重新审视

在本案中，双方当事人对于其转让《网络文化经营许可证》的民事行为是否违法，从而认定网吧转让协议无效存在较大争议。依照本法草案的规定,《网络文化经营许可证》是文化行政部门根据经营者的申请,在实地考察和详细审核的基础上,批准其设立互联网上网服务营业场所的许可凭证。该许可证代表着国家对互联网上网服务营业场所经营单位实行许可证制度的一种具象表现形式,因此出于对该许可制度的维护,互联网上网服务营业场所经营单位如果擅自涂改、出租、出借或者以其他方式转让《网络文化经营许可证》将被依法追究相应的责任,据此引起的民事转让行为也将被认定为无效。正是基于此,根据本法草案的规定,本案两位当事人之间转让《网络文化经营许可证》的行为是无效的。

(二)相关问题的案例对比分析——(2013)封民初字第01257号①

1. 案例基本案情

2011年2月19日,被告王志刚将封丘县文馨网吧以及网管证、文化证、营业执照、网络培训合格证、食品流通许可证、消防监督卡、收银员资格证等证件以30万元的价格转让给原告,原告于2011年2月19日支付给被告王志刚现金10000元,于2011年2月20日支付现金290000元。被告收到30万元现金后将网吧所有证照交给了原告,原告接受网吧后进行了装修,更新机器,装修花费15000元,更新显示器23800元,键盘2200元,机箱2200元。原告装修完毕后向封丘县文化局申请开业,封丘县文化局告知网吧以及证照不得转让,转让行为违法,原告多次要求被告返还转让费无果。特起诉,请求确认被告网吧转让行为无效,要求被告返还原告转让费300000元,原告投入的装修费15000元,机器更新费用4400元,货款利息9600元等,共计53400元,被告应予赔偿。

被告王志刚辩称:一、原被告的网吧转让行为合法有效。首先,被告向原告转让的是电脑、空调、监控、柴油机、发电机、稳压器、

---

① 来源北大法宝司法案例,访问网址:http://www.pkulaw.cn/Case/pfnl_119642293.html? match=Exact,访问时间:2014年10月15日。

排风扇、插座、电脑桌及上网所需电线等设施,以上物品价值总和达326130元。被告将网管证、文化证、营业执照、网络培训合格证、食品流通许可证、消防监督卡和收银员资格证等证件交给原告的行为就像卖房时房主将房产证交给买房人一样正常。这两种行为转让的标的分别是物品和房屋,而不是文化证和房产证等证件。其次,原被告的转让行为符合合法有效的要件。原被告都是成年人,双方身体、精神都很健康,转让时意思表示真实,转让的物品合法,并已履行完毕。根据《合同法》和《民法通则》的有关规定,应认定为合法有效的民事行为。二、原告损失是因为原告的违法经营造成的,原告受让文馨网吧后,有关部门处罚,致使其无法营业,造成自己受损,因此,其损失应由原告自行承担。综上,原被告的转让行为合法有效,原告的违法经营是造成其损失的原因,请查清事实,依法裁判,保护被告的合法权益。

　　根据双方的诉辩意见,本案的争议焦点为:1.原被告的网吧转让行为是否合法有效,被告应否返还转让费。2.原告要求被告赔偿各项损失应否予以支持。围绕上述争议焦点,原告赵文山向法院提交的证据材料有:1.2011年2月19日赵某甲出具的证明(证人赵某甲的庭审证人证言)。2.2011年2月19日赵某乙出具的证明。3.封丘县文馨网吧营业执照。4.计算机信息网络安全培训合格证。5.食品流通许可证。6.消防监督检查记录表。7.收银员(郜某某、王志刚)资格证。8.2011年3月7日封丘县文化局关于吊销文馨网吧《网络文化经营许可证》的处罚决定。9.2011年2月26日赵某甲出具的证明。10.2011年2月28日李某甲出具的证明。11.2011年2月16日殷某某出具的证明。12.2011年2月27日赵某某出具的证明。13.2011年2月26日殷某某出具的证明。14.郑州人和科技有限公司出具的销货清单。15.郑州人和科技有限公司出具的出库单。16.2011年2月20日,29万元存款凭证(原审法院依申请调取)。原告据以上证据证明被告转让文馨网吧以及网络文化经营许可证的行为,违反了《互联网上网服务营业场所管理条例》第十二条的规定,违反了国家的强制性规定，该行为应认定为无效行为。被告违法转让文馨网吧的行为已被封丘县文化局予以认定，并给予处罚，网吧转让并非简单的设备转让，而是涉及网吧的标志性证照《网络文化经营许可证》，而被告以 30 万元的价格转让，主要转让的是网吧证照。因此，被告转让行为无效。

被告的质证意见是：对于原告提供的证据 3、4、5、6、7 无异议，对其他证据均有异议。证据 1、2 不真实，形式不合法。证据 8 的真实性无异议，但是对其证明的问题有异议，这份证据不能证明被告转让网络文化经营许可证这个事实。证据 9、10、11、12、13、14、15 与本案无关联，形式不合法，内容不真实。证据 16 真实性无异议，但与本案无关。被告王志刚向法院提交的证据材料有：1. 封丘县天宇科技有限公司出具的销货清单 1 份。2. 新派电脑科技销货清单 2 份。3. 封丘县某某乡红星建材电料门市部销货单 2 份。4. 封丘县现代农机销售有限公司专用票 1 份。5. 留光三强摩托、家具、家电城销售票据 1 份。6. 枫之舞数码科技收据 1 份。被告根据以上证据证明：1. 原被告已经履行的网吧转让行为合法有效。2. 因网络文化经营许可证是在转让后的 2011 年 3 月 7 日被封丘县文化局吊销，按照转让协议约定，原告的损失应当由原告自负，被告无过错，不应赔偿原告任何损失。

原告的质证意见是：对被告提交的证据均有异议，证明形式不合法，内容不真实，不能证明被告的观点。

法院依职权调取的证据有：1. 2013 年 8 月 29 日财产清点笔录一份（现存放在原告赵文山家中的网吧设备及财产）。2. 时某某、李某乙的两份调查笔录。

原告赵文山对第一份证据财产清点笔录没有异议，对第二份证据时某某、李某乙的两份调查笔录真实性无异议，但对时某某说的 2011 年出卖一台电脑约 1500 元/台—2000 元/台，价格偏高，有异议。被告王志刚对以上两份证据均有异议，一是认为不是转让网吧时的全部财产；二是认为李某乙所述事实与被告转让网吧时间间隔太远，与 2011 年电脑价格没有可比性。

经庭审举证、质证，可以确认原告提交的证据1、2、3、4、5、6、7、8、16及法院依职权调取的证据与本案事实有关联，符合有效证据的"三性"特征，可以作为本案的定案依据。对原告提交的证据9、10、11、12、13、14、15，被告提交的证据1、2、3、4、5、6、7、8、9，因与本案事实缺乏关联性，不能证明各自的主张，不符合有效证据的"三性"特征，法院不予采信。

法院根据原被告的诉辩意见，举证、质证及上述有效证据，可以确认本案事实如下：2011年2月19日，被告王志刚将封丘县文馨网吧以及网管证、文化证、营业执照、网络培训合格证、食品流通许可证、消防监督卡、收银员资格证等证件以30万元的价格转让给原告赵文山，原告赵文山于2011年2月19日支付给被告王志刚10000元现金，于2011年2月20日支付给被告王志刚290000元，被告王志刚收到300000元后，将网吧所有证照（封丘县文馨网吧营业执照、计算机信息网络安全培训合格证、食品流通许可证、消防监督检查记录表，收银员资格证）交予原告赵文山。封丘县文化广播电影电视局于2011年3月7日作出封文（2011）11号关于吊销文馨网吧《网络文化经营许可证》的处罚决定。封丘县文化广播电影电视局认为：文馨网吧于2011年2月19日将网吧《网络文化经营许可证》及设备等卖给他人使用，该网吧法人的行为已违反了国务院《互联网上网服务经营场所管理条例》第二十八条的规定，给予文馨网吧吊销《网络文化经营许可证》的行政处罚。另查明：2013年8月29日，经法院现场清点，在原告赵文山家中，原告赵文山从被告王志刚处拉走的网吧转让时的财产及设备有：主机28台（内存：160G）（注：组装机），显示器13台（23寸惠科牌）（注：原告自己更新的），显示器1台（17寸，E120），双人电脑桌13张，单人电脑桌4张，电脑椅28把（其中12把系布料，16把系革料），空调1台（科龙牌5P），稳压器3台（艇浪牌），发电机1台（怡凯三相交流同步发电机），柴油机1台（常州牌1115马力），排风扇1台（真野牌），监控头3个（2小1大，大：8050型号，小：8150型号，大小均是索尼牌），交换机3个

（迅捷牌）。本案在审理过程中，原告赵文山认可当时从被告王志刚处拉走电脑 48 台，后来网吧检查时，又给被告王志刚送去 20 台，但原告赵文山对此要求被告王志刚赔偿各项经济损失，均未提供有效证据予以证明。

2. 判决和评析

法院认为：依法成立的合同受法律保护，当事人订立、履行合同，应当遵守法律、行政法规。原被告的网吧转让行为违反了国务院《互联网上网服务经营场所管理条例》第二十八条之规定，封丘县文化广播电影电视局已对此作出行政处罚，并吊销了该网吧的《网络文化经营许可证》，原被告双方的网吧转让行为违反了法律的强制性规定，应认定为无效。因该合同取得的财产，应当予以返还，不能返还或者没有必要返还的，应当折价补偿。原告支付给被告的 30 万元转让费，有法院依职权调取的被告银行存款的交易记录、证人赵某甲的证言证实，且能够相互印证，依法应予认定。被告虽辩解这 29 万元是自己做起重行车生意打的款，但未能向法院提供有效证据证明，对其辩解法院不予采信。故原告支付给被告王志刚的 30 万元网吧转让费，被告王志刚依法应予返还。对双方转让网吧时的设备及财产，因原被告双方对转让网吧时的设备型号、数量及价值均有异议，但都不能提供有效证据证明各自的主张，双方对现有设备财产的价值均不申请评估鉴定，法院依职权到原告家里对现有财产进行了现场勘验，对有关设备财产的市场价格进行了调查，故原告赵文山应将其存放在家中的现有网吧转让时的财产返还给被告王志刚，对不能返还或没有必要返还的，根据法院调取的市价参考价格，酌情折价 40000 元补偿给被告王志刚。原告赵文山要求被告王志刚赔偿其经济损失 53400 元，因原告赵文山在转让网吧过程中，自身也存在一定过错，且没有提供充分的有效证据证明自己的主张，故对原告要求被告赔偿经济损失的诉请求，法院不予支持。

3. 新法草案下的重新审视

在实践中，常常由于一个违法行为导致很多由它引起的其他民事行为无效，尽管这些无效的民事行为在表象上可能具备合法和有效的特征，但由于这个源头行为的违法，致使这些行为被认定为无效。在本案中，正是由于《网络文化经营许可证》的非法转让行为，从而导致表面上合法有效的网吧转让行为被认定为无效。根据新法草案的规定，未经依法许可，任何组织和个人不得设立互联网上网服务营业场所，不得从事互联网上网服务经营活动。互联网上网服务营业场所经营单位如果擅自涂改、出租、出借或者以其他方式转让《网络文化经营许可证》，将被依法追究相应的责任。本案当事人之间转让《网络文化经营许可证》的行为，破坏了国家对互联网上网服务营业场所经营单位实行的许可证制度，属于违法行为。

三、互联网上网服务营业场所信息变更问题

由于互联网上网服务营业场所地址等信息的变更时有发生，这就给行政执法部门的监督管理工作带来了极大的挑战。在细致考量的基础上，本法草案对于互联网上网服务营业场所信息变更的问题进行了制度化的应对。本法草案规定，互联网上网服务营业场所的经营单位相关信息的变更必须取得原审核机关同意，同时互联网上网服务营业场所经营单位变更相关事项后，应当依法办理工商行政管理手续，并依法到文化行政部门、公安机关办理有关手续或者备案事宜。尤其是互联网上网服务营业场所经营单位法定代表人或者负责人的变更，涉及互联网上网服务营业场所经营单位主要责任人的变化，也是有关国家机关直接管理对象的变化。通过办理变更手续或进行相关备案，行政执法机关对于互联网上网服务营业场所的监管能力得到了进一步的加强。

相关问题的案例对比分析——（2008）渝一中法行终字第451号①

1. 案例基本案情

2005年12月14日，向兴碧与武新宁、凌卫东签订渝北星云网吧

---

① 来源北大法宝司法案例，访问网址：http://www.pkulaw.cn/Case/pfnl_ 117689943. html? match = Exact，访问时间：2014年10月15日。

转让协议。陈晓洪给向兴碧出具了一份授权委托书，称委托凌卫东代表其与武新宁一道前去签订转让协议。2006 年 2 月 16 日，陈晓洪向重庆市渝北区文化广电新闻出版局提出变更申请：名称由重庆市渝北区星云网吧名称变更为渝北区狂网之城网吧；网吧法定代表人由向兴碧变更为陈晓洪；地址由渝北区回兴工业园区宏泰苑 B 栋 2 号变更为渝北区工业园区凯圣佳园小区第三层第一号门市。重庆市渝北区文化广电新闻出版局予以审批，并将编号为 5001120152 的重庆市《网络文化经营许可证》的法定代表人由向兴碧变更为陈晓洪。2006 年 2 月 20 日，凌卫东以陈晓洪的名义向重庆市渝北区文化广电新闻出版局提出将该网吧的法定代表人由陈晓洪变更为武新宁之妻郭莉，并向重庆市渝北区文化广电新闻出版局提交了陈晓洪的旧版身份证复印件。重庆市渝北区文化广电新闻出版局对该申请予以审批。将编号为 5001120152 的重庆市网络文化经营许可证的法定代表人由陈晓洪变更为郭莉。随后郭莉向工商行政管理部门申请企业负责人、名称、场所等的变更登记，工商行政管理部门于 2006 年 3 月 9 日发出准予变更登记通知书。随后郭莉领取了营业执照。

陈晓洪认为重庆市渝北区文化广电新闻出版局将重庆市《网络文化经营许可证》的法定代表人由陈晓洪变更为郭莉的行为违法，向重庆市渝北区人民法院提起行政诉讼，该法院判决确认该行为违法，重庆市第一中级人民法院判决维持了该一审判决。

2008 年 3 月 10 日，重庆市渝北区文化广电新闻出版局对向兴碧、郭莉、陈晓洪作出《关于撤销编号为 5001120152 的〈网络文化经营许可证〉法人变更许可的通知》，该通知载明："根据《互联网上网服务营业场所管理条例》第八条、第十三条和《中华人民共和国行政许可法》第六十九条第三款、第四款的规定，撤销于 2006 年 1 月 16 日对编号为 5001120152 的重庆市《网络文化经营许可证》由原法人代表向兴碧变更为陈晓洪的变更许可"，并将该通知送达三方当事人。陈晓洪接此通知后不服，提起行政诉讼，请求确认该通知行为违法并撤销。

一审法院认为，根据《互联网上网服务营业场所管理条例》第四条规定，重庆市渝北区文化广电新闻出版局负有对互联网上网服务营业场所经营单位的设立审批、经营活动进行监督管理的法定职责。该条例第八条规定，从事网络服务营业场所经营的单位，应当是企业形式。该条例第十三条规定，互联网上网服务营业场所经营单位变更营业场所地址等，应经原审核机关同意；互联网上网服务营业场所经营单位变更名称、住所、法定代表人或者主要负责人等，应依法到工商行政管理部门办理变更登记或者注销登记，并到文化行政部门、公安机关办理有关手续或者备案。故重庆市渝北区文化广电新闻出版局作出的将编号为5001120152的重庆市《网络文化经营许可证》的法定代表人由向兴碧变更为陈晓洪的行为，不符合相关法律法规的规定，且程序存在一定的随意性，重庆市渝北区文化广电新闻出版局依据相关法律规定，撤销其变更，并无不当。对陈晓洪的诉讼请求不予支持。据此，依照《最高人民法院关于执行〈中华人民共和国行政诉讼法〉若干问题的解释》第五十六条（四）项的规定，判决驳回陈晓洪的诉讼请求。

上诉人陈晓洪不服上述判决，提起上诉称：一、被诉行为内容不合法。被上诉人重庆市渝北区文化广电新闻出版局2006年2月16日作出的变更许可行为，不仅包括法定代表人由向兴碧变为陈晓洪，还包括单位名称、营业场所、计算机数量的变更。但该局2008年3月10日作出被诉的通知行为时，只撤销了于2006年1月16日（该局笔误，应为2006年2月16日）对编号为5001120152的重庆市《网络文化经营许可证》由原法人代表向兴碧变更为陈晓洪的变更许可。二、被诉行为没有事实依据，一审判决证据不足。被上诉人重庆市渝北区文化广电新闻出版局没有向一审法院提交证明该局2006年2月16日将重庆市《网络文化经营许可证》的法定代表人由向兴碧变更为陈晓洪的行为是违法的，因此，该局2008年3月10日作出的撤销该变更的通知行为证据不足。三、一审判决认定事实错误、适用法律法规错误。根据《互联网上网服务营业场所管理条例》第五条、第七条、第十三条等和《个人独资企业登记管理办法》第十四条之规定，任何人要成为网吧投资人或法定代表人，应当先经文化行政部门审批，再到工商行政管理部门办理工商变更登记手续，被诉行为适用法律错误。上诉人陈晓洪符合申请资格，符合法定条件。被上诉人重庆市渝北区文化广电新闻出版局 2006 年 2 月 16 日将重庆市《网络文化经营许可证》的法定代表人由向兴碧变更为陈晓洪的行为符合法律规定，没有违反法定程序。一审法院却判决驳回上诉人陈晓洪的诉讼请求，属适用法律错误。综上，一审法院判决驳回陈晓洪的诉讼请求不当。请求二审法院依法改判，确认该撤销行为违法，并撤销该行为。

被上诉人重庆市渝北区文化广电新闻出版局答辩称，该局于 2008 年 3 月 10 日作出的撤销 2006 年 2 月 16 日对编号为 5001120152 的重庆市《网络文化经营许可证》的法定代表人由向兴碧变更为陈晓洪的变更备案行为是合法的。请求二审法院依法维持。

2. 判决和评析

二审法院认为，根据《中华人民共和国行政许可法》第六十九条第一款关于"作出行政许可决定的行政机关依据职权可以撤销行政许可"的规定，被上诉人重庆市渝北区文化广电新闻出版局享有依职权撤销原许可行为的法律职责。《互联网上网服务营业场所管理条例》第八条规定，从事网络服务营业场所经营的单位，应当是企业形式。该条例第十三条第二款规定，互联网上网服务营业场所经营单位变更名称、住所、法定代表人或者主要负责人等，应依法到工商行政管理部门办理变更登记或者注销登记，并到文化行政部门，公安机关办理有关手续或者备案。即互联网上网服务营业场所经营单位法定代表人的变更，应当由经营单位提出申请，且应当先作工商变更登记。从本院已查明的事实看，本案被上诉人重庆市渝北区文化广电新闻出版局 2006 年 2 月 16 日作出的同意对编号为 5001120152 号重庆市《网络文化经营许可证》的法定代表人由向兴碧变更为陈晓洪的行为，系根据自然人陈晓洪 2006 年 1 月 16 日提出的变更申请作出的，且当时原互联网上网服务营业场所经营企业即以向兴碧为法定代表人的重庆市渝北区星云网吧尚未经工商行政管理部门办理法定代表人变更手续，因此，被上诉人重庆市渝北区文化广电新闻出版局 2006 年 2 月 16 日作出的该同意变更法定代表人的行为，确不符合《互联网上网服务营业场所管理条例》第八条、第十三条的规定。被上诉人重庆市渝北区文化广电新闻出版局根据该条例第八条、第十三条的规定，于 2008 年 3 月 10 日依职权撤销了其对编号为 5001120152 号重庆市《网络文化经营许可证》的法定代表人由向光碧变更为陈晓洪的行为，符合法律规定。

关于上诉人陈晓洪提出的被上诉人重庆市渝北区文化广电新闻出版局作出被诉行为只撤销了变更法定代表人这一项内容，该被诉行为内容不合法的上诉理由。二审法院认为，从陈晓洪的起诉状、上诉状及一审庭审笔录看，本案被诉行为是被上诉人重庆市渝北区文化广电新闻出版局于 2008 年 3 月 10 日对向兴碧、郭莉、陈晓洪作出的《关于撤销编号为 5001120152 的〈网络文化经营许可证〉法人变更许可的通知》，该通知撤销了对编号为 5001120152 号重庆市《网络文化经营许可证》的法定代表人由向兴碧变更为陈晓洪的变更许可。根据《中华人民共和国行政诉讼法》第二条、第五条的规定，人民法院仅对该撤销行为的合法性进行审查。至于被上诉人重庆市渝北区文化广电新闻出版局 2006 年 2 月 16 日作出的除变更法定代表人这一项内容之外的其他行为是否应当撤销，不属本案审查范围，对上诉人陈晓洪的该上诉理由不予支持。

关于上诉人陈晓洪提出的根据《互联网上网服务营业场所管理条例》第五条、第七条、第十三条等和《个人独资企业登记管理办法》第十四条之规定，任何人要成为网吧投资人或法定代表人，应当先经文化行政部门审批，再到工商行政管理部门办理工商变更登记手续，被诉行为适用法律错误的上诉理由。二审法院认为，《个人独资企业登记管理办法》第十四条虽然规定，"个人独资企业申请变更登记，应当向登记机关提交下列文件：……从事法律、行政法规规定须报经有关部门审批的业务的，应当提交有关部门的批准文件"，但该条是对个人独资企业申请变更登记时，从事法律、行政法规规定须报经有关部门审批的业务的，个人独资企业应当提交批准文件的规定。结合

《个人独资企业登记管理办法》第十三条关于个人独资企业变更投资人姓名等，应当在变理事由发生之日起 15 日内向原登记机关申请变更登记的规定看，该办法第十四条规定的批准文件指的是允许个人独资企业从事法律、行政法规规定须报经有关部门审批的业务的批准文件，而非允许个人独资企业投资人变更的批准文件。该办法第十四条的规定与《互联网上网服务营业场所管理条例》第十三条第二款的规定一致，即涉及互联网上网服务营业场所经营单位变更法定代表人的，应当依法到工商行政管理部门办理变更登记，再到文化行政部门、公安机关办理有关手续或者备案。同时，虽然根据《互联网上网服务营业场所管理条例》第七条"国家对互联网上网服务营业场所经营单位的经营活动实行许可制度"的规定，以及第五条对从事互联网上网服务经营活动的从业人员的限制性规定，但并未授权文化行政部门对互联网上网服务营业场所经营单位的法定代表人享有未经工商行政管理部门变更就直接变更的职权。涉及互联网上网服务营业场所经营单位变更法定代表人的，应当依据《互联网上网服务营业场所管理条例》第十三条第二款的规定办理。因此，上诉人陈晓洪认为被诉行为适用法律错误的上诉理由与法律规定不符，二审法院不予支持。上诉人陈晓洪提出被诉行为没有事实依据等其他上诉理由，与已查明的事实不符，不予支持。

被上诉人重庆市渝北区文化广电新闻出版局对向兴碧、郭莉、陈晓洪作出《关于撤销编号为 5001120152 的〈网络文化经营许可证〉法人变更许可的通知》时，将被撤销行为的作出时间表述为"2006 年 1 月 16 日"，与该局向一审法院提交的证据以及该局和上诉人陈晓洪在一审庭审中自认的"2006 年 2 月 16 日"不一致，属事实表述有瑕疵。因双方当事人对被撤销行为的作出时间应当为"2006 年 2 月 16 日"无争议，且从现有证据看，被上诉人重庆市渝北区文化广电新闻出版局 2006 年 2 月对编号为 5001120152 号重庆市《网络文化经营许可证》的法定代表人由向兴碧变更为陈晓洪只作出过一次，该事实表述瑕疵不会导致歧义。因此，该事实表述瑕疵不足以导致被诉行为被撤销。一审法院判决驳回陈晓洪的诉讼请求并无不当。

3. 新法草案下的重新审视

在本案中，一个重要的焦点就是重庆市渝北区文化广电新闻出版局作出的同意《网络文化经营许可证》的法定代表人由向兴碧变更为陈晓洪的行为是否合法。根据本法草案的规定，互联网上网服务营业场所经营单位变更名称、住所、法定代表人或者主要负责人、注册资本、网络地址或者终止经营活动的，应当依法到工商行政管理部门办理变更登记或者注销登记，并到文化行政部门、公安机关办理有关手续或者备案。本案中，重庆市渝北区文化广电新闻出版局在当事人没有到工商行政管理部门办理变更手续的情况下，就认可了网络文化经营许可证的法定代表人的变更，此行为应当被认定为违法。

四、经营单位对上网消费者的有效身份证件进行核对、登记的义务问题

在实践中，互联网上网服务营业场所人员数量众多、身份繁杂，这就需要经营单位在营业的过程中要通过一定的方式妥善加以管理。本法草案就对经营单位的这方面责任做出了详细和明确的规定。根据本法草案，经营单位应当对上网消费者的身份证等有效证件进行核对、登记，并记录有关上网信息。登记内容和记录备份保存时间不得少于60日，并在文化行政部门、公安机关依法查询时予以提供。登记内容和记录备份在保存期内不得修改或者删除。按本法草案的规定，互联网上网服务营业场所经营单位在经营服务中必须履行以下职责：1. 对上网消费者。必须要求其出示身份证等有效证件，履行核对、登记责任。2. 对上网消费者。必须记录其上网时间、访问日志等上网信息。3. 保证上网消费者的身份登记与上网信息记录的一致和完整，其记录在60天的保存期间不得修改或删改，以备文化行政部门、公安机关依法查询时予以提供。

相关问题的案例对比分析——（2012）怀行初字第 00056 号①

1. 案例基本案情

2012 年 6 月 12 日晚 10 时许，永平派出所对怀远县禹王步行街飞狐网吧进行检查时，发现该网吧有三十人上网，飞狐网吧未按规定核对、登记纪帅、方波等十人有效身份证件，便让其上网。根据《互联网上网服务营业场所管理条例》第三十一条第（三）项，决定给予飞狐网吧警告并处罚款六千元的处罚。2012 年 6 月 12 日晚，被告怀远县公安局永平派出所在未出示有效执法证件的情况下，越权行政，到飞狐网吧行使本应属文化行政部门行使的职权。《互联网上网服务营业场所管理条例》明确规定，核实、登记消费者有效身份证的行为属于企业的日常经营活动，应当由文化机关监督实施，被告怀远县公安局永平派出所无网吧企业执法权。原告认为，被告作出的怀公（永）决字［2012］第 1064 号处罚决定于法无据，程序错误，适用法律法规错误，侵犯了原告的合法利益，请求撤销该处罚决定。被告怀远县公安局辩称：被告作出的怀公（永）决字第［2012］第 1064 号公安行政处罚决定书，认定飞狐网吧未按规定核对、登记上网消费者的有效身份证件或者记录有关上网信息的违法行为事实、情节清楚，证据确凿充分，程序合法，量罚适当。请求判决驳回飞狐网吧的诉讼请求，诉讼费用由原告承担。

2. 判决和评析

法院认为：《互联网上网服务营业场所管理条例》第二十三条规定："互联网上网服务营业场所经营单位应当对上网消费者的身份证等有效证件进行核对、登记，并记录有关上网信息。登记内容和记录备份保存时间不得少于 60 日，并在文化部门、公安机关依法查询时予以提供。登记内容和记录备份在保存期间内不得修改或者删除。"因此，核对、登记上网消费者的身份证等有效证件，是网吧经营中的

---

① 来源北大法宝司法案例，访问网址：http：//www. pkulaw. cn/Case/pfnl_ 119882537. html？match＝Exact，访问时间：2014 年 10 月 15 日。

法定义务，公安机关有查询上网消费者的身份证等有效证件登记情况的职权。原告飞狐网吧未依照该条例规定核对、登记上网消费者的身份证等有效证件的行为，违反了《互联网上网服务营业场所管理条例》第三十一条"互联网上网服务营业场所经营单位违反本条规定的，有下列行为之一的，由文化行政部门、公安机关依据各自职权给予警告，可以并处15000元以下的罚款……（三）未按规定核对、登记上网消费者的身份证等有效证件或者记录有关上网信息的"规定。《公安机关办理行政案件程序规定》第九十七条①规定，对单位罚款10000元以上的，应当告知违法嫌疑人有要求举行听证的权利。故原告代理人提出该处罚决定书违反法定程序，在告知一天后就下处罚决定，剥夺了原告申请听证的权利的意见，法院不予采纳，被告对原告处以警告并处罚款6000元的行政处罚并无不当。综上，被告怀远县公安局对原告飞狐网吧作出的怀公（永）决字［2012］第1064号公安行政处罚决定，证据确凿，适用法律法规正确，程序合法。

3. 新法草案下的重新审视

对互联网上网服务营业场所的经营单位义务和责任进行详尽的规定，这对行政执法部门的监管工作带来了很大的便利。在本案中，涉案网吧没有对全部的上网消费着进行身份登记，根据本法草案的规定，经营单位应当对上网消费者的身份证等有效证件进行核对、登记，并记录有关上网信息。登记内容和记录备份保存时间不得少于60日，并在文化行政部门、公安机关依法查询时予以提供。因此，本案的涉案网吧及经营者应当被依法处置。

五、对未成年人保护的问题

随着互联网的快速发展，互联网上网服务营业场所也迅猛发展起来，给上网消费者提供了便利条件，但同时未成年人在网吧上网的人数也不断增加。由于未成年人缺乏相应的是非辨别能力和自控能力，

---

① 对应2012年新修订《公安机关办理行政案件程序规定》第九十九条。

沉迷网络极易对青少年的身心健康造成不利的影响。在互联网上网服务营业场所，由于缺乏必要的监护，未成年人难以得到正确引导。因此，新法草案在未成年人的保护方面，作出了详细和明确的规定。新法草案规定，互联网上网服务营业场所经营单位不得接纳未成年人进入互联网上网服务营业场所。同时，互联网上网服务营业场所经营单位应当在营业场所入口处的显著位置悬挂未成年人禁入标志，使未成年人在进入互联网上网服务营业场所之前就能看到禁入标志，以打消其进入互联网上网服务营业场所的念头。也提醒社会对互联网上网服务营业场所经营单位具体执行本条规定的实际情况进行监督，以彻底杜绝未成年人进入互联网上网服务营业场所。

相关问题的案例对比分析——（2005）渝三中行终字第 56 号①

1. 案例基本案情

2004 年 12 月 19 日 12 时左右，武隆县中学校（以下简称武隆中学）学生熊旺（男，1987 年 11 月 21 日出生）、潘舰航（男，1990 年 10 月 24 日出生）、黄某（男，1986 年 11 月 1 日出生）、陈治宇（男，1989 年 11 月 7 日出生）到刘杰投资开办的兴环游网吧上网。当日下午 1 时许，武隆中学校长牟其林得知该校有多名学生到网吧上网的情况后，通知该校老师黄守龙一起到兴环游网吧去找上网学生，牟其林看见该校几个学生并拉住一名来上网的学生，刘杰见状将牟其林推到楼下致其摔倒，并大声叫学生快跑。事后，武隆中学向县教委、县教委向县人民政府就此事分别作了情况报告。武隆县公安局以公（法）决字〔2004〕第 395 号行政处罚决定书认定刘杰在网吧楼梯间将牟其林推倒，造成伤害，决定给予刘杰治安拘留九日的处罚，该处罚已经生效并已执行。2004 年 12 月 27 日，武隆县文化体育局以（武）文市告字（2004）第 019 号《文化行政处罚告知书》向兴环游网吧业主刘杰告知了给予行政处罚的事实、理由和依据以及当事人依法享有的陈

---

① 来源北大法宝司法案例，访问网址：http://www.pkulaw.cn/Case/pfnl_117464309.html? match = Exact，访问时间：2014 年 10 月 15 日。

述、申辩、听证的权利。刘杰未提出陈述、申辩及听证要求。2005 年元月 4 日，武隆县文化体育局对兴环游网吧作出（武）文市罚字（2005）第 001 号行政处罚决定，认定：兴环游网吧于 2004 年 12 月 19 日中午 12 时左右接纳未成年人上网，被武隆中学校长牟其林当场看见。经查实，网吧接纳未成人属实，情节十分严重。其行为违反了国务院《互联网上网服务营业场所管理条例》第二十一条之规定，根据该条例第三十条的规定吊销兴环游网吧的《网络文化经营许可证》。兴环游网吧不服该行政处罚决定，向重庆市文化局、广播电视局申请行政复议。重庆市文化局、广播电视局于 2005 年 5 月 23 日作出渝文广复决字［2005］第 1 号行政复议决定，维持了武隆县文化体育局（武）文市罚字（2005）第 001 号行政处罚决定。兴环游网吧仍不服，于 2005 年 6 月 14 日诉至一审法院。另查明，2005 年 2 月 23 日，武隆县机构编制委员会以武编委发（2005）27 号文件决定：撤销武隆县文化体育局，设立武隆县文化广电新闻出版局统一行使原文化体育局的行政职能。

　　一审法院经审理认为，互联网上网服务营业场所经营单位应当遵守有关法律、法规的规定，自觉加强行业自律，规范经营行为。国务院《互联网上网服务营业场所管理条例》第三十条规定，互联网上网服务营业场所经营单位只要具有接纳未成人进入营业场所的行为，文化行政主管部门就可实施警告或罚款行政处罚，情节严重的，可以责令停业整顿，直至吊销《网络文化经营许可证》。虽然该条例并未罗列情节严重的具体情形，但行政主体有权根据案件的具体情况依照立法精神作出情节是否严重的判断。判断一个违法行为是否情节严重，应从违法者的动机、所采取的手段、当时的客观环境和条件、危害程度以及所产生的社会影响等因素进行综合考量。就本案而言，兴环游网吧为牟利违规接纳 3 名武隆中学在校未成年学生进入网吧，其行为已经构成违法。武隆中学校长牟其林在得知该校学生进入网吧的消息后，为防止学生因进网吧耽误学业而去查找，是履行校长职责，是正当之举；作为网吧经营负责人刘杰在已经违法的情况下，本应积极配合，却采取粗暴方式阻止并动手将车推倒致其伤害，造成不良的影响。因此，被告根据上述事实作出违法行为情节严重的认定是恰当的，并据此作出行政处罚正确，依法应当予以维持。原告诉称被告认定其网络经营违法情节严重没有法律依据的理由不能成立；其又提出被告"先裁决，后取证"违反法定程序的问题，经审查，被告定案的主要证据均是在处罚前收集的，并未违反法定程序。一审法院据此依照《中华人民共和国行政诉讼法》第五十四条①第（一）项之规定，判决维持武隆县文化广电新闻出版局 2005 年元月 4 日作出的（武）文市罚字（2005）第 001 号文化行政处罚决定的具体行政行为。

上诉人兴环游网吧上诉称，被上诉人吊销上诉人《网络文化经营许可证》的行政处罚决定没有事实根据。一审判决采信的熊旺、潘舰航、黄某、陈治宇的四份自书陈述材料在程序和来源上均不符合法律规定，不是本案有效证据；武隆中学对该四个学生的处分决定是虚假的。被上诉人没有证据证明上诉人接纳了未成年人上网，更没有证据证明上诉人行为属情节严重应处以吊销《网络文化经营许可证》的处罚。上诉人无意致伤车其林的行为已经受到武隆县公安局治安拘留九日的处罚，该行为与应被吊销《网络文化经营许可证》是两个法律关系，将其作为《互联网上网服务营业场所管理条例》第三十条规定的"情节严重"显然错误。一审判决维持被上诉人没有事实根据和法律依据的行政处罚决定不当，请求二审法院依法公正裁决。

被上诉人答辩称，熊旺、潘舰航、黄某、陈治宇的四份自书陈述材料是有老师在场的情况下由四名学生自己所写，能与其他证据形成锁链证实上诉人接纳了未成年人进入网吧营业场所，违反了《互联网上网服务营业场所管理条例》第二十一条的规定。渝办发〔2004〕327 号《重庆市人民政府办公厅转发市文化局等部门关于进一步深化网吧专项整治工作意见的通知》规定了"累计 3 次接纳未成年人进入网吧营业场所、1 次接纳 8 名未成年人或在规定营业时间以外

---

① 对应 2014 年新修订《行政诉讼法》第六十九条、第七十条。

接纳未成年人的，要坚决吊销其经营许可证"，并非是只有这几种情形才可吊销经营许可证，而是只要有这几种情形就必须吊销经营许可证。上诉人 2004 年 12 月 19 日接纳了未成年人进入网吧，致伤前来制止学生上网的武隆中学校长牟其林，造成影响极大，我局认定为"情节严重"予以处罚是恰当的。请求二审法院判决驳回上诉，维持原判。

一审被告在法定期限内向一审法院提供的证据有：1. 武隆县公安局巷口派出所 2004 年 12 月 19 日对刘杰的讯问笔录，证明牟其林与黄守龙到兴环游网吧找学生。2. 2004 年 12 月 19 日询问牟其林笔录，证明牟其林到网吧找学生被刘杰致伤的事实。3. 证人黄守龙证言，证明 2004 年 12 月 19 日黄守龙与牟其林到网吧找学生，刘杰不许，把牟校长推出门外。这时有 5 – 6 个看似初中生的学生问刘杰有无出口，刘杰说上去再说。牟其林欲拉住其中 2 个学生，但刘杰把牟其林往楼下推，并叫学生快跑。后我看见牟其林仰面倒在地上。4. 武隆中学学生熊旺、潘舰航、黄某、陈治宇自书陈述材料，证明该四名学生 2004 年 12 月 19 日进入兴环游网吧上网的经过。5. 武隆中学证明、学生注册簿、学生名册，证明以上四学生系武隆中学学生，熊旺、潘舰航、陈治宇系未成年人。6. 武隆中学向县教委的情况报告及对以上四名学生的处分决定。7. 县教委向县政府的情况报告。8. 文化行政处罚告知书及送达回证。9. 行政处罚决定书及送达回证。10. 立案呈批表，执法人员秦超、倪安辉行政执法证，重庆市文化局、广播电视局行政复议决定书。11. 武编委发（2005）27 号文件，证明武隆县文化体育局撤销后由新设立的武隆县文化广电新闻出版局统一行使原文化体育局的行政职能。12. 第一次庭审后被告补充提交了武隆县公安局公（法）决字〔2004〕第 395 号行政处罚决定书，证明刘杰在网吧将牟其林校长推倒造成伤害，被治安拘留 9 日。

一审原告向一审法院提交的证据有：渝办发〔2004〕327 号《重庆市人民政府办公厅转发市文化局等部门关于进一步深化网吧专项整治工作意见的通知》，证明只有累计 3 次接纳未成年人进入网吧营业场所、1 次接纳 8 名以上（含 8 名）未成年人进入或在规定营业时间以外接纳未成年人的，才能吊销其经营许可证。

一审法院对各方当事人提供的证据作出如下确认：一审被告提供的 1–11 项证据，系被告在实施处罚前依法收集，具有关联性、合法性、真实性，予以确认。一审被告提交的第 12 项证据系公安机关作出的生效法律文书，且原告无异议，予以确认。

前述证据，已随案移送本院。上诉人对一审采信的熊旺、潘舰航、黄某、陈治宇陈述材料及武隆中学的行政处分决定有异议，二审审理中本院分别对熊旺、潘舰航、黄某、陈治宇就其自书陈述材料及武隆中学的处分决定进行了核实，均证实其自书材料系当日下午被校保卫人员叫去校办公室后，有老师在场情况下自己亲笔所写，是如实作的陈述；学校的行政处分决定属实，而且在学校张贴了一周。综合本案其他证据和本院审查核实的情况，熊旺、潘舰航、黄某、陈治宇的陈述及武隆中学的行政处分决定可以作为本案的定案依据。本案的其他证据，一审法院对其的分析认定正确，本院予以认可。本院根据合法有效证据所认定的本案事实与一审法院所认定的事实无异。

2. 判决和评析

二审法院认为，被上诉人武隆县文化广电新闻出版局依法有对设立的互联网服务营业场所经营单位经营活动进行监督、管理的法定职责。上诉人兴环游网吧 2004 年 12 月 19 日接纳武隆中学学生上网属实，该局在行政执法活动中，调取的武隆县公安机关对刘杰的讯问笔录，对牟其林、黄守龙、熊旺等人的询问笔录，武隆中学学生熊旺、潘舰航、黄某、陈治宇的陈述材料及其他相关证据已形成证据锁链，据此认定上诉人违反《互联网上网服务营业场所管理条例》第二十一条"互联网上网服务营业场所经营单位不得接纳未成年人进入营业场所"规定接纳未成年进入营业场所的事实清楚、证据充分。上诉人诉称四名学生的陈述材料不具有证明效力的理由不能成立，其诉称未接纳未成年人进入营业场所的主张二审法院不予采纳。《互联网上网服务营业场所管理条例》第六条规定："国家鼓励公民、法人和其他组织对互联网上网服务营业场所经营单位的经营活动进行监督，并对有突出贡献的给予奖励。"武隆中学校长牟其林为了制止学生特别是未成年学生上网耽误学业而到上诉人处查找学生，是监督网吧经营活动的合法行为，也是履行校长职责管理学生的正当行为。上诉人兴环游网吧业主刘杰却将牟其林推倒致伤，社会影响较大，家长和学校教师反映较强烈，被上诉人认定上诉人接纳未成年人进入营业场所并造成不良影响构成情节严重，符合《互联网上网服务营业场所管理条例》的立法宗旨，被上诉人据此根据该条例第三十条规定对上诉人作出吊销其《网络文化经营许可证》的行政处罚决定，适用法律、法规正确。上诉人诉称不能将刘杰无意致伤牟其林的行为认定属《互联网上网服务营业场所管理条例》第三十条规定的"情节严重"的理由不能成立。上诉人诉称被上诉人作出处罚决定是"先裁决后取证"的主张无证据支持，二审法院不予采纳。一审判决维持（武）文市罚字〔2005〕第001号行政处罚决定的事实清楚，适用法律、法规准确，依法应予维持。

3. 新法草案下的重新审视

在实践中，越来越多的未成年人开始涌入互联网上网服务营业场所，而这些场所的经营者也在有意的放纵未成年人进来消费。在本案中，涉案网吧及其经营者就是在明知几个学生是未成年人的基础上，放任了他们的消费行为。根据新法草案的规定，互联网上网服务营业场所的经营者有义务阻止未成年人进入消费，其不仅有监督和阻止的责任，同时也具有悬挂未成年人禁入标志，正确引导未成年人行为的义务。本案中的网吧经营者在明知四人为中学生的情况下，不仅不加以阻拦，还故意将他们放进网吧中，根据新法草案的规定，当事人的行为应当被定性为违法，同时其违法行为的情节极为严重，应当吊销其经营许可证。

六、公安机关监管职能的明确化

依法行政是所有行政执法机关在履行职能的过程中始终应当坚持

和遵守的基本原则。依法行政的原则要求行政机关要在法律规定的职权范围内实施行为，并且严格遵循法定的程序。公安机关在互联网上网服务营业场所管理的过程中发挥着十分重要的作用。在以往的法律、法规中，常常对公安机关监管职能作模糊化的规定，一方面导致公安机关有时不能充分发挥其应当履行的监督管理职能，另一方面又经常发生权力寻租的现象。在新法草案中，对于公安机关的职权、义务和责任做出了明确的规定：公安机关负责对互联网上网服务营业场所经营单位的信息网络安全、治安及消防安全的监督管理。同时，还具体规定了公安机关的行政处罚权：互联网上网服务营业场所经营单位违反本法的规定，有下列行为之一的，由公安机关给予警告，可以并处15000元以下的罚款；情节严重的，责令停业整顿或由文化行政部门吊销《网络文化经营许可证》：1. 利用明火照明或者发现吸烟不予制止，或者未悬挂禁止吸烟标志的；2. 允许带入或者存放易燃、易爆物品的；3. 在营业场所安装固定的封闭门窗栅栏的；4. 营业期间封堵或者锁闭门窗、安全疏散通道或者安全出口的；5. 擅自停止实施安全技术措施的。随着公安机关监管职能的明确化，其对互联网上网服务营业场所的管理也有了巨大的进步。

（一）相关问题的案例对比分析——（2013）阳城法行初字第10号①

1. 案例基本案情

2012年12月1日，被告阳江市公安局江城分局民警在对原告阳江市梦幻网络服务有限公司进行日常监督检查时，发现原告的工作人员未按规定核对、登记上网消费者张勇、谢青春的身份证件信息，并以营利为目的，主动利用他人身份证件信息办理临时上网卡交给张勇、谢青春使用，收取两人上网费用共16元，为两人提供上网服务的违法行为。上述事实有张勇、谢青春、曾超嫦及原告法定代表人曾

---

① 来源北大法宝司法案例，访问网址：http：//www. pkulaw. cn/Case/pfnl_ 119789310. html？match＝Exact，访问时间：2014年10月15日。

标的询问笔录为凭。2012 年 12 月 10 日，被告对原告作出《公安行政处罚告知笔录》，告知拟对原告作出警告并处罚款 8000 元处罚，原告享有陈述、申辩、听证的权利，被告的法定代表人曾标明确表示放弃陈述、申辩、听证的权利，并在《公安行政处罚告知笔录》签名确认。2012 年 12 月 10 日，被告作出阳公江决字（2012）第 07294 号《公安行政处罚决定书》，认定原告在经营中未按规定核对、登记上网消费者的有效身份证件，根据《互联网上网服务营业场所管理条例》第三十一条第（三）项的规定，对原告给予警告并处罚款 8000 元的处罚。原告对被告作出的阳公江决字（2012）第 07294 号《公安行政处罚决定书》不服，于 2013 年 3 月 6 日向法院提起诉讼。

2. 判决和评析

法院认为，根据《互联网上网服务营业场所管理条例》第四条"公安机关负责对互联网上网服务营业场所经营单位的信息网络安全、治安及消防安全的监督管理"的规定，被告对辖区内的经营性网吧具有进行行政检查监督管理的行政执法主体资格。根据《互联网上网服务营业场所管理条例》第二十三条"互联网上网服务营业场所经营单位应当对上网消费者的身份证等有效证件进行核对、登记，并记录有关上网信息"的规定，原告具有对上网消费者的入场进行实名登记的法律义务，根据《互联网上网服务营业场所管理条例》第三十一条第（三）项的规定，未按规定核对、登记上网消费者的有效身份证件或者认录有关上网信息的，公安机关有权给予警告、并处罚款，情节严重的，责令停止整顿，吊销《网络文化经营许可证》等。被告对原告进行日常的监督的过程中，发现原告对上网消费者的身份未进行核对、登记的违法事实，具有作出行政处罚的法定职权。原告主张被告不具有对互联网上网服务营业场所经营单位的监管处罚权，是原告对法律理解上的错误。

原告的法定代表人在庭审中主张被告所制作的《公安行政处罚告知笔录》内容是虚假的，没有在处罚时告知其被告的行政处罚程序违法，但其对该笔录上的签名却予以确认，且原告对其主张未能提供证据证实，根据《公安机关办理行政案件程序规定》第六十八条："对与违法行为有关的场所、物品、人身可以进行检查。检查时，人民警察不得少于两人，并应当出示工作证件和县级以上公安机关开具的检查证。对确有必要立即进行检查的，人民警察经出示工作证件，可以当场检查。公安机关及其人民警察对机关、团体、企业、事业单位或者公共场所进行日常监督检查，依照有关法律、法规和规章执行，不适用前款规定。"的规定，被告对原告进行日常监督管理只需出示人民警察证表明身份，无需开具检查证，被告的检查程序合法，故法院对原告主张被告所作的处罚决定程序违法不予支持。

被告对原告进行日常监督检查的执法过程中，对行政管理相对人进行调查询问时出示工作证，发现原告的违法事实，有被告的书面调查、询问笔录为据，通过《公安行政处罚告知笔录》的形式告知原告享有陈述、申辩、听证的权利，原告的法定代表人曾标明确表示放弃陈述、申辩、听证的权利，被告根据《互联网上网服务营业场所管理条例》第三十一条第（三）项："互联网上网服务营业场所经营单位违反本条例的规定，有下列行为之一的，由文化行政部门、公安机关依据各自职权给予警告，可以并处 15000 元以下的罚款；情节严重的，责令停业整顿，直至由文化行政部门吊销《网络文化经营许可证》：……（三）未按规定核对、登记上网消费者的有效身份证件或者记录有关上网信息的"的规定，对原告给予警告并处罚款 8000 元的处罚决定，事实清楚、证据充分、适用法律正确、处罚幅度适当、程序合法。原告认为被告无主体资格、程序违法、适用法律错误、涉嫌滥用职权，请求依法撤销被告作出的阳公江决字（2012）07294 号《公安行政处罚决定书》，理据不足，法院不予支持。

3. 新法草案下的重新审视

在本案中，公安机关是否是适格合法的行政处罚主体，成为了本案争议的一个焦点。根据新法草案的规定，公安机关不仅在总体上具有对互联网上网服务营业场所经营单位的信息网络安全、治安及消防安全的监督管理的职能。同时，其也被赋予了一定的行政处罚权。在本案中，当事人质疑公安机关的处罚主体资格，是因为公安机关在以往互联网上网服务营业场所管理过程中职能不明确造成的，新法草案明确了公安机关的具体职权，由于涉案营业单位没有核对、登记上网消费者的有效身份证件，也没有记录消费者的有关上网信息，公安机关有权依法作出行政处罚。

（二）相关问题的案例对比分析——（2009）武行终字第 3 号①

1. 案例基本案情

原告武汉市维星网吧有限公司系 2008 年 4 月 28 日注册登记的提供互联网上网服务的企业。2008 年 6 月 3 日 15 时许，被告执法人员对原告检查时发现原告未核对、登记上网消费者的有效身份证件，经当场检查，发现电脑管理系统中没有上网人员的信息，上网人员王升飞对维星网吧未核对上网人员有效身份证件的行为也予以了确认。当日被告属下的治安大队扣押了原告收银服务器主机一台，并口头传唤维星网吧法定代表人王致军进行询问，王致军承认对该网吧上网人员未全部实名登记的事实。当日 18 时许，被告向原告制作了《公安行政处罚》告知笔录，2008 年 6 月 12 日，被告以原告未按规定核对登记上网消费者的有效身份证件为由，依据《互联网上网服务营业场所管理条例》第三十一条第（三）项的规定，向原告作出岸公（治）决（2008）4035 号行政处罚决定书，决定给予原告警告并处 9000 元罚款的行政处罚，当日向原告送达行政处罚决定书。原告因对该处罚决定不服而诉至法院。

原审法院认为，国务院《互联网上网服务营业场所管理条例》第四条明确规定，公安机关负责对互联网上网服务营业场所经营单位的信息网络安全的监督管理。公安部令第 82 号《互联网安全保护技术措施规定》，明确了安全保护技术措施是指保障互联网网络安全和信息安全、防范违法犯罪的技术设施和技术方法，还明确公安机关负责

---

① 来源北大法宝司法案例，访问网址：http://www.pkulaw.cn/Case/pfnl_117649380.html? match = Exact，访问时间：2014 年 10 月 15 日。

对安全技术措施的落实情况依法实施监督管理。公安部还对应具有实名登记功能的网吧安全管理软件确认为安全技术措施，明确了进行实名登记是安全技术措施的组成部分。《互联网上网服务营业场所管理条例》第二十三条已规定互联网上网服务营业场所经营单位应对上网消费者的身份证等有效证件进行核对、登记，并记录有关上网信息，国办发〔2004〕19号《国务院办公厅转发文化部等部门关于开展网吧等互联网上网服务营业场所专项整治意见的通知》中要求各级公安机关要组织专门力量指导、监督网吧切实落实用户上网登记和上网信息记录留存措施，保证信息网络安全技术措施在线运行；文化部、国家工商行政管理总局、公安部、信息产业部、教育部《关于进一步深化网吧管理工作的通知》还强调文化、公安部门要监督网吧落实入场登记制度，强化网吧经营单位对身份证等有效证件的核对登记职责，切实发挥这一措施对防止未成年人进入网吧和打击防范网络违法犯罪活动的有效作用，对未按规定进行核对登记或核对登记时弄虚作假的，要依法查处等，这些规定进一步明确了公安机关对上网服务营业场所网络安全保护技术措施的运行负有检查职责，作为安全保护技术措施的组成部分，上网消费者的入场实名登记内容应属公安机关检查范畴。原告因未按规定对上网消费者的身份证等有效证件进行核对登记，被告依据职责根据《互联网上网服务营业场所管理条例》第三十一条规定，对原告的上述行为作出警告并处9000元罚款的行政处罚在认定事实、处罚裁量、适用法律和执法程序上并无不妥，被告作出的行政处罚决定的行为应予以维持。原告要求撤销被告作出的行政处罚决定书的诉讼请求缺乏事实和法律依据，对此诉讼请求不予支持。据此，原审法院依据《最高人民法院关于执行〈中华人民共和国行政诉讼法〉若干问题的解释》第五十六条第（四）项的规定，作出驳回原告武汉市维星网吧有限公司的诉讼请求的判决。维星网吧不服原审判决，提起上诉称：被上诉人江岸分局在行政执法的过程中，在未出示任何执法证件的情况下进行行政执法属于程序违法，无论执法主体和执法程序均不合法。原审法院认定事实不清，适用法律错误，枉法裁判，请求二审法院撤销一审判决，依法改判。被上诉人江岸分局答辩称，其具有对上诉人在网吧经营过程中不进行实名登记进行查处和给予行政处罚的执法主体资格，被处罚的事实存在，证据确凿，执法程序合法；在执法过程中执法干警均着正规警服，佩戴警徽警衔警号，这本身就表明了执法主体的合法身份，而且在行政执法的调查笔录记录中均交代了身份和出示了证件，有记录在卷。一审法院认定事实清楚，适用法律正确，请求驳回上诉，维持原判。

2. 判决和评析

二审法院认为，根据国务院《互联网上网服务营业场所管理条例》第四条的明确授权规定，公安机关具有对互联网上网服务营业场所经营单位的信息网络安全进行行政检查监督和处罚的行政管理职责。被上诉人江岸分局对辖区内的经营性网吧具有进行行政检查监督管理的行政执法主体资格。根据国务院《互联网上网服务营业场所管理条例》第二十三条的规定："互联网上网服务营业场所经营单位应对上网消费者的身份证等有效证件进行核对、登记，并记录有关上网信息。"作为安全保护技术措施的组成部分，上网消费者的入场实名登记内容属于公安机关的行政检查范畴。根据公安机关现场行政检查的实际情况以及上诉人维星网吧经营管理人员的自认，上诉人维星网吧因未按规定对上网消费者的身份证等有效证件进行核对、登记，被上诉人江岸分局依据行政管理职责，根据行政检查发现的违法事实和证据，依据《互联网上网服务营业场所管理条例》第三十一条的规定对上诉人维星网吧的违法行为作出警告并处9000元罚款的行政处罚，在认定事实、处罚裁量、适用法律和执法程序上均符合法律法规及规章的规定。被上诉人江岸分局的工作人员在行政执法的过程中均穿着警服，并且江岸分局在对行政管理相对人进行调查询问时均有出示警官证的书面记录，上诉人维星网吧辩解公安机关的询问笔录"是在强制的情况下签字的"没有证据证实，江岸分局作出的被诉行政处罚决定的具体行政行为合法。上诉人维星网吧要求撤销被上诉人江岸分局作出的行政处罚决定书的诉讼请求缺乏事实和法律依据。据此，上诉人维星网吧的上诉请求不符合法律规定,二审法院依法不予支持。原审法院认定事实清楚,适用法律正确,审判程序合法。

3. 新法草案下的重新审视

在本案中,公安机关在对涉事网吧检查中发现,该网吧存在未核对上网人员有效身份证件的行为,遂作出警告并处 9000 元罚款的行政处罚。依据新法草案的规定来看,公安机关的处罚行为是十分恰当的。首先,新法草案规定公安机关具有对互联网上网服务营业场所经营单位的信息网络安全进行行政检查监督和处罚的行政管理职责,公安机关是合法的执法主体;其次,新法草案规定互联网上网服务营业场所经营单位未按规定核对、登记上网消费者的有效身份证件或者记录有关上网信息的,由文化行政部门、公安机关依据各自职权给予警告,可以并处 15000 元以下的罚款,情节严重的,责令停业整顿或由文化行政部门吊销《网络文化经营许可证》。可见公安机关在本案中的处罚裁量和适用法律也是十分恰当的。

七、联合执法的问题

文化行政部门、公安机关、工商行政管理部门和其他有关部门在互联网上网服务营业场所管理的整个过程中,各自具有不同的行政职能,分别在不同方面行使监督管理职权,彼此之间相互制约又相互密切联系。依据新法草案,县级以上人民政府文化行政部门负责互联网上网服务营业场所经营单位的设立审批,并负责对依法设立的互联网上网服务营业场所经营单位经营活动的监督管理;公安机关负责对互联网上网服务营业场所经营单位的信息网络安全、治安及消防安全的监督管理;工商行政管理部门负责对互联网上网服务营业场所经营单位登记注册和营业执照的管理,并依法查处无照经营活动;电信管理等其他有关部门在各自职责范围内,依照本法和有关法律、行政法规的规定,对互联网上网服务营业场所经营单位分别实施有关监督管理。各部门在各个环节相互联系,在整个监管领域形成一个有机整体。

相关问题的案例对比分析——（2012）牟行初字第59号①

1. 案例基本案情

2007年7～8月期间，中牟县文化局、公安局、工商局抽调执法人员在中牟县网吧整顿领导小组的统一领导下联合执法，依法对中牟县境内非法经营的"黑网吧"予以取缔。2007年7月20日接到群众举报，联合执法人员对位于中牟县大孟镇大孟村市场内原告经营的网吧进行检查，该网吧无《网络文化经营许可证》及工商机关核准可以从事互联网服务的营业执照，被告对原告之子李彬彬作出牟工商扣字（2007）第001016号扣留（封存）财物通知书，并于当日将涉嫌非法从事网吧经营的46台电脑主机和49台显示器予以扣留。后被告以原告不接受调查为由，一直未作出具体行政行为，原告诉至法院，中牟县人民法院于2012年5月10日判决被告自判决生效之日起一个月内作出具体行政行为。被告于2012年7月6日作出牟工商行处〔2012〕295号行政处罚决定书，决定没收李少海、李新建非法从事互联网上网服务经营活动的电脑主机46台、显示器49台；罚款10000元。原告不服，以被告行政处罚决定程序违规、证据明显不足为由，向本院提起行政诉讼，请求法院依法撤销牟工商行处〔2012〕295号行政处罚决定；判令被告返还违法扣留（封存）原告的46台电脑主机和49台显示器；被告承担诉讼费用。

2. 判决和评析

法院认为：1. 国务院《互联网上网服务营业场所管理条例》第四条规定，工商行政管理部门负责对互联网上网服务营业场所经营单位登记注册和营业执照的管理，并依法查处无照经营活动。被告中牟县工商行政管理局对其辖区内网吧无照经营活动负有立案、调查、作出处理的法定职责。2. 《中华人民共和国行政处罚法》和《工商行政管理机关行政处罚程序规定》均没有对处理期限作出规定。尽管没有

---

① 来源北大法宝司法案例，访问网址：http：//www.pkulaw.cn/Case/pfnl_ 118931995.html？match = Exact，访问时间：2014年10月15日。

明确规定，被告也应及时作出处理。被告对李少海无照经营行为，在扣留电脑主机和显示器后，长时间未作出处理，其执法程序存在瑕疵。但程序上的瑕疵不影响行政处罚的正确性。且原告当庭陈述与被告调查一致，即原告存在无照经营网吧的违法事实。故被告依据《互联网上网服务营业场所管理条例》第二十七条之规定对原告李少海作出的牟工商行处［2012］295号行政处罚决定应予支持。综上，原告的诉讼请求，不予支持。

3. 新法草案下的重新审视

不同的行政执法机关联合执法，是部门联动机制的一个重要体现。在本案中，三部门联合执法展现了对互联网上网服务营业场所的有效管理，表现了很高的行政效率。联合执法在新法草案中也有具体的体现：违反本法的规定，擅自设立互联网上网服务营业场所，或者擅自从事互联网上网服务经营活动的，由工商行政管理部门或者由工商行政管理部门会同公安机关依法予以取缔，查封其从事违法经营活动的场所，扣押从事违法经营活动的专用工具、设备。也就是说，根据新法草案的规定，工商机关在必要的时候可以主动联合公安机关一起行动。正如，在本案中，三部门联合执法，各部门都具有不同的行政职权，互相配合、又相互制约。联合执法机制的设立对于有效地监管互联网上网服务营业场所具有巨大的意义。

第三章　互联网信息服务管理领域立法完善

第一节　《互联网信息服务管理法（草案）》①

第一条　为了规范互联网信息服务活动，维护国家安全和公共利益，保护公众和互联网信息服务提供者的合法权益，促进互联网信息服务健康有序发展，制定本法。

第二条　在中华人民共和国境内从事互联网信息服务活动，应当遵守本法。

本法所称互联网信息服务，是指通过互联网提供信息服务的活动。

第三条　国家互联网信息内容主管部门依照职责负责互联网信息内容管理，协调国务院电信主管部门、国务院公安部门及其他相关部门对互联网信息内容实施监督管理。

国务院电信主管部门依照职责负责互联网行业管理，负责对互联网信息服务的市场准入、市场秩序、网络资源、网络信息安全等实施监督管理。

国务院公安部门依照职责负责互联网安全监督，维护互联网公共秩序和公共安全，防范和惩治网络违法犯罪活动。

① 本法草案是在国家互联网信息办公室、工业和信息化部公布的《互联网信息服务管理办法修订草案征求意见稿》的基础上加以部分的修改和整理。

国务院其他有关部门在各自职责范围内对互联网信息服务实施管理。

地方互联网信息服务管理职责依照国家有关规定确定。

第四条 国家鼓励互联网信息服务提供者传播有益于提高民族素质、推动经济社会发展的信息。

第五条 国家鼓励互联网信息服务提供者开展行业自律活动，鼓励公众监督互联网信息服务活动。

第六条 互联网信息服务分为经营性和非经营性两类。

从事经营性互联网信息服务，应当获得电信主管部门颁发的互联网信息服务增值电信业务经营许可；从事非经营性互联网信息服务，应当在电信主管部门备案。未取得许可或者未履行备案手续的，不得从事互联网信息服务活动。

第七条 从事互联网信息服务活动，应在三年内未受过电信主管部门吊销互联网信息服务增值电信业务经营许可证或者取消备案的处罚。

在申请互联网信息服务增值电信业务经营许可或者履行备案手续时，应当向电信主管部门提供以下材料：

（一）主办者等相关人员的真实身份证明文件、地址、联系方式等基本情况；

（二）拟使用的网站名称、互联网地址、服务器所在地、接入服务提供者等有关情况；

（三）拟提供的服务项目及相关主管部门的许可文件；

（四）公安机关出具的安全检查意见。

从事互联网信息服务活动，应当具备符合国家规定的网络安全与信息安全管理制度和技术保障措施。

第八条 从事经营性互联网信息服务活动，除应当遵守本办法第七条的规定外，还应当具备以下条件：

（一）经营者为依法设立的企业法人；

（二）有与从事互联网信息服务相适应的资金、场所、设施和专业人员；

（三）有为用户提供长期服务的能力，且有材料证明；

（四）有业务发展计划及相关技术方案。

第九条　申请从事经营性互联网信息服务，应当向电信主管部门提出申请，电信主管部门应当自受理申请之日起 60 日内审查完毕，作出批准或者不予批准的决定。

第十条　从事互联网信息服务，涉及以下服务项目的，应当获得相应主管部门的许可：

（一）从事互联网新闻信息服务，提供由互联网用户向公众发布信息的服务，及提供互联网信息搜索服务，须经互联网信息内容主管部门许可；

（二）从事文化、出版、视听节目、教育、医疗保健、药品和医疗器械等互联网信息服务，依照法律、行政法规以及国家有关规定须经有关主管部门许可，许可结果报国家互联网信息内容主管部门备案。

前款第一项中提供由互联网用户向公众发布信息的服务，及提供互联网信息搜索服务的许可条件、程序、期限及需要提供的材料等事项，由国家互联网信息内容主管部门公布。

第十一条　互联网接入服务提供者应当查验互联网信息服务提供者的合法资质，不得为未取得合法资质的互联网信息服务提供者提供接入服务。

利用互联网从事服务活动的，依照法律、行政法规的规定需要取得相应资质的，互联网信息服务提供者应当查验服务对象是否只有相应的合法资质。

第十二条　互联网信息服务提供者应当在提供服务时明示许可证编号或者备案编号。

互联网信息服务提供者许可或者备案事项发生变更的，应当向原许可或者备案机关办理变更手续。

第十三条　互联网信息服务提供者不得侵犯其他互联网信息服务提供者和用户的合法权益。

第十四条　互联网信息服务提供者、互联网接入服务提供者应当建立网络安全与信息安全管理、公共信息巡查、应急处置、用户信息安全管理等制度及具备安全防范设施。

第十五条 由互联网向公众发布信息、提供服务的互联网信息服务提供者，应当要求其服务的用户用真实身份信息注册。

互联网接入服务提供者应当记录其所接入的互联网信息服务提供者的真实身份信息、网站名称、互联网地址等信息。

第十六条 互联网信息服务提供者应当记录所发布的信息和服务对象所发布的信息，并保存 6 个月。

互联网信息服务提供者、互联网接入服务提供者应当记录日志信息，保存 12 个月，并为公安机关、国家安全机关依法查询提供技术支持。

第十七条 互联网信息服务提供者、互联网接入服务提供者对用户的身份信息、日志信息等个人信息负有保密义务，不得出售、篡改、故意泄露或违法使用用户的个人信息。

第十八条 任何单位和个人不得制作、复制、发布、传播含有下列内容的信息，或者故意为制作、复制、发布、传播含有下列内容的信息提供服务：

（一）反对或违反宪法确定的基本原则的；

（二）危害国家统一、主权和领土完整的；

（三）泄露国家秘密，危害国家安全或者损害国家荣誉和利益的；

（四）煽动民族仇恨、民族歧视，破坏民族团结，或者侵害民族风俗、习惯的；

（五）破坏国家宗教政策，宣扬邪教、迷信的；

（六）散布谣言，扰乱社会秩序，破坏社会稳定的；

（七）宣传淫秽、赌博、暴力或者教唆犯罪的；

（八）侮辱或者诽谤他人，侵害他人合法权益的；

（九）危害社会公德或者民族优秀文化传统的；

（十）含有法律、行政法规禁止的其他内容的。

第十九条 互联网信息服务提供者、互联网接入服务提供者明知用户发布、传输的信息属于本法第十八条所列内容的，应当立即停止发布、传输，保存有关记录，向互联网信息内容主管部门、公安机关报告。

国家有关部门可以采取措施阻断属于本法第十八条所列内容的信息的传播。

第二十条　互联网信息内容主管部门、电信主管部门和其他有关部门应当向社会公开对互联网信息服务的许可、备案情况，公众有权查阅。

第二十一条　互联网信息内容主管部门、电信主管部门、公安机关和其他有关部门工作人员依法履行监督检查、执法职责时，互联网信息服务提供者、互联网接入服务提供者应当予以配合，不得拒绝、阻挠。

第二十二条　互联网信息内容主管部门、电信主管部门、公安机关和其他有关部门工作人员依法履行监督检查、执法职责，至少应有两名具有行政执法资格的人员参加，并主动出示执法证件。

第二十三条　互联网信息内容主管部门、电信主管部门、公安机关和其他有关部门工作人员应当记录监督检查、执法的情况和处理结果。监督检查记录、执法记录由执法人员签字归档，公众有权查阅。

第二十四条　互联网信息内容主管部门、电信主管部门、公安机关和其他有关部门应当建立信息共享和信息通报制度。

第二十五条　互联网信息内容主管部门、电信主管部门、公安机关和其他有关部门应当建立公众举报制度，向社会公开举报方式。

任何单位和个人发现互联网信息服务提供者、互联网接入服务提供者有违反本法的行为，有权向有关部门举报。

互联网信息内容主管部门、电信主管部门、公安机关和其他有关部门接到举报应当记录并及时依法调查处理；对不属于本部门职责范围的，应当及时移送有关部门。

第二十六条　互联网信息内容主管部门、电信主管部门、公安机关和其他有关部门工作人员，利用职务上的便利收受他人财物或者其不正当利益，违法批准不符合法定设立条件的互联网信息服务经营单位，或者不依法履行监督职责，或者发现违法行为不予依法查处，触犯刑法的，对直接负责的主管人员和其他直接责任人员依照刑法第八章第三百八十五条、第九章第三百九十七条及其他相关犯罪的规定，依法追究刑事责任；尚未达到刑事处罚标准的，依法给予降级、撤职或者开除的行政处分。

第二十七条 未取得互联网信息服务增值电信业务经营许可或者未办理备案手续，擅自从事互联网信息服务的，由工商行政管理部门或者由工商行政管理部门会同公安机关依法予以取缔，同时由电信主管部门责令互联网接入服务提供者停止为其提供接入服务；触犯刑法的，依法追究刑事责任；尚未达到刑事处罚标准的，由工商行政管理部门没收其违法所得及其从事违法经营活动的专用工具、设备，并处违法所得3倍以上5倍以下罚款；情节严重的，由电信主管部门吊销其互联网信息服务增值电信业务经营许可证或者取消备案。

第二十八条 互联网信息服务提供者、互联网接入服务提供者未履行本法第十一条规定义务的，由互联网信息内容主管部门、电信主管部门、公安机关依照职责给予警告，责令限期改正；有违法所得的，没收违法所得，处违法所得3倍以上5倍以下罚款；逾期未改正的，责令暂停或停止相关互联网信息服务，直至由电信主管部门吊销其互联网信息服务增值电信业务经营许可证或者取消备案。

第二十九条 互联网信息服务提供者违反本法规定，有下列行为之一的，由原许可、备案机关给予警告，责令限期改正；逾期未改正的，吊销或者撤销其相应许可证件或者取消备案：

（一）未如实提供相关材料取得许可或者办理备案手续的；

（二）未在提供互联网信息服务时明示许可证件编号或者备案编号，或者标注虚假编号的；

（三）未及时办理变更手续的。

第三十条 互联网信息服务提供者、互联网接入服务提供者违反本法第十三条规定的或者未履行本法第十四条、第十五条、第十六条规定义务的，由互联网信息内容主管部门、电信主管部门、公安机关依照职责给予警告，可以并处 10 万元以上 100 万元以下罚款；情节严重的，责令暂停相关互联网信息服务，直至吊销其互联网信息服务增值电信业务经营许可证或者取消备案。

第三十一条　互联网信息服务提供者、互联网接入服务提供者违反本法第十八条规定，故意为制作、复制、发布、传播违法信息提供服务的，由互联网信息内容主管部门、公安机关依照职责责令停止违法活动；有违法所得的，没收违法所得，处违法所得 3 倍以上 5 倍以下罚款；并由电信主管部门吊销其互联网信息服务增值电信业务经营许可证、电信业务经营许可证件或者取消备案。

第二节　《互联网信息服务管理法（草案）》草拟说明及理由

第一条　立法目的

为了规范互联网信息服务活动，维护国家安全和公共利益，保护公众和互联网信息服务提供者的合法权益，促进互联网信息服务健康有序发展，制定本法。

◉ **说明及理由**

本条是关于《互联网信息服务管理法》（草案）立法目的的说明。本法的立法目的有四个：一是旨在保护互联网信息提供者和公众的权利和利益，从而鼓励和发展相关技术和产业；二是规范互联网信息服务活动，当前互联网信息服务纷繁复杂，亟待规范；三是维护国家安全和公共利益；四是促进互联网信息服务健康有序发展，进而促进社会主义精神文明建设。

第二条　调整对象和适用范围

在中华人民共和国境内从事互联网信息服务活动，应当遵守本法。

本法所称互联网信息服务，是指通过互联网提供信息服务的活动。

◉ 说明及理由

本条共分两款，第一款是本法的调整对象——从事互联网信息服务活动，同时有一个地域性的限定——在中华人民共和国境内。第二款是有关互联网信息服务的定义。在定义的基础上，明确了本法的适用范围。凡是在中华人民共和国境内通过互联网提供信息服务的活动均应当遵守本法。

第三条　行政主管部门及其职责

国家互联网信息内容主管部门依照职责负责互联网信息内容管理，协调国务院电信主管部门、国务院公安部门及其他相关部门对互联网信息内容实施监督管理。

国务院电信主管部门依照职责负责互联网行业管理，负责对互联网信息服务的市场准入、市场秩序、网络资源、网络信息安全等实施监督管理。

国务院公安部门依照职责负责互联网安全监督，维护互联网公共秩序和公共安全，防范和惩治网络违法犯罪活动。

国务院其他有关部门在各自职责范围内对互联网信息服务实施管理。

地方互联网信息服务管理职责依照国家有关规定确定。

◉ 说明及理由

本条是对监督管理互联网信息服务有关行政主管部门及其职责的规定。首先是国家互联网信息内容主管部门依照职责负责互联网信息内容管理，协调国务院电信主管部门、国务院公安部门及其他相关部门对互联网信息内容实施监督管理；其次是国务院电信主管部门依照职责负责互联网行业管理，负责对互联网信息服务的市场准入、市场秩序、网络资源、网络信息安全等实施监督管理；再次是国务院公安部门依照职责负责互联网安全监督，维护互联网公共秩序和公共安全，防范和惩治网络违法犯罪活动；最后国务院其他有关部门在各自职责范围内对互联网信息服务实施管理。而地方行政主管部门对互联网信息服务管理的职责依照国家有关规定确定。

电信主管部门是互联网信息服务的主要管理机关。公安机关对互联网信息服务的管理职责主要有三项：（1）负责对互联网安全进行监督管理；（2）维护互联网公共秩序和公共安全；（3）防范和惩治网络违法犯罪活动。

第四条　鼓励性条款

国家鼓励互联网信息服务提供者传播有益于提高民族素质、推动经济社会发展的信息。

◉ **说明及理由**

为了规范互联网信息服务活动，维护国家安全和公共利益，保护公众和互联网信息服务提供者的合法权益，促进互联网信息服务健康有序发展，国家鼓励互联网信息服务提供者传播有益于提高民族素质、推动经济社会发展的信息。

第五条　行业自律和社会监督

国家鼓励互联网信息服务提供者开展行业自律活动，鼓励公众监督互联网信息服务活动。

◉ **说明及理由**

本条目的：一方面，发动全社会的力量对互联网信息服务的活动进行监督。互联网信息服务活动如果违法，则对全社会的危害极大，而行政机关的力量毕竟是有限的，如果公民、法人和其他组织能积极监督互联网信息服务的活动，就能有效地发现和制止违法行为，维护社会公共利益。另一方面，国家鼓励互联网信息服务提供者开展行业自律活动。

第六条　准入制度

互联网信息服务分为经营性和非经营性两类。

从事经营性互联网信息服务，应当获得电信主管部门颁发的互联网信息服务增值电信业务经营许可；从事非经营性互联网信息服务，应当在电信主管部门备案。未取得许可或者未履行备案手续的，不得从事互联网信息服务。

◉说明及理由

本条是有关设立互联网信息服务准入制度的规定。互联网信息服务分为经营性和非经营性两类。从事经营性互联网信息服务，应当获得电信主管部门颁发的互联网信息服务增值电信业务经营许可；从事非经营性互联网信息服务，应当在电信主管部门备案。未取得许可或者未履行备案手续的，不得从事互联网信息服务。从事经营性互联网信息服务，是对社会公共利益有重大影响的活动，必须由行政机关对经营者的资质和能力加以综合判断和认定，对从事互联网信息服务的行为在市场准入阶段加以控制。对许可和备案的具体程序要求，本法草案在不同的条款中都作了相应的规定。

第七条　准入申请

从事互联网信息服务，应在三年内未受过电信主管部门吊销互联网信息服务增值电信业务经营许可证或者取消备案的处罚。

在申请互联网信息服务增值电信业务经营许可或者履行备案手续时，应当向电信主管部门提供以下材料：

（一）主办者等相关人员的真实身份证明文件、地址、联系方式等基本情况；

（二）拟使用的网站名称、互联网地址、服务器所在地、接入服务提供者等有关情况；

（三）拟提供的服务项目及相关主管部门的许可文件；

（四）公安机关出具的安全检查意见。

从事互联网信息服务，应当具备符合国家规定的网络安全与信息安全管理制度和技术保障措施。

◉**说明及理由**

本条是对申请从事互联网信息服务的条件、程序等的规定。申请互联网信息服务增值电信业务经营许可或者履行备案手续时，应当向电信主管部门提出书面申请。申请书应当载明：申请人的名称或姓名、申请内容、申请日期等内容。同时申请人申请从事互联网信息服务，还应当提交下列文件：1. 主办者等相关人员的真实身份证明文件、地址、联系方式等基本情况；2. 拟使用的网站名称、互联网地址、服务器所在地、接入服务提供者等有关情况；3. 拟提供的服务项目及相关主管部门的许可文件；4. 公安机关出具的安全检查意见。同时，从事互联网信息服务活动，应当具备符合国家规定的网络安全与信息安全管理制度和技术保障措施。

第八条 从事经营性互联网信息服务的条件

从事经营性互联网信息服务活动，除应当遵守本办法第七条的规定外，还应当具备以下条件：

（一）经营者为依法设立的企业法人；

（二）有与从事互联网信息服务相适应的资金、场所、设施和专业人员；

（三）有为用户提供长期服务的能力，且有材料证明；

（四）有业务发展计划及相关技术方案。

◉ **说明及理由**

本条是有关从事经营性互联网信息服务的条件的规定。从事经营性互联网信息服务的经营者在向电信主管部门提交申请获得经营许可的同时，应当具备从事经营性互联网信息服务的基本经营条件和相应能力。根据本条的规定，这些条件主要包括以下几个方面：1. 采用法律规定的企业形式，不得采用个体工商户或者个人合伙形式；2. 有与其经营活动相适应的资金、场所、设施和专业人员。资金是经营者从事营利性活动的物质条件，场所和设施是指有与其经营活动相适应并符合国家规定的消防安全条件的营业场所和相应的设施，专业人员是确保经营者有健全的信息网络安全管理技术和相应的措施；3. 有可以证明为用户提供长期服务的能力；4. 有业务发展计划及相关技术方案。

第九条　申请程序

申请从事经营性互联网信息服务，应当向电信主管部门提出申请，电信主管部门应当自受理申请之日起 60 日内审查完毕，作出批准或者不予批准的决定。

◉ **说明及理由**

本条是有关申请从事经营性互联网信息服务的审查程序规定。申请从事经营性互联网信息服务的经营者，应当向电信主管部门提出申请，电信主管部门应当自受理申请之日起 60 日内审查完毕，作出批准或者不予批准的决定。

第十条　有关从事互联网信息服务的其他许可事项

从事互联网信息服务，涉及以下服务项目的，应当获得相应主管部门的许可：

（一）从事互联网新闻信息服务，提供由互联网用户向公众发布信息的服务，及提供互联网信息搜索服务，须经互联网信息内容主管部门许可；

（二）从事文化、出版、视听节目、教育、医疗保健、药品和医疗器械等互联网信息服务，依照法律、行政法规以及国家有关规定须经有关主管部门许可，许可结果报国家互联网信息内容主管部门备案。

前款第一项中提供由互联网用户向公众发布信息的服务，及提供互联网信息搜索服务的许可条件、程序、期限及需要提供的材料等事项，由国家互联网信息内容主管部门公布。

◉说明及理由

本条是有关从事除前述经营性互联网信息服务以外的，互联网信息服务的其他许可事项的规定。本条共有两款，第一款是涉及其他服务项目的互联网信息服务，应当获得相应主管部门的许可：1. 从事互联网新闻信息服务，提供由互联网用户向公众发布信息的服务，及提供互联网信息搜索服务，须经互联网信息内容主管部门许可；2. 从事文化、出版、视听节目、教育、医疗保健、药品和医疗器械等互联网信息服务，依照法律、行政法规以及国家有关规定须经有关主管部门许可，许可结果报国家互联网信息内容主管部门备案。第二款规定的是由国家互联网信息内容主管部门负责公布第一款第一项中提供由互联网用户向公众发布信息的服务，及提供互联网信息搜索服务的许可条件、程序、期限及需要提供的材料等事项。

第十一条 资质的查验义务

互联网接入服务提供者应当查验互联网信息服务提供者的合法资质，不得为未取得合法资质的互联网信息服务提供者提供接入服务。

利用互联网从事服务活动的，依照法律、行政法规的规定需要取得相应资质的，互联网信息服务提供者应当查验服务对象是否具有相应的合法资质。

◉ **说明及理由**

本条是有关互联网服务的提供者对服务的接受者合法资质的查验义务的规定。本条共有两款，第一款规定的是互联网接入服务提供者对互联网信息服务提供者的合法资质的查验义务。互联网接入服务提供者应当查验互联网信息服务提供者的合法资质，不得为未取得合法资质的互联网信息服务提供者提供接入服务。第二款规定的是互联网信息服务提供者对服务对象的合法资质的查验义务。利用互联网从事服务活动的，依照法律、行政法规的规定需要取得相应资质的，互联网信息服务提供者应当查验服务对象的合法资质。

第十二条　互联网信息服务提供者的义务（一）

互联网信息服务提供者应当在提供服务时明示许可证编号或者备案编号。

互联网信息服务提供者许可或者备案事项发生变更的，应当向原许可或者备案机关办理变更手续。

◉ **说明及理由**

本条共有两款，第一款是明确互联网信息服务提供者应当在提供服务时明示许可证编号或者备案编号。在实践中，存在着大量没有取得许可的互联网信息服务提供者向公众提供假劣服务的情形。因此为保护公众的合法权益，本款要求互联网信息服务提供者在提供服务时必须向被服务者明示许可证编号或者备案编号，以证明其具备合法资质。第二款是要求互联网信息服务提供者在许可或者备案事项发生变更时，应当向原许可或者备案机关办理变更手续。由于本法规定对从事互联网信息服务采取许可或者备案的准入制度，那么当许可或者备案事项发生变更时，为维护该准入制度，要求互联网信息服务提供者要及时向原许可或者备案机关办理变更手续。

第十三条　互联网信息服务提供者的义务（二）

互联网信息服务提供者不得侵犯其他互联网信息服务提供者和用户的合法权益。

◉说明及理由

本条是对互联网信息服务提供者所承担的一个一般性义务的规定，要求互联网信息服务提供者不得侵犯其他互联网信息服务提供者和用户的合法权益。在现实生活中，部分互联网信息服务提供者在提供服务时，利用互联网虚拟性和便捷性等特征，为了自身的利益，通过一些非法的手段侵犯其他互联网信息服务提供者和用户的合法权益。正是处于保护互联网信息服务提供者和公众的合法权益的目的，本法以一个单独条文的形式对此加以规定。

第十四条　互联网信息服务提供者的义务（三）

互联网信息服务提供者、互联网接入服务提供者应当建立网络安全与信息安全管理、公共信息巡查、应急处置、用户信息安全管理等制度及具备安全防范设施。

◉说明及理由

本条是对互联网信息服务提供者、互联网接入服务提供者在提供服务时应当建立相应的配套制度和防范措施的规定。互联网信息服务提供者、互联网接入服务提供者在提供服务时不仅要保证服务的质量，同时也要注意对被服务者信息安全等方面提供保护，这就需要服务的提供者建立一系列的配套制度和相应措施。具体来说这些制度和措施主要有5项：1. 网络安全与信息安全管理制度。互联网信息服务提供者、互联网接入服务提供者通过互联网为公众提供服务，因此网络的安全就显得尤为重要，这不仅是对被服务者负责，同时也是对服务者自身负责。2. 公共信息巡查制度。这要求互联网信息服务提供者、互联网接入服务提供者要定期对公关信息进行巡查。近年来，利用互联网制作、下载、复制、查阅、发布、传播有害信息，危害国家安全、扰乱社会秩序、破坏信息网络安全或者进行赌博、抢劫、诈骗等违法犯罪活动呈上升趋势。互联网信息服务提供者、互联网接入服务提供者实施经营管理技术措施，建立公共信息巡查制度是预防、发现、制止有关违法犯罪行为、保障互联网信息服务正常营业的有效手段。3. 应急处置制度。互联网虽然给人们的生活带来了很多便利，但同时由于网络的虚拟性，其安全也极易受到威胁，互联网信息服务提供者、互联网接入服务提供者在提供服务时受到黑客等外部因素威胁的情况也时有发生，这就需要建立一套完备的应急处置制度。4. 用户信息安全管理制度。当前，公众的个人信息泄露已经成为一个无法忽视的问题。随着信息化时代的到来，互联网服务主体的数量日益增多，这些服务的提供者获取了大量公众的个人信息。为了保障被服务者的合法权益，防止其个人信息的泄露，互联网信息服务提供者、互联网接入服务提供者在提供服务之前就必须建立一套完备的用户信息安全管理制度。5. 安全防范设施。在建立相应制度的同时，互联网信息服务提供者、互联网接入服务提供者也必须拥有相应的安全防范设施。[①]

第十五条　互联网信息服务提供者的义务（四）

由互联网向公众发布信息、提供服务的互联网信息服务提供者，应当要求其服务的用户用真实身份信息注册。

互联网接入服务提供者应当记录其所接入的互联网信息服务提供者的真实身份信息、网站名称、互联网地址等信息。

[①]　引自《互联网上网服务营业场所管理条例解析》，访问网址：http://wzj. xxz. gov. cn/whyd/xxyd/201306/t20130624_79674. html.

◉说明及理由

　　本条是有关互联网信息服务提供者、互联网接入服务提供者必须记录被服务者真实身份信息的规定。本条共两款，第一款是规定由互联网向公众发布信息、提供服务的互联网信息服务提供者，应当要求用户用真实身份信息注册。为了网络的安全，也为了对互联网实行更好的监督和管理，本法要求互联网信息服务提供者在向公众提供服务时，必须记录用户的真实身份信息，并对这些信息进行核实，对不使用真实身份信息注册的用户，不得对其提供服务。这也是对互联网信息服务者的一种保护，因此，本款既是规定义务也是明示权利。第二款规定互联网接入服务提供者应当记录其所接入的互联网信息服务提供者的真实身份信息、网站名称、互联网地址等信息。由于网络的纷繁复杂，互联网信息服务提供者必须受到严格的监管，这就需要对其真实身份信息、网站名称、互联网地址等信息加以掌握。因此，为实现从源头监管的目的，互联网接入服务提供者在提供服务之初，应当记录其所接入的互联网信息服务提供者的真实身份信息、网站名称、互联网地址等信息，以备行政执法机关查证之需。

第十六条　互联网信息服务提供者的义务（五）

　　互联网信息服务提供者应当记录所发布的信息和服务对象所发布的信息，并保存6个月。

　　互联网信息服务提供者、互联网接入服务提供者应当记录日志信息，保存12个月，并为公安机关、国家安全机关依法查询提供技术支持。

◉说明及理由

　　本条是对互联网信息服务提供者、互联网接入服务提供者在记录和保存信息方面所作的规定。本条共两款，第一款是要求互联网信息服务提供者应当记录所发布的信息和服务对象所发布的信息，并保存

6个月。为了有效追溯互联网信息服务提供者和被服务的消费者发布信息的行为，本款规定对所有发布的信息必须予以保存，发布信息的保留时间为六个月。第二款规定互联网信息服务提供者、互联网接入服务提供者的两个义务。一是应当记录日志信息，并保存12个月。二是为公安机关、国家安全机关依法查询提供技术支持。由于记录是以电子数据的形式予以保留，存在可修改性，为了确保记录的完整性和真实性，在依法查处网上违法犯罪案件时发挥其证据作用，必须强制规定妥善保存、不得删改，并按有关管理部门的要求随时提供。

第十七条 互联网信息服务提供者的义务（六）

互联网信息服务提供者、互联网接入服务提供者对用户的身份信息、日志信息等个人信息负有保密义务，不得出售、篡改、故意泄露或违法使用用户的个人信息。

◉**说明及理由**

本条规定的是互联网信息服务提供者、互联网接入服务提供者的保密义务。在实践中，存在着大量的违法者将用户的身份信息、日志信息等个人信息出售或违法使用，以此获得利益的情况。因此，为了更好地保护公众的个人信息，本法对互联网信息服务提供者、互联网接入服务提供者的保密义务以单独条款的形式加以明确。

第十八条 互联网信息服务提供者的义务（七）

任何单位和个人不得制作、复制、发布、传播含有下列内容的信息，或者故意为制作、复制、发布、传播含有下列内容的信息提供服务：

（一）反对或违反宪法确定的基本原则的；

（二）危害国家统一、主权和领土完整的；

（三）泄露国家秘密，危害国家安全或者损害国家荣誉和利益的；

（四）煽动民族仇恨、民族歧视，破坏民族团结，或者侵害民族风俗、习惯的；

（五）破坏国家宗教政策，宣扬邪教、迷信的；

（六）散布谣言，扰乱社会秩序，破坏社会稳定的；

（七）宣传淫秽、赌博、暴力或者教唆犯罪的；

（八）侮辱或者诽谤他人，侵害他人合法权益的；

（九）危害社会公德或者民族优秀文化传统的；

（十）含有法律、行政法规禁止的其他内容的。

◉说明及理由

本条是关于互联网信息服务提供者和被服务的消费者在网络信息内容方面承担的义务。本条中所列的有害信息是当前危害信息网络内容安全的突出问题，从其社会危害后果来看，有害信息严重危害国家安全、社会治安和青少年的健康成长，严重影响了互联网信息服务活动健康发展的主旨。本条中所列的有害信息包括：

1. 反对或违反宪法确定的基本原则的信息。所以宪法确定的基本原则，是指我国现行《宪法》规定的国体、政体、基本政治制度、国家结构形式等国家政治、经济生活中的一系列基本原则和制度，其中主要是四项基本原则，即坚持中国共产党的领导，坚持马列主义、毛泽东思想、邓小平理论，坚持人民民主专政，坚持社会主义道路。反对宪法确定的基本原则，是指恶意攻击、否定宪法确定的国体、政体、基本政治制度、国家结构形式等国家政治、经济生活中的基本原则和制度。

2. 危害国家统一、主权和领土完整的信息。国家统一是指国家领土完整、不容分裂。领土完整是指国家领土不受外来侵略、侵占、割让。危害国家统一、主权和领土完整的信息是指煽动、支持、赞同、认可、同情出卖国家主权、签订卖国条约、分裂祖国、对我国发动侵略战争、制造国际争端向我国提出领土要求、干涉我国内政、组织傀儡政权等信息。

3. 泄露国家秘密，危害国家安全或者损害国家荣誉和利益的信息。这一项包括三种信息。一是泄露国家秘密的信息。国家秘密，是指依照《保守国家秘密法》等有关规定，关系国家安全和利益，在一定时间内只限于一定范围的人员知悉的事项，包括绝密、机密和秘密。保守国家秘密是公民的基本义务。二是危害国家安全的信息。我国的国家安全包括了我国主权、领土完整与安全以及人民民主专政的政权和社会主义制度的安全。维护国家安全是公民的基本义务。三是损害国家荣誉和利益的信息。国家荣誉是指国家和民族的尊严、信誉、声誉、形象等。对国旗、国徽、国歌进行侮辱等信息都是对国家荣誉的损害。国家利益是国家的整体利益，是全国各族人民共同利益的最高体现，包括政治、经济、外交、军事等多方面的内容。维护国家荣誉和利益是公民的基本义务，禁止一切损害国家荣誉和利益的信息的制作和传播。

4. 煽动民族仇恨、民族歧视，破坏民族团结，或者侵害民族风俗、习惯的信息。我国《宪法》第四条规定"中华人民共和国各民族一律平等。国家保障各少数民族的合法的权利和利益，维护和发展各民族的平等、团结、互助关系。禁止对任何民族的歧视和压迫，禁止破坏民族团结和制造民族分裂的行为。"维护全国各民族团结是公民的基本义务。煽动民族仇恨的信息是指利用历史、文化、风俗、习惯等挑起民族间的对立、仇视、憎恨，破坏民族团结、伤害民族感情的信息。煽动民族歧视的信息，是指挑唆、鼓动给予不同民族以不平等待遇的信息。民族风俗、习惯是各民族在历史发展过程中形成的稳定的生活方式，包括婚姻、饮食、丧葬、礼仪等，是一个民族区别于另一个民族的特征之一。破坏民族风俗习惯的信息是指以各种形式煽动或实施反对、攻击、嘲笑、讽刺民族风俗习惯的信息。国家保障各少数民族的合法的权利和利益，民族风俗、习惯便是其中一项重要的内容。煽动民族仇恨、民族歧视，其目的在于破坏民族团结，危害国家稳定。侵害少数民族风俗、习惯，其结果也必将导致民族仇恨、民族歧视，从而破坏民族团结。

5. 破坏国家宗教政策，宣扬邪教、迷信的信息。《宪法》和《民族区域自治法》等有关法律规定了我国的宗教政策。破坏国家宗教政策的行为包括侵犯公民的宗教信仰自由，歧视信仰宗教的公民和不信仰宗教的公民，侵害正常的宗教活动，以及利用宗教活动破坏社会秩序、损害公民身体健康、妨碍国家教育制度的活动，以及违反国家关于宗教团体和宗教事务不受外国势力的支配的规定等。破坏国家宗教政策的信息是指违反、攻击国家宗教政策的信息，或者对违反、攻击国家宗教政策的行为进行煽动、支持、赞同、认可、同情的信息。

6. 散布谣言，扰乱社会秩序，破坏社会稳定的信息。谣言是与事实不符的言论。散布谣言，客观上可能引发混乱，导致扰乱社会公共秩序，危害社会稳定。

7. 宣传淫秽、赌博、暴力或者教唆犯罪的信息。本项包括三种有害信息。一是宣传淫秽信息。本条所指宣传淫秽的信息是指具体描绘性行为或者露骨宣扬色情，没有艺术价值或者科学价值的淫秽性图像、文字、声音等信息。二是宣传赌博信息。宣传赌博的信息指引诱、招揽他人参加赌博或者提供赌博咨询等信息。三是宣传暴力或者教唆犯罪的信息。本条所指暴力信息是指描述荒诞、有悖人性的残酷行为或暴力行为，会对青少年造成心理伤害的信息。教唆犯罪的信息是指故意引起他人犯罪企图的信息，即描写犯罪形象，足以引起青少年对罪犯同情或者赞赏的、描述罪犯践踏法律的行为、描述犯罪方法或细节会诱发或鼓动人们模仿犯罪行为的、正面肯定具有犯罪性质的行为的信息。

8. 侮辱或者诽谤他人，侵害他人合法权益的信息。我国《宪法》规定，公民的人格尊严不受侵犯。人格权是公民的基本权利，禁止用任何方法对公民进行侮辱、诽谤。利用互联网侮辱或者诽谤他人是随着网络的发展出现的侵犯公民和组织名誉权的新形式。侮辱是指公然贬低他人人格，破坏他人名誉。诽谤是指故意捏造并散布事实，破坏他人名誉。侮辱或者诽谤他人仅是侵害他人合法权益的一种方式，侵害内容包括侵害他人的人身、财产、民主等方面的合法权利。

9. 危害社会公德或者民族优秀文化传统的信息。社会公德，根据《宪法》和《公民道德建设实施纲要》的规定，是指全体公民在社会交往和公共生活中应该共同遵循的行为准则和道德规范。如《宪法》第二十四条第二款规定，"国家提倡爱祖国、爱人民、爱劳动、爱科学、爱社会主义的公德"。现阶段，社会公德的主要内容是"文明礼貌、助人为乐、爱护公物、保护环境、遵纪守法"。民族优秀文化传统，是指几千年来中华各民族共同创造并世代相传的精神财富，是民族的、科学的、大众的社会主义文化的重要组成部分。危害社会公德或者民族优秀传统文化的信息，是指违反、攻击社会公德，恶心攻击中华民族优秀文化传统的信息，或者对违法、攻击社会公德，恶意攻击中华民族优秀文化传统的行为进行煽动、支持、赞同、认可的信息。

10. 含有法律、行政法规禁止的其他内容的信息。①

第十九条　互联网信息服务提供者的义务（八）

互联网信息服务提供者、互联网接入服务提供者明知用户发布、传输的信息属于本法第十八条所列内容的，应当立即停止发布、传输，保存有关记录，向互联网信息内容主管部门、公安机关报告。

国家有关部门可以采取措施阻断属于本法第十八条所列内容的信息的传播。

◉说明及理由

本条是对互联网信息服务提供者、互联网接入服务提供者对用户发布和传输有害信息及时制止并报告义务的规定。近年来，利用互联

---

① 引自《互联网上网服务营业场所管理条例解析》，访问网址：http://wzj. xxz. gov. cn/whyd/xxyd/201306/t20130624_79674. html.

网制作、下载、复制、查阅、发布、传播有害信息，危害国家安全、扰乱社会秩序、破坏信息网络安全或者进行赌博、抢劫、诈骗等违法犯罪活动呈上升趋势。因此，本法明确规定互联网信息服务提供者、互联网接入服务提供者明知用户发布、传输本法十八条规定的有害信息，应当立即停止发布、传输，并保存有关记录，及时向互联网信息内容主管部门、公安机关报告。同时本法也授权国家有关部门在接到相关报告后，在必要时可以依法采取各种措施，果断制止有害信息的传播，有效打击此类违法犯罪的行为。

第二十条　信息公开

互联网信息内容主管部门、电信主管部门和其他有关部门应当向社会公开对互联网信息服务的许可、备案情况，公众有权查阅。

◉说明及理由

本条是对监管互联网信息服务的行政机关信息公开义务的规定。按照公开原则的要求，行政机关有义务将涉及国家秘密、商业秘密、个人隐私以外的政府信息向社会和公众公开。2008 年 5 月 1 日起施行的《政府信息公开条例》第六条规定，行政机关应当及时、准确地公开政府信息；第九条规定，行政机关对涉及公民、法人或者其他组织切身利益的以及需要社会公众广泛知晓或者参与的政府信息应当主动公开；第十条规定，县级以上各级人民政府及其部门应当依照本条例第九条的规定，在各自职责范围内确定主动公开的政府信息的具体内容，并重点公开包括行政许可的事项、依据、条件、数量、程序、期限以及申请行政许可需要提交的全部材料目录及办理情况在内的多项信息。由此可见，本条正是对互联网信息内容主管部门、电信主管部门和其他有关部门对从事互联网信息服务的许可、备案情况向社会和公众公开义务的强调，同时也是为了与《政府信息公开条例》相衔接。

第二十一条　配合检查的义务

互联网信息内容主管部门、电信主管部门、公安机关和其他有关部门工作人员依法履行监督检查、执法职责时，互联网信息服务提供者、互联网接入服务提供者应当予以配合，不得拒绝、阻挠。

◉ **说明及理由**

本条是对互联网信息服务提供者、互联网接入服务提供者在行政机关执法时配合义务的规定。互联网信息内容主管部门、电信主管部门、公安机关和其他有关部门作为对互联网信息服务的监管部门具有依法监督检查和调查的权力，在其行使这些权力时，作为执法对象的互联网信息服务提供者、互联网接入服务提供者有义务予以配合，不得拒绝、阻挠。

第二十二条　执法程序（一）

互联网信息内容主管部门、电信主管部门、公安机关和其他有关部门工作人员依法履行监督检查、执法职责，至少应有两名具有行政执法资格的人员参加，并主动出示执法证件。

◉ **说明及理由**

本条是对互联网信息服务的监管部门在依法行使职权时必须遵循的程序规定。正当程序原则是行政法基本原则之一，是约束行政机关行政活动过程的根本原则，其意指行政权力的行使应当遵循最低限度的程序要求。如果说行政权力在其源头上已经遵循了行政法定原则的话，那么接下来的任务就是严格按照既定的正当程序行使行政权力。正当程序体现了现代社会对一个富有理性和权威的政府的迫切要求。因此，本法对正当法律程序的部分要求加以明确，要求互联网信息内容主管部门、电信主管部门、公安机关和其他有关部门工作人员依法履行监督检查、执法职责时，至少应有两名具有行政执法资格的人员参加，并主动出示执法证件。

第二十三条　执法程序（二）

互联网信息内容主管部门、电信主管部门、公安机关和其他有关部门工作人员应当记录监督检查、执法的情况和处理结果。监督检查记录、执法记录由执法人员签字归档，公众有权查阅。

●说明及理由

本条与第二十二条相衔接，同样是对互联网信息服务的监管部门在依法行使职权时必须遵循的程序规定。本条共包含了三个内容：一是要求互联网信息内容主管部门、电信主管部门、公安机关和其他有关部门工作人员应当记录监督检查、执法的情况和处理结果。互联网信息服务的监管部门在依法行使职权时，必须对整个活动过程包括最终的处理结果加以详细和完整记录。二是要求监督检查记录、执法记录由执法人员签字归档。这是保障互联网信息服务的监管部门执法工作公信力的体现。三是明确公众有权查阅监督检查记录。互联网信息服务的监管部门执法行为必须接受社会和公众的监督，因此本法赋予公众查阅监督检查记录的权利。

第二十四条　相关配套制度

互联网信息内容主管部门、电信主管部门、公安机关和其他有关部门应当建立信息共享和信息通报制度。

●说明及理由

本条是对所有互联网信息服务的监管部门加强联系和配合所应建立的机制和制度的规定。由于互联网信息内容主管部门、电信主管部门、公安机关和其他有关部门在各自的职权范围内均有获取相关执法信息的渠道和途径，因此各监管部门所获取的信息都不太相同，也都不完整，这就需要各部门之间应当有一个互通消息的平台，所以本法要求各部门之间应当建立信息共享和信息通报制度。

第二十五条　违法行为的举报和案件移送

互联网信息内容主管部门、电信主管部门、公安机关和其他有关部门应当建立公众举报制度，向社会公开举报方式。

任何单位和个人发现互联网信息服务提供者、互联网接入服务提供者有违反本法的行为，有权向有关部门举报。

互联网信息内容主管部门、电信主管部门、公安机关和其他有关部门接到举报应当记录并及时依法调查处理；对不属于本部门职责范围的，应当及时移送有关部门。

◉**说明及理由**

本条是有关公众对违法行为的举报和相关案件移送方面的规定。本条共包括三款，第一款和第二款目的在于发动全社会的力量对互联网信息服务活动进行监督。互联网信息服务如果存在违法行为，则对全社会的危害极大，而行政机关的力量毕竟又是有限的，如果公民、法人和其他组织能积极监督互联网信息服务者的经营活动，就能有效地发现和制止违法行为，维护社会公共利益。因此本法一方面要求互联网信息内容主管部门、电信主管部门、公安机关和其他有关部门建立公众举报制度，向社会公开举报方式，另一方面规定任何单位和个人发现互联网信息服务提供者、互联网接入服务提供者有违反本法的行为，有权向有关部门举报。第三款规定的是有关部门在接到举报后的调查执法义务和案件移送义务。互联网信息内容主管部门、电信主管部门、公安机关和其他有关部门接到举报应当将举报信息和相关情况作出完整和详细的记录，并及时依法调查处理，同时接到举报的监管部门在接到举报后发现不属于本部门职责范围的案件，应当及时移送有关监管部门。

第二十六条

互联网信息内容主管部门、电信主管部门、公安机关和其他有关部门工作人员，利用职务上的便利收受他人财物或者其他不正当利益，违法批准不符合法定设立条件的互联网信息服务经营单位，或者不依法履行监督职责，或者发现违法行为不予依法查处，触犯刑法的，对直接负责的主管人员和其他直接责任人员依照刑法第八章第三百八十五条第二款、第九章第三百九十七条及其他相关犯罪的规定，依法追究刑事责任；尚未达到刑事处罚标准的，依法给予降级、撤职或者开除的行政处分。

◉ 说明及理由

本条是对监管互联网信息服务的所有行政执法部门及其工作人员的行为进行规范的条款，着重体现了行政机关必须依法行政的法治要求。建设社会主义法治国家是我国推行依法治国方略的终极目标，依法治国的一个基本要求就是行政机关必须依法行政，必须在法律的框架内行使选择权力，杜绝以权谋私、徇私舞弊等"权力寻租"现象。所以，对行政机关必须实行"谁审批谁负责""有权必有责"的权责一致的权力监督原则。体现在立法上，就是要对行政机关及其工作人员行使权力的行为进行严格、有效的监督。本条规定不是简单的提示性规定，而是对行政机关及其工作人员违法行为的具体表现作了明确的规定。本条规定的责任形式分两类：刑事处罚和行政处罚。1. 刑事处罚。刑事处罚是根据刑法的规定给予犯罪行为人的处罚，是法律责任中最严重的一类，刑事处罚只能由司法机关依法作出，其他任何机关或者个人都无权决定。因此，就刑事处罚而言，本条规定表现为与刑法相关条文的衔接，根据本条规定，互联网信息内容主管部门、电信主管部门、公安机关和其他有关部门工作人员，利用职务上的便利收受他人财物或者其他不正当利益，触犯刑律的，对直接负责的主管人员和其他直接责任人员依照刑法关于受贿罪、滥用职权罪、玩忽职守罪或者其他罪行的规定，依法追究刑事责任。2. 行政处分。关于行政处分，本条也规定了明确、具体的处分种类。根据我国《公务员法》的规定，国家公务员的行为，尚未构成犯罪的，或者虽然构成犯罪但是依法不予追究刑事责任的，应当给予行政处分。所谓的行政处分，是根据相关法律、行政法规给予违法的国家公务员以及参照国家公务员管理的有关人员的一种行政处罚。行政处分由国家公务员所属单位依法决定，行政处分根据其程度由轻到重分为六种：警告、记过、记大过、降级、撤职、开除。根据本条的规定，互联网信息内容主管部门、电信主管部门、公安机关和其他有关部门工作人员，有利用职务上的便利收受他人财物或者其他不正当利益，违法批准不符合法定设立条件的互联网上网服务营业场所经营单位，或者不依法履行监督职责，或者发现违法行为不予依法查处等违法行为，但尚未达到刑事处罚标准的，对直接负责的主管人员和其他直接责任人员应当依法给予降级或者撤职、开除等行政处分。由于上述行为虽然不够刑事处罚，但属于比较严重的违法违纪行为，因此本法直接规定了三种比较重的行政处分，目的就是为了严厉打击腐败现象，推进依法行政。[1]

第二十七条　行政处罚（一）

　　未取得互联网信息服务增值电信业务经营许可或者未办理备案手续，擅自从事互联网信息服务的，由工商行政管理部门或者由工商行政管理部门会同公安机关依法予以取缔，同时由电信主管部门责令互联网接入服务提供者停止为其提供接入服务；触犯刑法的，依法追究刑事责任；尚未达到刑事处罚标准的，由工商行政管理部门没收违法所得及其从事违法经营活动

---

[1]　引自《互联网上网服务营业场所管理条例解析》，访问网址：http：//wzj. xxz. gov. cn/whyd/xxyd/201306/t20130624_79674. html.

的专用工具、设备，并处违法所得 3 倍以上 5 倍以下罚款；情节严重的，由电信主管部门吊销其互联网信息服务增值电信业务经营许可证或者取消备案。

◉**说明及理由**

　　本条是关于非法从事互联网信息服务的经营者的法律责任的规定。非法经营互联网信息服务的行为有两种类型：一是未经审批，擅自设立互联网信息服务经营单位的行为；二是虽然没有设立互联网信息服务经营单位等经营实体，但擅自从事互联网信息服务营业活动的行为。另外，为了及时查处非法经营互联网信息服务的行为，制止违法活动的延续，防止违法行为人非法转移财产以及销毁违法活动的证据，本条还规定了必要的强制措施。即对擅自设立互联网信息服务营业单位，或者擅自从事互联网信息服务经营活动的，应当由工商行政管理部门或者工商行政管理部门会同公安机关依法予以取缔，查封其从事违法经营活动的场所，扣押从事非法经营活动的专用工具、设备。根据这一规定，工商行政管理部门在发现违法经营活动时，可以单独查封违法行为人从事违法经营活动的场所，扣押其从事违法活动的专用工具、设备。在必要时，也可以会同公安机关查封违法行为人从事违法经营活动的场所，扣押其从事违法经营活动的专用工具、设备。同时，有关部门要没收其违法所得，并处违法所得 3 倍以上 5 倍以下罚款。情节严重的，由电信主管部门吊销其互联网信息服务增值电信业务经营许可证件或者取消备案。①

第二十八条　行政处罚（二）

　　互联网信息服务提供者、互联网接入服务提供者未履行本法第 11 条规定义务的，由互联网信息内容主管部门、电信主管

──────────

　　① 引自《互联网上网服务营业场所管理条例解析》，访问网址：http://wzj.xxz.gov.cn/whyd/xxyd/201306/t20130624_79674.html.

部门、公安机关依照职责给予警告，责令限期改正；有违法所得的，没收违法所得，处违法所得 3 倍以上 5 倍以下罚款；逾期未改正的，责令暂停或停止相关互联网信息服务，情节恶劣的，由电信主管部门吊销其互联网信息服务增值电信业务经营许可证件或者取消备案。

◉ 说明及理由

本条是有关互联网信息服务提供者的经营活动违法时的法律责任的规定。本条规定的违法行为有以下两项：一是互联网接入服务提供者没有查验互联网信息服务提供者的合法资质，并为未取得合法资质的互联网信息服务提供者提供服务。二是互联网信息服务的对象依照法律、行政法规的规定需要取得相应资质的，互联网信息服务提供者应当查验服务对象的合法资质。本条规定的违法行为，都是违法经营，破坏互联网信息服务管理秩序的行为。对此，本条规定了四种形式的行政处罚。一是警告和责令限期改正，即由互联网信息内容主管部门、电信主管部门、公安机关依照职责对违法行为人给予警告和责令限期改正；二是罚款，由互联网信息内容主管部门、电信主管部门、公安机关依照职责对违法者处违法所得 3 倍以上 5 倍以下罚款；三是责令停业整顿，即对违法行为情节严重的，给互联网信息服务经营管理秩序造成较大混乱的，不适合继续经营的，由电信行政部门责令其停业整顿；四是吊销许可证或者取消备案，即对违法行为情节严重的，电信主管部门认为违法行为人已经丧失互联网信息服务经营资格的，由原发证的电信主管部门吊销其经营许可证。本条规定的责令停业整顿和吊销许可证的行政处罚，只对违法行为情节严重的才适用，对一般的违法行为，可以视其违法行为的情节轻重只给予警告或者给予警告并给予罚款。[①]

---

① 引自《互联网上网服务营业场所管理条例解析》，访问网址：http://wzj.xxz.gov.cn/whyd/xxyd/201306/t20130624_79674.html.

第二十九条　行政处罚（三）

互联网信息服务提供者违反本法规定，有下列行为之一的，由原许可、备案机关给予警告，责令限期改正；逾期未改正的，吊销或者撤销其相应许可证件或者取消备案：

（一）未如实提供相关材料取得许可或者办理备案手续的；

（二）未在提供互联网信息服务时明示许可证件编号或者备案编号，或者标注虚假编号的；

（三）未及时办理变更手续的。

◉ **说明及理由**

本条是对互联网信息服务经营者提供虚假材料或信息时的法律责任的规定。本条规定的违法行为有以下三项：一是互联网接入服务经营者没有如实提供相关材料取得许可或者办理备案手续。二是互联网信息服务经营者未在提供互联网信息服务时明示许可证件编号或者备案编号，或者标注虚假编号。三是互联网信息服务提供者未及时办理变更手续。本条规定的违法行为，都是破坏互联网信息服务管理秩序的行为。对于这些违法行为，本法要求由原许可、备案机关给予警告，责令限期改正；逾期未改正的，吊销或者撤销其相应许可证件或者取消备案。

第三十条　行政处罚（四）

互联网信息服务提供者、互联网接入服务提供者违反本法第十三条规定的或者未履行本法第十四条、第十五条、第十六条规定义务的，由互联网信息内容主管部门、电信主管部门、公安机关依照职责给予警告，可以并处 10 万元以上 100 万元以下罚款；情节严重的，责令暂停相关互联网信息服务，直至吊销其互联网信息服务增值电信业务经营许可证或者取消备案。

●**说明及理由**

本条同样是对互联网信息服务提供者、互联网接入服务提供者违法行为法律责任的规定。在本条规定的这些违法行为中，互联网信息服务提供者、互联网接入服务提供者侵犯其他互联网信息服务提供者和用户合法权益的行为危害性最大，因此，本法要求互联网信息服务提供者、互联网接入服务提供者不仅要对违法行为承担相应的民事赔偿责任，同时也要受到相应的行政处罚，承担行政责任。本条规定对于这些违法行为，互联网信息内容主管部门、电信主管部门、公安机关依照职责给予警告，可以并处 10 万元以上 100 万元以下罚款；情节严重的，责令暂停相关互联网信息服务，直至吊销其互联网信息服务增值电信业务经营许可证或者取消备案。

第三十一条　行政处罚（五）

互联网信息服务提供者、互联网接入服务提供者违反本法第十八条规定，故意为制作、复制、发布、传播违法信息提供服务的，由互联网信息内容主管部门、公安机关依照职责责令停止违法活动；有违法所得的，没收违法所得，处违法所得 3 倍以上 5 倍以下罚款；并由电信主管部门吊销其互联网信息服务增值电信业务经营许可证、电信业务经营许可证件或者取消备案。

●**说明及理由**

本法第十八条规定了互联网信息服务提供者、互联网接入服务提供者不得传播的有害信息的内容，本条规定的就是互联网信息服务提供者、互联网接入服务提供者故意为制作、复制、发布、传播违法信息提供服务的法律责任。由于通过互联网传播信息，具有速度快、传播面广等特点，因此，对在互联网上传播的有害信息的控制，一直是一个难点问题。而通过互联网传播有害信息，一是涉及面广泛，影响面大，二是传播出去的信息没有有形的介质，影响难以挽回。所以，互联网上的有害信息对我国的国家安全、社会安全、民族团结、道德风尚以及青少年的健康成长等方面都有极大的危害。因此本法对此类行为的处罚作出明确规定：由互联网信息内容主管部门、公安机关依照职责责令停止违法活动；有违法所得的，没收违法所得，处违法所得 3 倍以上 5 倍以下罚款；并由电信主管部门吊销其互联网信息服务增值电信业务经营许可证、电信业务经营许可证件或者取消备案。①

第三节　《互联网信息服务管理法（草案）》实证案例分析

本法律草案以加强规范互联网信息服务活动，维护国家安全和公共利益，保护公众和互联网信息服务提供者的合法权益，促进互联网信息服务健康有序发展为目的。具体来说，本法律草案主要立足于解决互联网信息服务监督和管理中的几个最为关键和迫切的问题，为了更好地体现本法律草案对规范互联网信息服务方面的促进作用，每个相关问题都附有真实的案例对比分析。

一、通过互联网发布的违法信息的种类进一步明确化

明确互联网上网服务过程中发布的违法信息的内涵和外延，对于加强对互联网信息服务的监督和管理、规范服务提供者的经营行为具有重要的意义。本法草案所称互联网信息服务过程中发布的违法信息主要包括十类：1. 反对或违反宪法确定的基本原则的信息；2. 危害国家统一、主权和领土完整的信息；3. 泄露国家秘密，危害国家安全或者损害国家荣誉和利益的信息；4. 煽动民族仇恨、民族歧视，破坏民族团结，或者侵害民族风俗、习惯的信息；5. 破坏国家宗教政策，宣扬邪教、迷信的信息；6. 散布谣言，扰乱社会秩序，破坏社会稳定

---

① 引自《互联网上网服务营业场所管理条例解析》，访问网址：http://wzj. xxz. gov. cn/whyd/xxyd/201306/t20130624_79674. html.

的信息；7. 宣传淫秽、赌博、暴力或者教唆犯罪的信息；8. 侮辱或者诽谤他人，侵害他人合法权益的信息；9. 危害社会公德或者民族优秀文化传统的信息；10. 含有法律、行政法规禁止的其他内容的信息。目前的实践中，存在大量对于涉案信息能否被认定为违法信息的困惑。本法草案旨在为这一问题的解决提供可行性的方案。

相关问题的案例对比分析——（2005）苏民三终字第 0106 号[①]

1. 案例基本案情

在搜狐网网站（www. sohu. com）主页上方，有一"商机"栏目，供用户在该栏目内发表企业经营、产品的供求信息。2004 年 2 月 17 日，蓝天公司在商机栏目中发现了题目为"揭穿（骗子集团）蓝天科技丑恶嘴脸"（以下简称"骗子集团"）的文章，发布时间为 2003 年 6 月 22 日，有效期至 2003 年 12 月 31 日，其主要内容为"苏州蓝天科技有限公司，是苏州最大的一家骗子公司，业务经理徐芹常年外出签订网站、合同，但是，钱一交了网站以后的维护就没人管了。……特别提醒广大朋友，不要上当受骗……"。蓝天公司发现该信息后，遂向法院提起诉讼。搜狐网公司及搜狐在线收到起诉状后，遂在其网站中删除了"骗子集团"一文及相关链接。对于有关信息发布者的信息，搜狐网公司及搜狐在线再三声称已经删除，而且未作保存。其提供的资料只能显示，该信息发布者使用了搜狐网公司及搜狐在线的合作伙伴深圳某公司销售的软件通过搜狐网提供的 80 端口，将该"骗子集团"一文上载到搜狐网商机栏目中。但蓝天公司无证据证明"骗子集团"一文系搜狐网公司及搜狐在线发布。

搜狐网网站（域名 www. sohu. com、www. sohu. com. cn）的所有者原系搜狐网公司，自 2003 年 9 月 1 日起变更为搜狐网公司及搜狐在线。自 2001 年 7 月 16 日起，搜狐网网站开设电子公告服务（BBS 栏目）。搜狐网公司及搜狐在线称，网站对商机栏目中的信息进行管理

---

① 来源北大法宝司法案例，访问网址：http://www. pkulaw. cn/Case/pfnl_ 117472283. html? match = Exact，访问时间：2014 年 11 月 25 日。

时，先是通过一定的程序对信息进行过滤，然后由管理员通过浏览页面的方式进行审查，主要审查信息内容有无明显违反《互联网信息服务管理办法》（以下简称《信息管理办法》）相应规定之处，而对于通过合作伙伴发布的信息，按协议则由合作伙伴审查。"骗子集团"一文标题中的文字都属于中性词汇，所以过滤软件程序无法自动屏蔽，而网络管理员面对成千上万的信息，也无法逐一审查。

一审法院认为：法人的名誉权依法受到法律保护，其中商业信誉是法人名誉权的一个重要内容。"骗子集团"一文的内容未经有关部门的认定，因而严重贬低了蓝天公司的社会评价，足以对其经营产生不良影响，损害了蓝天公司的商业信誉。"骗子集团"一文发布在搜狐网的商机栏目内，搜狐网公司及搜狐在线作为互联网信息服务提供者，应按《信息管理办法》的规定从事活动并承担相应的义务，即审查"骗子集团"一文是否属于该办法所列举的九类禁止发布的信息之一。该办法将侮辱或者诽谤他人，侵害他人合法权益等信息规定为禁止互联网信息服务提供者制作、复制、发布、传播的内容，同时规定互联网信息服务提供者发现其网站传输的信息明显属于该办法第十五条所列内容之一的，应当立即停止传输。可见，互联网信息服务提供者应当对其提供的信息服务针对的九类信息采取相应的监管措施。一方面通过必要的人工手段或技术手段对信息进行审查；另一方面应对审查过程中发现其网站内有禁止传输的内容及时停止传输。在这方面，互联网信息服务提供者的责任不同于其在涉及网络著作权侵权纠纷中的责任，即使没有相关权利人的举报，互联网信息服务提供者也应履行审慎的注意义务并采取必要的控制传播措施。本案中，"骗子集团"一文标题中带有明显的批评导向、内容极有可能属于《信息管理办法》禁止发布的信息，搜狐网公司及搜狐在线却没有进行任何必要的核实或调查，或者采取必要的控制传播措施，可见其并未履行审慎的注意义务，也未履行《信息管理办法》规定的监管义务。搜狐网公司、搜狐在线声称已利用过滤技术以及人工浏览两种手段对搜狐网网站采取必要的监管，而且其当时的监管能力有限，故不应承担责任，一审法院认为其理由不能成立，故不予采纳。互联网信息服务提供者在删除相关信息的同时，应当保存有关记录，并向国家有关机关报告。但搜狐网公司、搜狐在线在得知"骗子集团"一文涉及侵权诉讼后，却直接删除了信息发布者的相关记录，未作适当保存，违反了其应尽义务。因此，搜狐网公司及搜狐在线具有过错，该过错与蓝天公司的商誉受损存在因果关系，应就其过错承担一定的侵权责任。

关于搜狐网公司及搜狐在线应承担的法律责任。法人的商誉受侵害的，受害人有权要求停止侵权、恢复名誉、消除影响、赔礼道歉，并可以要求赔偿损失。搜狐网公司及搜狐在线已在诉讼后删除了"骗子集团"一文及相关链接，侵权行为已停止，故蓝天公司要求停止侵权的请求，一审法院不再支持。蓝天公司以商誉受损，要求搜狐网公司及搜狐在线予以赔礼道歉的请求，应予以支持。对于赔偿责任。企业法人在商誉受损时主张赔偿应以所受的实际损失作为请求赔偿的内容。本案中，蓝天公司要求赔偿 179325 元，虽然未提供能直接反映其具体经济损失数额的相应证据，但是鉴于企业法人商誉的重要性，以及搜狐网网站作为国内知名门户网站，其商机栏目拥有较多的浏览用户。而蓝天公司则是专业从事网络技术服务的公司，因此，蓝天公司因"骗子集团"一文商誉受损，足以导致其经营受损、财产损失。故根据搜狐网公司及搜狐在线的行为性质、过错程度、社会影响、适当补偿等诸多因素，应由搜狐网公司及搜狐在线赔偿蓝天公司损失 5 万元及合理支出 1500 元。

北京搜狐互联网信息服务有限公司与苏州蓝天科技有限公司（以下简称蓝天公司）因不服江苏省苏州市中级人民法院（2004）苏中民三初字第 098 号民事判决，向苏州省高级人民法院提起上诉。

2. 判决和评析

本案双方争议的主要焦点是：搜狐网公司及搜狐在线对网络用户在其网站发布"骗子集团"一文的行为是否应承担法律责任。二审法院认为：

一、"骗子集团"一文损害了蓝天公司的商业信誉。理由是：法人的商誉是社会公众对法人的信用、生产能力、经营状况、经营道德等人格价值的总体评价。法人依法享有获得和维护公众对其商誉的客观公正评价的权利。涉案"骗子集团"一文是以"揭穿（骗子集团）蓝天科技丑恶嘴脸"为标题，主要内容是：苏州蓝天科技有限公司是苏州最大的一家骗子集团，业务经理徐芹常年外出签订网站合同，但是，钱一交，网站以后的维护就没人管了。信息发布者在无证据证明的情况下使用了"骗子集团""丑恶嘴脸"贬义用语，从而引导公众误认为蓝天公司是骗子公司，阅读该文足以使公众产生对蓝天公司评价降低的后果。因此，"骗子集团"一文损害了蓝天公司的商业信誉。搜狐网公司及搜狐在线抗辩认为该信息未损害被上诉人的商业信誉，则应对该信息内容的真实性承担举证责任，其要求被上诉人举证证明自己并非骗子公司，不符合举证责任分配原则。故上诉人的上述诉讼主张缺乏法律依据，二审法院不予支持。

二、搜狐网公司及搜狐在线对网络用户在其网站上发布"骗子集团"一文的行为应承担相应的法律责任。理由是：

1. 根据《信息管理办法》第十五条、第十六条的规定，互联网信息服务提供者不得制作、复制、发布、传播含有侮辱或者诽谤他人，侵害他人合法权益等内容的信息。互联网信息服务提供者发现其网站传输的信息明显属于本办法第十五条所列内容之一的，应当立即停止传输，保存有关记录，并向国家有关机关报告。由此可见，互联网信息服务提供者应当对法律禁止发布的信息负有监控义务。但由于考虑到网络信息量巨大、网络信息服务提供者监控技术可能性，法律判断能力和经济承受能力等，故网络信息服务提供者的监控义务应控制在合理的限度内，即在用户信息发表之后的合理时间内，依据表面合理标准审查信息是否明显属于《信息管理办法》所禁止发布的反动、色情、侮辱或诽谤他人等内容，以及在知道侵权信息的存在后及时采取删节、移除等措施阻止侵权信息继续传播。

本案中，搜狐网公司及搜狐在线在其网站上开设商机栏目，为企业发布其商业信息提供平台服务，故其作为互联网信息服务提供者，应依法履行合理的监控义务，即审查"骗子集团"一文是否属于《信息管理办法》规定的禁止发布的信息。从涉案信息看，标题中使用了"骗子集团""丑恶嘴脸"用语，以公众的普通认知判断，该用语明显属于侮辱性语言，且信息内容带有明显的攻击性语言，与该栏目中发布的企业供求信息性质不符。该信息在商机栏目上传播，且长达一年之久，足以使蓝天公司的经营受到损害，给企业的商业信誉造成重大的负面影响。因此，搜狐网公司及搜狐在线在合理的时间内，应当能够通过必要的技术手段或人工手段对其进行审查，并依据表面合理标准审查判断出该信息明显属于《信息管理办法》规定禁止发布的信息。但事实上，在信息发布者将涉案信息发布到商机栏目后，搜狐网公司及搜狐在线没有对该信息内容履行合理的监控义务，致使涉案信息在网站上传播长达一年，损害了蓝天公司的商业信誉。因此，搜狐网公司及搜狐在线具有过错，应承担相应的法律责任。上诉人称其已依法对涉案信息进行了审查，该信息系消费者对蓝天公司的评论，不属于法律禁止传播的信息。在无证据证明该信息属于法律禁止传播的内容，且被上诉人未提出异议的情况下，搜狐网公司及搜狐在线没有义务也没有可能进行实质审查，故其未删除该信息。对此，本院认为，搜狐网公司及搜狐在线通过关键词过滤及人工浏览应当能够发现该信息使用了"骗子集团""丑恶嘴脸"用语，且能够审查判断出上述用语明显系对企业商业信誉进行损害，属于法律禁止发布的信息内容。作为网络信息服务提供者，搜狐网公司及搜狐在线应当有义务且有能力及时删除该侵权信息，而不能以其监控能力有限，被上诉人未向其提出异议为由免除其应履行的法定义务。故上诉人的上述诉讼主张缺乏法律依据，二审法院不予支持。

2. 根据《信息管理办法》第十六条规定，互联网信息服务提供者发现其网站传输的信息明显属于本办法第十五条所列内容之一的，应当立即停止传输，保存有关记录，并向国家有关机关报告。因此，网络信息服务提供者在删除法律禁止发布的信息时，应保存信息发布者的相关资料。本案中，搜狐网公司及搜狐在线在收到蓝天公司的起诉状后直接删除了信息发布者的相关记录，未履行适当保存信息发布者相关资料的义务，致使被侵权人无法追究直接实施侵权行为的信息发布者的责任。因此，搜狐网公司及搜狐在线具有过错，应对此承担相应的法律责任。上诉人称其保存相关记录的义务仅为 60 日，而被上诉人在涉案信息发布一年后起诉，故其不再负有保存义务。对此，本院认为，在搜狐网公司及搜狐在线得知"骗子集团"一文涉嫌侵权的情况下，其应当负有保存相关记录的法定义务，故上诉人该项诉讼主张不能成立，本院不予支持。

三、关于搜狐网公司及搜狐在线应承担的法律责任问题。根据《中华人民共和国民法通则》第一百二十条的规定，法人的名誉权受到侵害的，有权要求停止侵害、恢复名誉、消除影响、赔礼道歉，并可以要求赔偿损失。同时，根据《最高人民法院关于贯彻执行〈中华人民共和国民法通则〉若干问题的意见（试行）》第一百五十条的规定，法人的名誉权受到侵害，法人要求赔偿损失的，人民法院可以根据侵权人的过错程度，侵权行为的具体情节、后果和影响确定其赔偿责任。本案中，蓝天公司系专业从事网络技术服务的公司，涉案侵权信息在搜狐网网站上传播长达一年，足以使蓝天公司的经营受到一定程度的损害。故一审法院根据涉案侵权行为的性质、过错程度、社会影响、适当补偿等因素，判决搜狐网公司及搜狐在线赔偿蓝天公司损失 5 万元及合理支出费用 1500 元，并无不当，应予以支持。同时，一审法院判决搜狐网公司及搜狐在线赔礼道歉符合法律规定，亦应予以支持。上诉人称被上诉人未举证证明其存在损失及损失产生与该信息存在必然的联系，且法律规定法人的商誉受到侵害的，其"可以"要求赔偿损失，并非"应当"赔偿损失，故其不应承担赔偿责任。二审法院认为，被上诉人虽然未提供证据证明其产生的实际损失数额，但商业信誉对企业的经营具有重大影响，被上诉人的商业信誉受到侵害，足以导致其经营受损，并产生相应的财产损失。故上诉人该项主张缺乏法律依据，本院不予支持。综上，上诉人的上诉理由不能成立，二审法院不予支持。

3. 新法草案下的重新审视

本案争议的焦点是上诉人搜狐网公司及搜狐在线对网络用户在其网站发布"骗子集团"一文的行为是否应承担法律责任。而对这一问题的解决关键就在于带有"骗子集团"字眼的信息是否是违法信息以及作为互联网信息服务的提供者——搜狐网公司是否尽到了管理义务。首先，根据本法草案第十八条的规定，任何单位和个人不得制作、复制、发布、传播或者故意为制作、复制、发布、传播含有侮辱或者诽谤他人、侵害他人合法权益的信息提供服务。在本案中，带有"骗子集团"字眼的信息明显带有侮辱性语言，且信息内容具有明显的攻击性语言，根据新法草案应当被认定为违法信息。其次，根据新法草案第十九条的规定，互联网信息服务提供者、互联网接入服务提供者明知用户发布、传输的信息属于本法第十八条所列内容的，应当立即停止发布、传输，保存有关记录，及时向互联网信息内容主管部门、公安机关报告。由此可见，互联网信息服务提供者具有对用户发布的信息监督和管理的义务，本案中的互联网信息服务的提供者——搜狐网公司，不能以能力有限为由推脱其应当承担的监管义务，其没有尽到应尽的管理义务。综上，在新法草案下的重新审视下，上诉人搜狐网公司及搜狐在线对网络用户在其网站发布"骗子集团"一文的行为应承担相应的法律责任。

二、明确监管主体的范围和职责

适格的监管主体到底有哪些，长期以来一直是互联网信息服务领域的一个焦点问题。新法草案对互联网信息服务监管主体的范围和其职权作出了详细具体的规定。新法草案第三条规定："国家互联网信息内容主管部门依照职责负责互联网信息内容管理，协调国务院电信主管部门、国务院公安部门及其他相关部门对互联网信息内容实施监督管理。国务院电信主管部门依照职责负责互联网行业管理，负责对互联网信息服务的市场准入、市场秩序、网络资源、网络信息安全等实施监督管理。国务院公安部门依照职责负责互联网安全监督，维护互联网公共秩序和公共安全，防范和惩治网络违法犯罪活动。国务院其他有关部门在各自职责范围内对互联网信息服务实施管理。地方互联网信息服务管理职责依照国家有关规定确定。"由此可见，适格的监管主体应当包括四类：1.互联网信息内容主管部门；2.电信主管部门；3.公安部门；4.其他有关部门。其中其他有关部门应当包括哪些呢？根据新法草案第十条的规定："从事互联网信息服务，涉及以下服务项目的，应当获得相应主管部门的许可：（一）从事互联网新闻信息服务，提供由互联网用户向公众发布信息的服务，及提供互联网信息搜索服务，须经互联网信息内容主管部门许可；（二）从事文化、出版、视听节目、教育、医疗保健、药品和医疗器械等互联网信息服务，依照法律、行政法规以及国家有关规定须经有关主管部门许可，许可结果报国家互联网信息内容主管部门备案。"由此可以看出，文化、出版、教育、卫生、医药等各部门在各自的职权范围内均具备许可主体的资格。那么对于其所做出的许可，这些部门就具备相应的监管职权和义务。从这个角度说，这些部门均包含在"其他有关部门"内。同时，新法草案也对这些监管部门的职权作出了详细的规定，很好的回应了"适格监管主体范围和职责有哪些"这一焦点问题。

（一）相关问题的案例对比分析——（2008）武行终字第 26 号[①]

1. 案例基本案情

2006 年 11 月 20 日，湖北省卫生厅（一审被告）向湖北省通信管理局发出《关于请关闭"中国卫生信息网"网站的函》。该函认为"中国卫生信息网"网站属互联网医疗卫生信息服务类网站，该网站开办未在卫生行政管理部门办理医疗卫生信息服务类网站的前置审批手续；同时未经卫生部批准而冠以"中国""中华""全国"字样名

---

① 来源北大法宝司法案例，访问网址：http：//www.pkulaw.cn/Case/pfnl_ 117577412. html? match = Exact，访问时间：2014 年 11 月 25 日。

称，违反了《互联网医疗卫生信息服务管理办法》①，提请湖北省通信管理局关闭"中国卫生信息网"网站。湖北省通信管理局于2006年12月责令关闭了"中国卫生信息网"网站。武汉明龙中医药研究所（一审原告）认为其属科研单位，不是医疗卫生单位，所从事的信息服务不是医疗卫生信息服务类的医疗、预防、保健、康复、教育等方面信息服务，因此其从事的信息服务不属于《互联网医疗卫生信息服务管理办法》的调整范围，遂向法院提起诉讼。

原审法院认为，依据《互联网信息服务管理办法》第十九条："违反本办法的规定，由省、自治区、直辖市电信管理机构……责令关闭网站。"的规定，卫生行政部门只具有建议信息产业部门关闭网站的职权，而是否关闭网站由信息产业部门作出对外生效的行政行为。湖北省卫生厅向湖北省通信管理局发函提请关闭"中国卫生信息网"网站是行政管理部门之间的内部行政行为，对原告武汉明龙中医药研究所不具有法律效力；湖北省通信管理局作出的责令关闭"中国卫生信息网"网站的行为，对外发生法律效力。因此，湖北省卫生厅不是本案适格的被告。在诉讼期间，原审法院要求原告变更被告，但原告拒绝变更被告。为此，依照《最高人民法院关于执行〈中华人民共和国行政诉讼法〉若干问题的解释》（法释〔2000〕8号）第四十四条第一款第（三）项的规定，裁定驳回武汉明龙中医药研究所对湖北省卫生厅的起诉。武汉明龙中医药研究所不服原审裁定，向湖北省武汉市中级人民法院提出上诉。

2. 判决和评析

二审法院认为，2006年11月20日，被上诉人湖北省卫生厅向湖北省通信管理局发出了《关于请关闭"中国卫生信息网"网站的函》。该函以"中国卫生信息网"网站属互联网医疗卫生信息服务类网站，该网站开办未在卫生行政管理部门办理医疗卫生信息服务类网站的前置审批手续；同时未经卫生部批准而冠以"中国""中华"

---

① 该法规已被《互联网医疗保健信息服务管理办法》废止。

"全国"字样名称，违反了《互联网医疗卫生信息服务管理办法》，作出了提请湖北省通信管理局关闭"中国卫生信息网"网站的行为，对上诉人的权利义务有直接影响。上诉人据此提起行政诉讼，要求撤销被上诉人湖北省卫生厅作出的上述具体行政行为，符合行政案件的受理条件。原审裁定以湖北省卫生厅向湖北省通信管理局发函提请关闭"中国卫生信息网"网站是行政管理部门之间的内部行政行为，对原告武汉明龙中医药研究所不具有法律效力，裁定驳回武汉明龙中医药研究所对湖北省卫生厅的起诉不当，上诉人的上诉理由成立。

3. 新法草案下的重新审视

本案的一个核心争议是被上诉人湖北省卫生厅是否具备互联网医疗卫生信息服务监管主体的资格。根据新法草案第三条和第十条的有关规定，卫生行政部门在自己的职权范围内不仅具有相应的许可审批权，同时也具有一定的行政处罚权，其是适格的互联网医疗卫生信息服务监管主体。同时，湖北省卫生厅发函给湖北省通信管理局提请关闭"中国卫生信息网站"的行为实际上是对相对人的行为进行了定性，直接给相对人的权利产生了影响。因此，在新法草案的重新审视下，上诉人武汉明龙中医药研究所的上诉理由是成立的。

（二）相关问题的案例对比分析——（2014）苏行终字第0052号①

1. **案例基本案情**

自2009年以来，朱圣常（上诉人）发现 jurong. cn（http：//www. jurong. cn/）网站任由一些匿名用户发表攻击、侮辱、诽谤其的言论。2013年2月，朱圣常将《要求履行法定职责申请书》寄送 jurong. cn（http：//www. jurong. cn/）注册备案地主管机关湖北省通信管理局，该局经调查并与江苏省通信管理局核实后认定 jurong. cn（http：//www.

① 来源无讼案例网，访问网址：http：//www. itslaw. com/detail? judgementId = 134662&area = 1&index = 2&sortType = 1&count = 1471&conditions = searchWord% 2B% E4% BA% 92% E8% 81%94% E7% BD%91% E4% BF% A1% E6% 81% AF% 2B1，访问时间：2014年11月25日。

jurong. cn/）的实际主办单位与备案信息不符，其主体为王健个人登记的备案信息，网站名称为"阳光下载吧"，性质为非经营性网站，遂注销了 jurong. cn（http：//www. jurong. cn/）的备案号（鄂 ICP 备10205017），并于 2013 年 2 月 22 日以鄂通信信函（2013）2 号《关于要求履行法定责任申请的回复》的方式告知朱圣常。朱圣常于 2013年 3 月 7 日要求江苏省通信管理局履行查处 jurong. cn 网站发布侮辱、诽谤其本人的信息，以及网站电子公告服务未经审批、非法运营、非法登载新闻、备案信息不真实等违法侵权行为的法定职责。2013 年 4月 27 日江苏省通信管理局向朱圣常作出书面答复。江苏省通信管理局在答复中认为，jurong. cn 为句容山水网络传媒有限公司所有，于2011 年 12 月 15 日取得业务种类为因特网信息服务业务的增值电信业务经营许可证，亦取得了电子公告服务资质，许可证号为苏 B2 -20110451，法定代表人为陈军。对于朱圣常反映的 jurong. cn 域名在工业和信息化部 ICP/IP 地址域名信息备案管理系统查询后显示为鄂 ICP备 10205017 号的问题，江苏省通信管理局遂与湖北省通信管理局联系后得知 jurong. cn 域名在 2010 年时曾由一位名为王健的个人向湖北省通信管理局申请备案并获得了网站备案号，网站名称为"阳光下载吧"。按照网站备案的属地化管理原则，鄂 ICP 备 10205017 号应由湖北省通信管理局进行相应处理。2013 年 6 月 14 日，朱圣常再次以"山水句容网"备案信息虚假等为由，书面申请江苏省通信管理局依照《非经营性互联网信息服务备案管理办法》第二十三条的规定关闭"山水句容网"。2013 年 8 月 19 日，江苏省通信管理局向朱圣常作出书面答复，认为句容山水网络传媒有限公司开展经营性信息服务，不适用《非经营性互联网信息服务备案管理办法》第二十三条的规定。2013 年 9 月 2 日，朱圣常不服 2013 年 8 月 19 日江苏省通信管理局对其作出的书面答复，向工信部提起行政复议。2013 年 10 月 28 日工信部作出工信复决字（2013）第 41 号《行政复议决定书》，该行政复议决定维持了被告的答复。朱圣常因此向江苏省南京市中级人民法院起诉江苏省通信管理局不履行法定职责。一审法院认为根据国务院《互联网信息服务管理办法》第七条、第八条，参照《非经营性互联网信息服务备案管理办法》第三条第一款、《电信业务经营许可管理办法》第三条第一款的规定，江苏省通信管理局作为互联网行政主管部门，负有对省内互联网信息服务提供者进行监督管理的法定职责。《互联网信息服务管理办法》第三条规定："互联网信息服务分为经营性和非经营性两类。经营性互联网信息服务，是指通过互联网向上网用户有偿提供信息或者网页制作等服务活动。非经营性互联网信息服务，是指通过互联网向上网用户无偿提供具有公开性、共享性信息的服务活动。"第四条第一款规定："国家对经营性互联网信息服务实行许可制度；对非经营性互联网信息服务实行备案制度。"《非经营性互联网信息服务备案管理办法》第二十三条规定："违反本办法第七条第一款的规定，填报虚假备案信息的，由所在地省通信管理局关闭网站并注销备案。"本案中，朱圣常称 jurong. cn（http：//www. jurong. cn/）网站长期以来任由匿名用户发表攻击、侮辱、诽谤自己的行为，经jurong. cn（http：//www. jurong. cn/）网站备案所在地的主管机关湖北省通信管理局调查核实，认定 jurong. cn（http：//www. jurong. cn/）的实际主办单位与备案信息不符，其主体为王健个人登记的备案信息，网站名称为"阳光下载吧"，性质为非经营性网站，遂注销了 jurong. cn（http：//www. jurong. cn/）的备案号（鄂 ICP 备 10205017）。朱圣常要求江苏省通信管理局履行关闭"山水句容网"的法定职责，江苏省通信管理局将调查处理情况书面告知了朱圣常。嗣后，朱圣常再次要求江苏省通信管理局履行关闭"山水句容网"法定职责的请求，江苏省通信管理局经审查认为，"阳光下载吧"和"句容山水网"，除 jurong. cn 域名相同以外，其开办主体不同、网站性质亦不同。jurong. cn 的实际主办单位句容山水网络传媒有限公司，在 2011年已经取得了符合《电信业务经营许可管理办法》规定的增值电信业务经营许可，网站名称为"句容山水网"，性质为经营性网站，并再次作出了不予关闭"山水句容网"书面答复。原审法院经审查认为，在案证据显示，涉案的"山水句容网"是由句容山水网络传媒有限公司主办的经营性网站，江苏省通信管理局未依照《非经营性互联网信息服务备案管理办法》第二十三条规定关闭"山水句容网"，认定事实清楚，适用规范性文件正确，行政程序并无不当。原审法院依据《最高人民法院关于执行〈中华人民共和国行政诉讼法〉若干问题的解释》（法释〔2000〕8 号）第五十六条第（一）项的规定，判决驳回朱圣常的诉讼请求。朱圣常因不服江苏省南京市中级人民法院（2013）宁行初字第 111 号行政判决，向江苏省高级人民法院提起上诉。

2. 判决和评析

二审法院认为，国务院《互联网信息服务管理办法》第二十条规定，制作、复制、发布、传播侮辱或者诽谤他人言论，侵害他人合法权益，尚不构成犯罪的，由公安机关、国家安全机关依据《中华人民共和国治安管理处罚法》《计算机信息网络国际联网安全保护办法》等有关法律、行政法规的规定予以处罚；对经营性互联网信息服务提供者，并由发证机关责令停业整顿直至吊销经营许可证，通知企业登记机关；对非经营性互联网信息服务提供者，并由备案机关责令暂时关闭网站直至关闭网站。根据工信部联电〔2006〕121 号《互联网站管理协调工作方案》的规定，未经公安机关认定网站上的言论属侮辱或者诽谤他人的言论，公安机关无权责令网站停止运行，互联网行业主管部门亦无权通知相关接入服务提供商等单位停止其接入服务，即关闭网站。本案中，上诉人朱圣常主张"山水句容网"长期任由匿名用户发表攻击、侮辱、诽谤其本人的言论，应当向公安机关提出查处申请。根据上述文件的规定，因公安机关未认定"山水句容网"上有侮辱或者诽谤朱圣常的言论，亦未责令"山水句容网"停止运行，故被上诉人江苏省通信管理局无权关闭"山水句容网"。句容山水网络传媒有限公司于 2011 年 12 月 15 日根据《互联网信息服务管理办法》第七条的规定，取得业务种类为互联网信息服务业务的增值电信业务经营许可证。"山水句容网"属经营性网站，故朱圣常要求江苏省通信管理局依据《非经营性互联网信息服务备案管理办法》关闭"山水句容网"没有法律依据。"阳光下载吧"尽管与"山水句容网"域名相同，但开办主体、网站性质均不相同，朱圣常反映的备案信息不真实的网站是"阳光下载吧"，该网站性质为非经营性，备案地在湖北省。而"山水句容网"经营主体是句容山水网络传媒有限公司，性质为经营性网站，备案地在江苏。"阳光下载吧"因虚假备案，备案号已被湖北省通信管理局注销。根据《非经营性互联网信息服务备案管理办法》第二十三条规定，江苏省通信管理局无权关闭在湖北省备案的"阳光下载吧"。朱圣常主张"山水句容网"套用"阳光下载吧"的域名无事实根据。江苏省通信管理局在收到朱圣常的查处申请并查明相关事实后，告知朱圣常不能依照《非经营性互联网信息服务备案管理办法》第二十三条规定关闭"山水句容网"，认定事实清楚，适用法律规范正确，行政程序并无不当。原审法院判决驳回朱圣常诉讼的请求正确。综上，上诉人的上诉理由和请求依法不能成立。原审判决认定主要事实清楚，适用法律正确，审判程序合法。

3. 新法草案下的重新审视

本案争议的焦点是江苏省通信管理局是否有权通知相关接入服务提供商等单位停止其接入服务，关闭涉案网站。根据本法草案第十八条的规定，任何单位和个人不得制作、复制、发布、传播或者故意为制作、复制、发布、传播含有侮辱或者诽谤他人、侵害他人合法权益的信息提供服务。本法草案第三十一条规定，互联网信息服务提供者、互联网接入服务提供者违反本法第十八条规定，故意为制作、复制、发布、传播违法信息提供服务的，由互联网信息内容主管部门、公安机关依照职责责令停止违法活动；有违法所得的，没收违法所得，处违法所得3倍以上5倍以下罚款；并由电信主管部门吊销其互联网信息服务增值电信业务经营许可证、电信业务经营许可证件或者取消备案。在本案中，江苏省通信管理局根据新法草案的规定有权通知相关接入服务提供商等单位停止其接入服务，并吊销其经营许可证。但是这项职权的行使有一个前提条件：先由互联网信息内容主管部门、公安机关对互联网信息服务提供者的行为进行认定，判定其行为是否违反本法草案第十八条的规定。本案里，由于涉案网站的行为未经公安机关进行认定，因此江苏省通信管理局未关闭该网站的行为是合法的。

三、确立对从事互联网信息服务的活动实行许可和备案制度

互联网信息服务对于公众和社会具有重要的影响，因此本法草案对从事互联网信息服务的活动确立了许可和备案制度。未经依法许可和备案，任何组织和个人不得设立互联网信息服务的网站，不得从事提供互联网信息服务的活动。新法草案第六条规定，互联网信息服务分为经营性和非经营性两类。从事经营性互联网信息服务，应当获得电信主管部门颁发的互联网信息服务增值电信业务经营许可；从事非经营性互联网信息服务，应当在电信主管部门备案。未取得许可或者未办理备案手续的，不得从事互联网信息服务。新法草案第十条第一款规定，从事互联网信息服务，涉及以下服务项目的，应当获得相应主管部门的许可：（一）从事互联网新闻信息服务，提供由互联网用户向公众发布信息的服务，及提供互联网信息搜索服务，须经互联网信息内容主管部门许可；（二）从事文化、出版、视听节目、教育、医疗保健、药品和医疗器械等互联网信息服务，依照法律、行政法规以及国家有关规定须经有关主管部门许可，许可结果报国家互联网信息内容主管部门备案。由此可以看出，新法草案已经确立由电信主管部门作为主要的许可审批和备案机关，文化、出版、新闻、教育、医药等部门在各自职权范围内具有部分相应的许可审批权的互联网信息服务准入制度。

相关问题的案例对比分析——（2012）兴民二初字第 110 号①

1. 案例基本案情

2008 年 4 月 1 日，黄家强以"广西分站"（甲方）的名义与曾霄

---

① 来源北大法宝司法案例，访问网址：http：//www.pkulaw.cn/Case/pfnl_ 118643187.html？match=Exact，访问时间：2014 年 11 月 25 日。

鸿、许恒钦（乙方）（原告）签订一份《合作协议书》，约定：为了
开展"柳州分站"新闻报道、广告等工作，甲方聘用曾霄鸿为"柳州
分站"站长，许恒钦、龙凤林分别为"柳州分站"副站长。乙方在甲
方的指导下工作，严格遵守甲方的管理办法；甲方向乙方提供相关的
证件并允许乙方挂牌和设立账户等以便工作；乙方向甲方交纳承包
"柳州分站"押金12000元；乙方的新闻报道、广告等总收入与甲方
以税后的6:4分成（即乙方6成，甲方4成）；乙方承包"柳州分站"
承包期为两年（2008年4月1日至2010年4月1日止）；本合同期满
或中途终止合同的，甲方必须退回乙方交纳承包"柳州分站"的押金
12000元；违约责任：协议一经签订，甲方负责柳州分站开通；协议
一经签订，甲乙双方不得违约，否则被侵权方有权终止协议执行，并
获违约方赔偿被侵权方10000元的经济损失等内容。黄家强在《合作
协议书》上甲方一栏签名并加盖了"广西分站"的印章。同日，黄家
强以"广西分站"红头文件形式向曾霄鸿、许恒钦下发《关于曾霄鸿
等同志任职的通知》并加盖"广西分站"的印章。《合作协议书》签
订后，曾霄鸿、许恒钦向黄家强交纳押金12000元，黄家强向曾霄
鸿、许恒钦提供事先拟制加盖有"广西分站"印章的空白格式《中国
企业新闻网广西分站企业新闻宣传加盟会员合作协议》，该协议"说
明"一栏载明："1.……2. 合作方签订备忘录后，应在3日内将所谈
款项汇到中国企业新闻网广西频道账号。（暂由国武贸易公司代理）"。
两原告为经营"柳州分站"于2008年3月25日与柳州市中山建筑装
潢工程处签订《门面出租协议》，租用柳州市荣新路国泰花苑八栋17
号作为"柳州分站"的办公室，并向该工程处支付2008年4~9月共
计6个月的租金4800元（800元/月）及押金1600元；2008年4月
15日为制作"柳州分站"的招牌两原告向柳州市踏诚平面设计制作
部交纳制作费200元；2008年4~8月两原告发放员工工资总计21700
元（其中包含曾霄鸿实领共5000元、许恒钦实领共4000元）；2008
年3月30日两原告通过中国网通在租用的柳州市荣新路国泰花苑八
栋17号办理宽带安装，为此支出费用610元；同时两原告在该租用

办公室安装铁通电话一部，并于 2008 年 4～8 月交纳该部电话费
208.36 元。2008 年 3 月 8 日、5 月 22 日、5 月 26 日、6 月 18 日，两
原告以"柳州分站"（邀请方）的名义分别与"柳州市源和出国服务
有限公司""盖尔玛（中国）有限公司柳州一级店""客家人美食坊"
"柳州市中企市场开发有限责任公司"等（加入方）签订了合作协
议，并将收取各加入方交纳的费用共向黄家强上交 10600 元。2008 年
6 月 15 日～6 月 25 日、7 月 17 日～7 月 23 日、8 月 17 日～8 月 30
日，域名为"www. lzcenn. cn"的柳州频道打不开，2008 年 8 月 30 日
后两原告亦打不开中国企业新闻网广西频道。与两原告签订合作协议
的各加入方纷纷要求两原告退回所交费用。2008 年 9 月 9 日，黄家强
向两原告退回押金 12000 元，并向"柳州市中企市场开发有限责任公
司"退回合作协议金 4000 元。

2008 年 12 月 3 日，曾霄鸿、许恒钦以黄家强拒绝商议赔偿其他
合同损失为由向广西壮族自治区南宁市兴宁区人民法院提起诉讼，请
求判令四被告赔偿违约金 1 万元及经济损失 28318.36 元，退回广告
客户广告费 6600 元，判令四被告承担本案公告费 350 元；并于庭审
中将诉求进一步明确为，判令黄家强承担本案民事责任，判令中企连
线公司、桂凯公司、国武公司承担补充赔偿责任。

2. 判决和评析

法院认为，本案是一起涉及互联网新闻信息服务的网站承包经营
合同纠纷。根据国务院发布《中华人民共和国电信条例》第六条"电
信网络和信息的安全受法律保护。任何组织或者个人不得利用电信网
络从事危害国家安全、社会公共利益或者他人合法权益的活动"、第
七条"国家对电信业务经营按照电信业务分类，实行许可制度。经营
电信业务，必须依照本条例规定取得国务院信息产业主管部门或省、
自治区、直辖市电信管理机构颁发的电信业务经营许可证，未取得电
信业务经营许可证，任何组织或者个人不得从事电信业务经营活动"
的规定及《互联网新闻信息服务管理规定》《互联网信息服务管理办
法》的规定，国家对经营性互联网信息服务实行许可制度，对非经营

性互联网信息服务实行备案制度，未取得许可或者未履行备案手续的，不得从事互联网信息服务。从事新闻、出版、教育、医疗保健、药品和医疗器械等互联网信息服务，依照法律、行政法规及国家有关规定须经有关主管部门审核同意的，在申请经营许可或者履行备案手续前，应依法经有关主管部门审核同意。申请人取得经营许可证后，应当持经营许可证向企业登记机关办理登记手续。非经营性互联网信息服务提供者不得从事有偿服务。

本案中，黄家强与两原告作为互联网新闻信息服务提供者，在签订《合作协议书》之前，应当知悉国家对从事互联网新闻信息服务市场准入的各项严格规定。但是，双方在未依法获得相应经营许可或履行备案手续、未经国家有关主管部门审核同意的情况下，擅自订立《合作协议书》开展"中国企业新闻网柳州分站"的经营性互联网新闻信息服务，其行为已违反行政法规的强制性规定，损害了社会公共利益，《合作协议书》应属无效，自始没有法律约束力。该协议违约责任条款不具有法律效力，对两原告所提违约金诉求法院不予支持。

同时法院认为，黄家强签订、履行《合作协议书》的行为系个人行为，并非属于中企连线公司、桂凯公司或国武公司的职务代理行为。黄家强以"中国企业新闻网广西分站"的名义与曾霄鸿、许恒钦签订《合作协议书》将"中国企业新闻网柳州分站"发包给曾霄鸿、许恒钦承包经营，属无权代理。在中企连线公司、桂凯公司、国武公司对黄家强之无权代理行为不予追认的情形下，黄家强签订、履行《合作协议书》的行为对中企连线公司、桂凯公司、国武公司均不发生效力。

综上，根据《中华人民共和国合同法》第五十八条"合同无效或者被撤销后，因该合同取得的财产，应当予以返还；不能返还或者没有必要返还的，应当折价补偿。有过错的一方应当赔偿对方因此所受到的损失，双方都有过错的，应当各自承担相应的责任"的规定，黄家强与两原告对《合作协议书》之无效均有过错，双方因该协议取得的财产应当予以返还，所造成损失应过错相抵。1. 返还财产：法院对两原告要求黄家强退回广告客户所交 6600 元之诉求予以支持。2. 赔偿损失：法院酌定黄家强按 70% 的比例承担赔偿责任，酌定两原告按30% 的比例自担其责。

3. 新法草案下的重新审视

在本案中，当事人黄家强与两原告作为互联网新闻信息服务提供者，在签订《合作协议书》之前，应当知悉国家对从事互联网新闻信息服务市场准入的各项严格规定。但是，双方在未依法获得相应经营许可或履行备案手续、未经国家有关主管部门审核同意的情况下，擅自订立《合作协议书》开展"中国企业新闻网柳州分站"的经营性互联网新闻信息服务。根据新法草案第二十七条的规定："未取得互联网信息服务增值电信业务经营许可或者未履行备案手续，擅自从事互联网信息服务的，由工商行政管理部门或者由工商行政管理部门会同公安机关依法予以取缔，同时由电信主管部门责令互联网接入服务提供者停止为其提供接入服务；触犯刑法的，依法追究刑事责任；尚未达到刑事处罚标准的，由工商行政管理部门没收违法所得及其从事违法经营活动的专用工具、设备，有违法所得的，没收违法所得，并处违法所得 3 倍以上 5 倍以下罚款；情节严重的，由电信主管部门吊销其互联网信息服务增值电信业务经营许可证或者取消备案。"由此可见，当事人黄家强其行为已违反新法草案的强制性规定，损害了社会公共利益，双方签订的《合作协议书》应属无效，自始没有法律约束力。

四、对其他互联网信息服务提供者和用户合法权益的保护进一步加强

新法草案的一个重要的意义就在于对其他互联网信息服务提供者和用户的合法权益的保护得到了进一步加强。新法草案在开篇的第一条就规定："为了规范互联网信息服务活动，维护国家安全和公共利益，保护公众和互联网信息服务提供者的合法权益，促进互联网信息服务健康有序发展，制定本法。"相比于 2000 年 9 月 25 日施行的

《互联网信息服务管理办法》第一条的规定："为了规范互联网信息服务活动，促进互联网信息服务健康有序发展，制定本办法。"新法草案在立法目的上取得了重大进步，不仅强调保护公众和互联网信息服务提供者的合法权益，而且明确提出维护国家安全和公共利益。

同时，新法草案第十三条规定："互联网信息服务提供者不得侵犯其他互联网信息服务提供者和用户的合法权益。"由此可见，新法草案不仅将对其他互联网信息服务提供者和用户的合法权益的保护写入立法目的当中，而且以单独一条的形式，强调互联网信息服务提供者在提供服务的过程中，必须遵守不侵犯其他互联网信息服务提供者和用户的合法权益的义务。

（一）相关问题的案例对比分析——（2001）广汉民初字第 1225 号①

1. 案例基本案情

2001 年，四川省广汉市人民法院受理原告四川金广物资贸易有限责任公司（简称金广物资公司）诉被告亿特网华信息技术（北京）有限公司（简称亿特网华公司）侵害名誉权一案。广汉市人民法院认定以下事实：

一、原告金广物资公司以铬系列产品的生产和销售为主，在全国优钢行业铬系列产品中该公司占有较大份额，据统计占 2001 年 1 ~ 8 月全国中低碳铬的产量的 21.4%，该公司主要的长期客户有大连特钢、抚顺特钢、大冶特钢等企业。2001 年 8 月 13 日，金广物资公司与大冶特钢签订物资订货合同，约定由金广公司从当年九月至十一月按每月 180 吨向大冶公司供应低碳铬铁（FeCr55C50），价格为净重含税到厂价 8650 元/吨；另约定低铬为 ICr，Cr 大于或等于 60%，如市场行情发生变化，以当时协商后需方接受价为准。合同签订后双方 9 ~ 10 月顺利履行，税后利润平均每吨 726 元。

二、被告亿特网华公司系中华商务网有限公司全资子公司，专门

---

① 来源北大法宝司法案例，访问网址：http://www.pkulaw.cn/Case/pfnl_117477879.html? match = Exact，访问时间：2014 年 11 月 25 日。

负责向中国市场提供企业级的电子商务、信息和咨询服务，而中华商务网是亚洲乃至世界范围内最早利用互联网向客户提供收费增值服务的商业门户网站，其拥有许多产业板块及大量注册用户和会员；其于2001年10月12日、19日、23日、25日在所属的中华商务网上，未经授权，在原告不知情的情况下，以原告金广物资公司的名义发布原告出售的低碳铬铁价格为基重含税出厂价6250元/吨。后在原告交涉下停止发布该价格信息。

三、鉴于中华商务网的信息除会员外，非会员短时间内也可免费浏览，故大冶特钢在该网钢铁炉料页面发现了金广物资公司发布的价格信息。因该价格经换算大大低于大冶与原告签订的2001年9~11月的供货合同的合同价，大冶特钢遂于2001年10月27日向金广物资公司发出业务联系函终止了177号合同中11月份180吨的供货。

四、原告金广物资公司得知大冶终止合同后，经调查发现被告擅自以原告公司名义在中华商务网上发布不真实的价格信息，是导致大冶终止合同的主要原因。由于大冶终止合同已给原告造成了较大的经济损失（依据该行业的成本构成以及当时的市场行情下，原告已履行部分的平均利润），更严重的是原告作为行业大户其商业信誉受到老客户的质疑，带来的长期负面影响不可低估。原告为此派有关人员亲自到北京与被告公司交涉。

2. 判决和评析

四川省广汉市人民法院依据查明的事实，对原、被告诉辩主张及争执焦点作如下评判：

一、被告的行为是否侵害了原告的名誉权。

首先，名誉权是由民事法律规定的公民和法人享有的获得和维持对其名誉进行客观公正评价的一种人格权。我国《民法通则》有两条规范明文规定了法人享有的名誉权及其保护。第一百零一条："公民、法人享有名誉权，公民的人格尊严受法律保护，禁止用侮辱、诽谤等方式损害公民、法人的名誉。"第一百二十条："公民的姓名权、肖像权、名誉权、荣誉权受到侵害的，有权要求停止侵害，恢复名誉，消除影响，赔礼道歉，并可以要求赔偿损失。法人的名称权、名誉权、荣誉权受到侵害的，适用前款规定。"由于我国法律没有明文规定法人（尤其是企业法人）的信用权，所以当企业法人的诸如商业信誉（以诚信和实力获得的社会评价）等无形资产利益受到侵害时，从法人名誉权的角度予以保护，无论法理上还是实务中应是可行的。

其次，随着互联网络的发展及对经济领域日益增强的影响，网络服务商也不断发展，服务商虽然是在虚拟世界中提供服务，但其行为也应遵守法律规定。本案被告通过所属的中华商务网门户网站，以允许用户发布信息或查询信息的方式提供服务，由于其通过自己庞大的信息收集渠道收集、处理并向企业提供市场资讯等商务信息服务（事实上本案争议的价格信息这一网络内容的提供者正是被告公司），不管其使用哪一种网络接入技术，总之都是互联网络信息服务商。而我国现阶段规范互联网领域的法规规章有，国务院颁布的《互联网信息服务管理办法》（以下简称《办法》）。其中《办法》规定"为了规范互联网信息服务活动，促进互联网信息服务健康有序的发展，制定本办法。""互联网信息服务提供者应当向上网用户提供良好的服务，并保证所提供的信息内容合法。"那么，作为网络信息提供者的被告，确保信息内容的真实客观性就是最基本的义务。因为对于一家从事有偿服务的信息网络服务商来说，其能够影响到其他企业权利的即是信息的内容真实。

被告亿特网华公司自行收集并在其中华商务网上发布的原告公司低碳铬铁价格信息，鉴于中华网本身作为知名商务门户网站的背景以及原告金广公司在行业内很大的市场占有率，使得其他上网客户有充分理由相信该价格信息具有相当的权威性。本来抛开商业秘密（在某种特定情况下，价格也可能成为企业的商业秘密），被告如对所提供价格的真实性进行必要的核实，或者价格与原告实际的合同价格偏差不大，在当今信息社会电子商务不断发展的时代，从信息资源共享及促进网络产业发展的角度出发，被告的行为也是无可厚非的（如同免费打广告）；但本案中被告以原告名义发布价格信息未经核实且与原告同期合同价格每吨相差 1000 元，带来的就只能是负面影响了。作为在行业内有较大影响的企业，其同期对外公布的价格与同长期客户签订的价格有如此大的悬殊，的确会令客户对原告起码的商业诚信和基本的商业品质产生质疑，进而对其商誉评价降低。而根据最高人民法院有关司法解释，鉴于该网站较高的点击率、数量可观的注册企业用户以及互联网本身信息的公开性，结合到本案原告长期客户因此而终止合同履行，法院认为原告金广物资公司以商誉为主要内容的名誉权受到了侵害。这时被告看似不经意的"审核不严"的过失，就已构成了侵权法上的过错了；相应，其擅自以原告名义发布失真信息的行为，也就具有了民事违法性。

二、原告因名誉权受损是否受到经济损失。

依据所查明的事实，由于被告的不当行为，至少从两个方面使得原告遭受了经济损失：第一、因供货合同被终止履行，可得利益受损；第二、因与被告交涉以及发生诉讼后产生的差旅等费用损失。而这两方面的损失确系原告名誉受损带来的，即被告的侵权行为与原告的损害后果有法律上的因果关系。被告提出的供货合同并未实际解除及未受到实际损失的抗辩主张，缺乏证据证实，不予支持。

虽然明确了原告因名誉权被侵遭受了经济损失，但损失的范围和数额也是双方争议的焦点。对此，《最高人民法院关于审理名誉权案件若干问题的解释》明确了"因名誉权受到侵害使生产、经营、销售遭受损失予以赔偿的范围和数额，可以按照确因侵权而造成客户退货解除合同等损失程度来适当确定"的原则。该解释对赔偿范围用了列举与概括相结合的方式，除了客户退货及解除合同外，如有其他损失（本案表现为合同终止后的可得利益损失及为此产生的差旅费损失）也应在赔偿范围内。鉴于原告提供了差旅费损失的相关证据；故本案原告可得利益损失的赔偿金额的计算便成为法院认定的重点。

考虑到可得利益是指合同在适当履行后可以实现和取得的财产利益，实质上就是预期可获得的利润。司法实践中对可得利益的计算，一般采用对比、估算、约定等办法。由于本案原告提供了其成本构成及上月的利润依据，故通过比照原告相同条件（只能是参照理论上的相同）下所获取的利润，来适当（因终止合同不排除其他因素）确定原告被终止履行的十一月份供货合同应供货180吨损失金额的对比法更具合理性。

综上，被告以原告名义在网上发布不真实的价格信息的行为已构成对原告名誉权的侵害，并已造成原告的直接经济损失；故原告提出的恢复名誉、消除影响、赔礼道歉及赔偿已认定的直接损失、差旅费损失的诉讼请求，有事实和法律依据，法院予以支持。

3. 新法草案下的重新审视

在本案中，一个核心的争议焦点就是被告亿特网华信息技术（北京）有限公司是否只需保证发布的价格信息内容合法，就算尽到了对原告利益保护的义务呢？换句话说，互联网信息服务提供者只须提供的信息内容合法，是否就已经全部履行了对用户应承担的法定义务了呢？其实这一争议，也恰恰体现了《互联网信息服务管理办法》与新法草案对于其他互联网信息服务提供者和用户的合法权益保护程度上的不同。本案中被告亿特网华信息技术（北京）有限公司认为其提供的信息来源及内容均是合法、真实、可靠的，并保证所提供的信息内容符合法律的规定，其不需要考虑信息所指对象明确授权许可方能发布这个附加条件。其所申辩的法律依据就是《互联网信息服务管理办法》第十三条的规定："互联网信息服务提供者应当向上网用户提供良好的服务，并保证所提供的信息内容合法。"与此相对的是，新法草案不仅在第一条立法目的中就明确规定要保护互联网信息服务提供者和用户的合法权益，而且在第十三条还特意强调互联网信息服务提供者不得侵犯其他互联网信息服务提供者和用户的合法权益。由此可见，《互联网信息服务管理办法》仅是强调互联网信息服务提供者保证提供的信息内容合法即可，而新法草案的规定则将互联网信息服务提供者的义务显著提高了，其要求互联网信息服务提供者在提供服务时要全方位的保护用户的全部合法权益。因此，在新法草案对本案的重新审视下，不难发现，根据新法草案的要求，被告亿特网华信息技术（北京）有限公司并没有完全尽到保护作为用户的原告全部合法权益的义务。

（二）相关问题的案例对比分析——（2009）粤高法审监民提字第 266 号①

1. 案例基本案情

广州市澳大公司是一家生产和销售"白大夫"系列化妆品的企业。自 2006 年 6 月份起，澳大公司发现 315 投诉网（网址：http：//www.315ts.net）有很多关于"白大夫"系列化妆品的投诉，标题有如"投诉白大夫，简直是在毁容""白大夫产品太害人了""白大夫用后太吓人了！！""白大夫害人不浅加急""白大夫斑霜成分安全吗？？？"等字眼；在内容记载方面，有如"我用了白大夫天下无斑套装才几天时间，脸上和下巴上及脖子上都长了很多小红疙瘩，痒，还想呕吐，后来看了一下医生说这可能是白大夫引起的，白大夫有很多的激素，还有超标汞、铅，我还不相信，可上网一查竟然有那么多的人和我有一样的症状，吓得我睡不着觉！本想美容一下，想不到竟面临毁容！要是恢复不了，我就算告到联合国也要讨一个说法！"上述投诉的最初时间为 2006 年 5 月 26 日。澳大公司于 2007 年 1 月 22 日、23 日向广州市公证处申请对 315 投诉网涉及"白大夫"化妆品的投诉（包含上述内容）的网页内容进行证据保全公证。发现上述情况后，澳大公司及其委托的律师所于 2006 年 12 月向三投公司发出书面信函，要求三投公司立即删除"白大夫斑霜成分安全吗？？？""白大夫用后太吓人了！！""白大夫害人不浅加急"等不实刊载，但三投公司未删除。三投公司于 2006 年 8 月 16 日取得增值电信业务经营许可证，业务种类为信息服务业务，仅限互联网信息服务（包括网上商务、行业信息、网页制作）和移动网信息服务业务。三投公司经营管理的 315 投诉网并非工商行政管理部门的派出机构，工商行政管理部门亦未授权其受理消费者投诉。2007 年 2 月 7 日，澳大公司向广州市天河区人民法院

---

① 来源无讼案例网，访问网址：http：//www.itslaw.com/detail？judgementId=2801928&area=1&index=3&sortType=1&count=1471&conditions=searchWord%2B%E4%BA%92%E8%81%94%E7%BD%91%E4%BF%A1%E6%81%AF%2B1，访问时间：2014 年 11 月 25 日。

起诉三投公司侵犯其名誉权。

天河区人民法院一审认为，《中华人民共和国民法通则》规定，公民、法人享有名誉权，禁止用侮辱、诽谤等方式损害公民、法人的名誉。1993 年《最高人民法院关于审理名誉权案件若干问题的解答》第七条规定，是否构成侵害名誉权的责任，应当根据受害人确有名誉被损害的事实、行为人行为违法、违法行为与损害结果之间有因果关系、行为人主观上有过错来认定。据此，三投公司的行为对澳大公司的名誉权是否构成侵害，应当从上述规定的四个方面进行审查。国务院于 2000 年 9 月 25 日发布的《互联网信息服务管理办法》第十一条规定，互联网信息服务提供者应当按照经许可或者备案的项目提供服务，不得超出经许可或者备案的项目提供服务。三投公司未经许可，擅自在互联网上刊发消费者投诉相关项目产品质量，其行为本身已属违法。再者，《互联网信息服务管理办法》第十五条第（八）项规定，互联网信息服务提供者不得制作、复制、发布、传播含有侮辱或者诽谤他人、侵害他人合法权益内容的信息。由此可知，我国现行相关法律法规明确要求网络服务商不得发布、传播含有侮辱或诽谤他人，侵害他人合法权益的信息。网络服务商有义务对上载的信息进行审查，对于违法内容及时予以删除。本案中，315 投诉网上网友发表的言论，已超出对澳大公司产品质量的批评、评论范畴，三投公司作为网络服务商，应加强对其经营的网站的检查，对于网站上出现的侵害他人合法权益的有害信息及时进行删除。三投公司对于显而易见的侵权言论长时间未予以删除，在澳大公司要求删除侵权言论的情况下，三投公司依然未予以删除，放任侵权言论在网络中广为蔓延，主观上具有过错。三投公司发布、传播含有侮辱或诽谤他人，侵害他人合法权益的信息，其行为已构成违法。315 投诉网上网友发表的言论，带有明显辱骂、贬损的意思表示，必然造成澳大公司社会信誉的降低这一损害事实，而三投公司的违法行为与澳大公司社会信誉降低的损害事实存在因果关系。故三投公司的行为对澳大公司的名誉权构成侵害，依法应当承担相应的民事责任。综上所述，依照《中华人民共和国民事诉讼法》第六十四条第一款、《中华人民共和国民法通则》第一百零一条、第一百二十条、第一百三十四条第一款第（一）项、第（七）项、第（九）项、第（十）项、第二款之规定，天河区人民法院作出（2007）天法民一初字第520号民事判决：一、三投公司自本判决发生法律效力之日立即停止在315投诉网（网址：http：//www. 315ts. net）上刊载不实投诉或投诉报导及其他文稿等全部侵权行为，为澳大公司恢复名誉、消除影响。二、三投公司自本判决发生法律效力之日五日内在《南方周末》上向澳大公司书面赔礼道歉（内容需经法院审查）。三、三投公司自本判决发生法律效力之日起五日内赔偿澳大公司经济损失100000元、公证费5500元、工商查询费60元，共计105560元。四、驳回澳大公司其他诉讼请求。如果未按本判决指定的期间履行给付金钱义务，应当依照《中华人民共和国民事诉讼法》第二百三十二条①之规定，加倍支付迟延履行期间的债务利息。本案受理费15540元、财产保全费4520元，共计20060元，由澳大公司负担11748元，三投公司负担8312元。

三投公司不服一审判决，向广州市中级人民法院提起上诉，请求撤销一审判决，驳回澳大公司的全部诉讼请求。广州市中级人民法院二审确认了一审认定的事实。广州市中级人民法院二审认为，综合双方当事人的诉辩，本案的争议点在于三投公司开办的315投诉网上发布的关于澳大公司产品的评论是否侵犯了澳大公司的名誉权。本案中，在315投诉网上发布评论者是否是真实的消费者就是双方争议焦点之一，这也是网络名誉侵权案件的特殊之处。本案中，尽管三投公司所称"已与发帖的消费者进行联系确认事实，还将消费者的帖子内容及时反馈给被上诉人……"缺乏事实依据，但根据315投诉网上登载的内容，表面证据显示有关批评、评论是由人数众多的消费者发布，在没有相反证据的情况下，理应认定他们就是真实的消费者。澳大公司提出三投公司人为捏造投诉和发布虚假投诉的主张，缺乏相应

---

① 对应2012年新修订《民事诉讼法》第二百五十三条的规定。

的事实依据。如澳大公司认为三投公司假冒消费者之名进行投诉，并以此相要挟索要经济利益，则案件已涉嫌刑事犯罪，澳大公司可向公安机关报案解决。首先，315投诉网上有关批评、评论虽使用了"投诉白大夫，简直是在毁容""白大夫害人不浅加急""白大夫斑霜成分安全吗??"等字眼，用词较为偏激、尖刻，但表达的是普通消费者使用"白大夫"产品后的主观感受和体验，同时对产品质量和使用效果提出质疑和批评，在性质上仍应属于消费者对产品质量和服务的正常批评、评论，未见明显的诽谤、诋毁之恶意，更无证据显示有关消费者借机损害三投公司的名誉。因此，有关批评、评论属于正当的舆论监督。一审判决认为相关言论带有明显的辱骂、贬损的意思，应属对文字的理解有偏差，二审予以纠正。根据《最高人民法院关于审理名誉权案件若干问题的解释》第九条的规定，有关批评和评论不构成对澳大公司名誉权的侵害。其次，315投诉网上有关投诉也许会对澳大公司的声誉造成程度较轻的损害，但是基于对批评的容忍义务，澳大公司理应自我克制，予以必要的容忍。综上所述，三投公司的行为并不构成对澳大公司名誉权的侵害，一审判决由于对消费者的评论构成名誉侵权的判断标准把握不当，导致对有关批评和评论的定性错误，所作处理有误，应予撤销。三投公司的上诉请求理由成立，二审予以支持。澳大公司的诉讼请求理由不足，应予驳回。依照《中华人民共和国民事诉讼法》第一百五十三条[①]第一款第（二）、（三）项、《最高人民法院关于审理名誉权案件若干问题的解释》第九条的规定，广州市中级人民法院作出（2007）穗中法民一终字第3328号民事判决：一、撤销广州市天河区人民法院（2007）天法民一初字第520号民事判决。二、驳回澳大公司的诉讼请求。本案一、二审受理费各15540元、财产保全费4520元，均由澳大公司负担。

澳大公司不服广东省广州市中级人民法院（2007）穗中法民一终字第3328号民事判决，向检察机关申诉。广东省人民检察院于2009

① 对应2012年新修订《民事诉讼法》第一百七十条。

年 6 月 22 日作出粤检民抗字［2009］128 号民事抗诉书，向广东省高级人民法院提出抗诉。广东省高级人民法院于 2009 年 9 月 21 日作出（2009）粤高法立民抗字第 285 号民事裁定，提审本案。

2. 判决和评析

广东省高级人民法院再审认为，本案争议的焦点是三投公司的行为是否构成对澳大公司名誉权的侵害。一、关于三投公司的行为是否构成对澳大公司名誉权侵害的认定标准问题。《最高人民法院关于审理名誉权案件若干问题的解释》第九条规定："消费者对生产者、经营者、销售者的产品质量或者服务质量进行批评、评论，不应当认定为侵害他人名誉权。但借机诽谤、诋毁，侵害其名誉的，应当认定为侵害名誉权。新闻单位对生产者、经营者、销售者的产品质量或者服务质量进行批评、评论，内容基本属实，没有侮辱内容的，不应当认定为侵害其名誉权；主要内容失实，损害其名誉的，应当认定为侵害名誉权。"根据该规定，对消费者与新闻单位两类不同主体的评论是否构成名誉侵权采用不同的判断标准。三投公司不是澳大公司产品的消费者，故认定三投公司的行为是否构成对澳大公司名誉权的侵害，不能适用消费者侵害名誉权的判断标准。原二审判决将三投公司开办的 315 投诉网发布关于澳大公司产品评论的行为等同于消费者对澳大公司产品的评论，忽视了三投公司开办的 315 投诉网在信息传播方面与传统新闻单位的相似性，原二审判决对三投公司的行为适用消费者侵害名誉权的认定标准明显不当，本院再审予以纠正。三投公司不是新闻单位，其开办的 315 投诉网也未取得互联网新闻信息服务许可证，故三投公司的行为是否侵害澳大公司的名誉权，应适用一般侵害名誉权的认定标准，即《最高人民法院关于审理名誉权案件若干问题的解答》第七条第一款规定的"是否构成侵害名誉权的责任，应当根据受害人确有名誉被损害的事实、行为人行为违法、违法行为与损害结果之间有因果关系、行为人主观上有过错来认定"的认定标准。二、关于三投公司的行为是否构成侵权的问题。首先，《互联网信息服务管理办法》第十五条规定，"互联网信息服务提供者不得制作、复制、发布、传播含有下列内容的信息：……（八）侮辱或者诽谤他人，侵害他人合法权益的；（九）含有法律、行政法规禁止的其他内容的"，三投公司作为互联网信息服务提供者，应遵守上述规定。虽然消费者可以对其使用的产品质量进行批评、评论，但三投公司作为互联网信息服务提供者，在澳大公司要求其删除评论者带有明显辱骂、贬损意思表示的帖子后，应履行相应的审查义务，避免其发布、传播的信息侵害他人合法权益。本案中，三投公司称"已与发帖的消费者进行联系确认事实，还将消费者的帖子内容及时反馈给被上诉人……"缺乏事实依据。因三投公司既未举证证明在 315 投诉网上发帖的评论者均是使用澳大公司生产的白大夫产品的消费者，也未举证证明澳大公司生产的白大夫产品是质量不合格产品，未举证证明相关帖子内容属实，故 315 投诉网发布、传播贬低澳大公司产品质量的帖子，违反了《互联网信息服务管理办法》第十五条的规定，侵害了澳大公司的名誉权。原二审判决认为在澳大公司没有相反证据的情况下，应认定发帖的是真实的消费者，二审判决确定的这一举证责任分配规则缺乏相应法律依据，再审予以纠正。其次，在澳大公司要求三投公司删除上述评论者帖子的情况下，三投公司既未核实帖子内容属实，也未予以删除，放任帖子的不良后果在网络中蔓延，主观上具有过错。最后，在网络环境下，信息传播的速度快、范围广，315 投诉网上发布、传播的贬低澳大公司产品质量的帖子，必然造成澳大公司社会信誉的降低这一损害事实，三投公司的违法行为与澳大公司社会信誉降低的损害事实之间存在因果关系。

综上所述，广东省高级人民法院认为原二审判决认定事实清楚，但适用法律错误，依法应予纠正；原一审判决认定事实清楚，适用法律正确，依法应予维持。

3. 新法草案下的重新审视

本案争议的焦点在于三投公司在互联网上刊发消费者投诉相关项目产品质量的行为是否违法的认定上。首先，根据本法草案第六条的规定，互联网信息服务分为经营性和非经营性两类。从事经营性互联网信息服务，应当获得电信主管部门颁发的互联网信息服务增值电信业务经营许可；从事非经营性互联网信息服务，应当在电信主管部门备案。未取得许可或者未履行备案手续的，不得从事互联网信息服务。在本案中，三投公司未经许可，擅自在互联网上刊发消费者投诉相关项目产品质量。其次，根据本法草案第十三条的规定，互联网信息服务提供者不得侵犯其他互联网信息服务提供者和用户的合法权益。根据本法草案第十八条的规定，任何单位和个人不得制作、复制、发布、传播或者故意为制作、复制、发布、传播含有侮辱或者诽谤他人、侵害他人合法权益的信息的提供服务。由此可知，本法草案明确要求网络信息服务商不得发布、传播含有侮辱或诽谤他人，侵害他人合法权益的信息。同时，网络信息服务商有义务对刊载的信息进行审查，对于含有违法内容的信息及时予以删除。在本案中，网友在三投公司经营的 315 投诉网上发表的言论，已超出对澳大公司产品质量的批评、评论范畴，三投公司作为网络信息服务商，其本应加强对其经营的网站——315 投诉网的检查，对于网站上出现的侵害他人合法权益的有害信息及时进行删除。但三投公司对于显而易见的侵权言论长时间未予以删除，在澳大公司要求删除侵权言论的情况下，三投公司依然未予以删除，放任侵权言论在网络中广为蔓延。综上所述，在新法草案对本案的重新审视下，不难发现，根据新法草案的要求，三投公司一方面无证经营互联网信息服务，另一方面其发布、传播含有侮辱或诽谤他人、侵害他人合法权益的信息，其并没有完全尽到保护作为用户的澳大公司合法权益的义务，因此，本案中三投公司在互联网上刊发消费者投诉相关项目产品质量的行为违法。

第四章　社会团体网络行为领域立法完善

第一节　《社会团体利用网络开展活动 若干问题的规定（草案）》

第一条　为了进一步加强社会团体网络活动规范，维护社会团体正常网络活动秩序，规范社会团体利用信息网络开展活动，保护社会团体合法权益，遵照"积极发展、加强管理、趋利避害、为我所用"的基本方针，制定本规定。

第二条　社会团体利用信息网络开展活动，是指社会团体作为独立法人利用信息网络开展业务活动，或者与其他民事主体利用信息网络联合开展业务活动的行为。

第三条　社会团体利用信息网络开展活动，应树立社会主义荣辱观，倡导文明办网、文明上网。坚持正确舆论导向，致力于传播弘扬热爱祖国、服务人民、崇尚科学、辛勤劳动、团结互助、诚实守信、遵纪守法、艰苦奋斗内容的价值观，维护网络空间健康秩序。

第四条　社会团体利用信息网络开展业务活动，应当遵守相关信息网络法律法规和政策规定，符合章程规定的宗旨和业务范围，自觉接受登记管理机关、行业主管部门、有关职能部门的监督检查和社会监督，并加强面向社会信息公开的力度。

第五条　社会团体应坚决抵制非法社会团体利用网络活动，对于不法分子利用本团体名称进行非法结社的行为予以监督，并向相关部门举报。

第六条 社会团体利用信息网络开展业务活动，不得捏造、散布虚假消息损害政府、企业和公众的形象和利益，不得使用违背公序良俗、侵犯他人权益或者故意误导他人的言论，不为利益集团所利诱和利用，做出违纪违法以及违反民间组织活动原则的行为。

第七条 社会团体利用信息网络开展业务活动所发表言论不得违反国家的法律法规，不得含有下列内容：

（一）违反宪法确定的基本原则的；

（二）危害国家安全，泄露国家秘密，颠覆国家政权，破坏国家统一的；

（三）损害国家荣誉和利益的；

（四）煽动民族仇恨、民族歧视，破坏民族团结的；

（五）破坏国家宗教政策，宣扬邪教和封建迷信的；

（六）散布谣言，扰乱社会秩序，破坏社会稳定的；

（七）散布淫秽、色情、赌博、暴力、恐怖或者教唆犯罪的；

（八）侮辱或者诽谤他人，侵害他人合法权益的；

（九）煽动非法集会、结社、游行、示威、聚众扰乱社会秩序的；

（十）以非法民间组织名义活动的；

（十一）含有法律、行政法规禁止的其他内容的。

第八条 社会团体在接受年度检查时，应当向登记管理机关报告上一年度利用信息网络开展业务活动的情况。

第九条 社会团体利用信息网络开展业务活动，应采取会员实名注册制度，合理控制会员数量和范围，避免网络聚众事件的发生。

第十条 社会团体建设网站，应认真遵守宪法和互联网相关法律法规及行业公约，坚持网站利益服从国家利益和公共利益，坚持社会效益高于经济效益，强化管理制度，完善技术措施，拒绝传播违反国家法律、危害国家安全、破坏社会稳定、伤害民族关系和宗教信仰的信息。

第十一条 社会团体建设网站应自觉遵守国家有关互联网信息服务管理的规定，自觉履行互联网信息服务的自律义务：

（一）本团体网站不制作、发布或传播危害国家安全、危害社会稳定、违反法律法规以及迷信、淫秽等有害信息，依法对用户在本网站上发布的信息进行监督，及时清除有害信息；

（二）本团体网站不链接含有有害信息的网站，确保网络信息内容的合法、健康；

（三）本团体网站制作、发布或传播网络信息，要遵守有关保护知识产权的法律、法规；

（四）本团体网站增强网络道德意识，自觉抵制有害信息的传播。

第十二条 社会团体利用信息网络开展业务活动，要提高应对非法网络公关行为的防范能力，完善内部管理制度，积极开展法律法规培训及职业道德教育，提高团体成员网络法律意识和责任意识，引导团体成员健康有序开展网络活动。

第十三条 社会团体利用信息网络开展业务活动，自觉接受社会监督，设立便捷的举报渠道，积极处理社会各方面的投诉，及时反馈处理结果、及时处理各种违法和有害信息。

第十四条 社会团体利用信息网络开展活动，应严格保守国家秘密，切实保障公民个人隐私权，除非涉及公众利益或者经当事人同意，不得公开他人的姓名、住址、电话等个人资料以及其他隐私信息。

第十五条 本规定所称信息网络，包括以计算机、电视机、固定电话机、移动电话机等电子设备为终端的计算机互联网、广播电视网、固定通信网、移动通信网等信息网络，以及向公众开放的局域网络。

第二节 《社会团体利用网络开展活动若干问题的规定（草案）》草拟说明及理由

第一条 制定依据及目的

为了进一步加强社会团体网络活动规范，维护社会团体正常网络活动秩序，规范社会团体利用信息网络开展活动，保护社会团体合法权益，遵照"积极发展、加强管理、趋利避害、为我所用"的基本方针，制定本规定。

◉ 说明及理由

近年来，随着我国信息产业的迅猛发展，互联网已经逐渐融入社会的各个领域。根据中国互联网络信息中心（CNNIC）发布的《第32次中国互联网络发展状况统计报告》显示，截至2013年6月底，中国网民规模达5.91亿，互联网普及率为44.1%，其中手机网民规模达4.64亿，网民中使用手机上网的人群占比提升至78.5%。在此背景下，当今信息时代的互联网不再限于单纯的信息媒介，而已经成为社会公众不可或缺的生活平台，成为人们日常活动的"第二空间"。可以说，网络空间与现实空间正逐步的走向交叉融合，"双层社会"逐步形成，这为社会团体利用网络开展活动提供了现实基础和现实可能性。

随着互联网的发展，一些社会团体以网络为平台进行网络活动，并日趋活跃。这些社会团体种类几乎覆盖了社会生活的方方面面，对此有些人称："娱乐、体育、电玩、旅游、车迷、环保、公益……众多领域，总有一个适合你。"他们多为自发性、松散型，有的靠兴趣聚合，有的因公益凝集，也有的游走在道德和法律的边缘。这些社会组织不仅活跃在虚拟空间，也开始走进现实世界。互联网逐渐成为社会团体开展合作活动、举办研讨会论坛以及日常工作的重要平台和工具。互联网在社会团体开展活动中的广泛应用，一方面极大减少了社会团体开展活动的现实困难，拓展了开展活动的平台和空间，扩大了社会团体的社会影响力；另一方面，由于互联网的开放性和无序性，使得社会团体利用互联网开展活动过程中普遍存在着形式乱、内容乱、参与主体乱、社会影响乱的四大乱象，迫切需要从国家层面上对于社会组织利用互联网开展活动进行引导和规范，由此提出制定本条例。因此，研讨社会团体利用互联网开展活动的相关行为规范，探究社会团体利用互联网开展活动的合理规则，属于目前社会组织建设与管理研究的前沿性问题。通过本条例的制定，争取为引导和调整社会团体利用互联网开展活动提供坚实的基础和支持，为相关行为规范体系的构建提供先导性的理论和法律保障。本条例遵照"积极发展、加强管理、趋利避害、为我所用"的基本方针，因此，在引导社会团体开展活动中，将坚持"引导"方针，最大限度为社会团体利用网络开展活动进行服务。

第二条　本《规定（草案）》的主体

社会团体利用信息网络开展活动，是指社会团体作为独立法人利用信息网络开展业务活动，或者与其他民事主体利用信息网络联合开展业务活动的行为。

◉说明及理由

社会团体利用网络活动作为网络背景下特有的社会现象，其整体态势与网络的普及有着较为紧密的联系。从整体上来看，近10年来社会团体利用网络开展活动呈现出日益增加的趋势。传统空间是现实的"熟人社会"，而网络则再造了一个虚拟的"生人社会"。在虚拟与现实之间，在"生人社会"与"熟人社会"之间，网络构筑了深深的鸿沟。以虚拟化为主要特征的网络空间，由于缺乏传统的真实社会应有的约束机制，传统的道德观念和法律意识被不自觉地弱化。虽然整体而言网络还是一个新事物，但是发生在网络空间中的脱序行为、越轨行为、失范行为乃至犯罪行为，却并不陌生。传统空间有的种种不轨行为网上都有，传统空间没有的不良行为网络上还有。在现实的熟人社会中，慑于传统社会舆论、利益机制、法制制裁等他律手段的强大力量，人们总是自觉或者不自觉地维系强烈的道德责任感，下意识里给自己心灵的不雅或者丑恶一面带上层层的面具甚至是枷锁，面对熟人社会无形的、无所不在的道德压力、道德约束，人们绝对不敢轻易地越雷池半步。而在网络的"生人社会"里，人们将自己的真实身份隐藏在各式各样的"网络马甲"背后，那条由熟人的目光、舆论和感情构筑的防线突然崩溃，遮掩身份的马甲穿上了，遮掩心灵的马甲卸下了。这直接导致了网络空间中各种违规行为的增多，有些人将网络作为自己宣泄情绪的场所，回到现实中依旧温文尔雅、谦恭礼让。网络是道德的洼地，网络中虽然也有道德谴责，但是网络中的道德只能谴责那些冰冷的"符号"，却对符号背后的个人无能无力，谴责的矛头无法瞄准确切的个人，也无法突破网络而触及现实中的个人身份。愤怒之下群起而攻之的"人肉搜索"集万千人之力而有时能够冲破网络的隔离将矛头指向具体的个人，却隐含着道德审判与侵犯隐私的巨大风险。由于虚拟与现实的深度割裂，网络空间中的道德责任几乎降为零，对于诽谤、侮辱等行为，网民似乎不必承担任何道德风险，不必支付任何道德对价。网络空间中的法律责任在想象中也几乎降为零，即使在司法机关越来越注重惩处网络侵权责任的背景下，仍然存在着巨大的违法"黑数"，每年立案处理的行为不过是冰山一角、沧海一粟。

社会团体利用网络开展活动的普遍化和迅速增加与当前社会团体整体发展是紧密相连的。根据中国媒体报道的部分网络社团，以及对社区网站、网络论坛、高校 BBS 等社交网站进行随机检索，在所搜集样本库中以成立时间为标准划分，可以发现网络社团的数量整体上呈现出逐年增长的趋势。检索 2003 年至 2012 年期间成立的网络社团，其使用载体主要包括网站论坛、微博、手机短信、BBS、电子邮箱以及微信朋友圈等。社区论坛作为传统的网络传播工具，成为了社会团体利用网络活动的首选载体，占到了总数的 30%。同时，社会团体利用网络活动使用的网络载体还呈现出多样化的特征，诸如微博、BBS、电子邮箱以及微信朋友圈等网络交流平台也成为社会团体利用网络活动的常用载体，社会团体利用网络活动使用载体呈现出多样化发展的趋势。

社会团体利用网络活动形式多样，缺乏统一的组织特征。整体上讲，当前网络社团在组织管理上呈现出没有固定场所、规章制度，或者规章不完善、成员流动较大、缺乏有组织管理的特征。根据研究过程中总结的部分网络社团的组织特征，以成员稳定性程度、是否具有固定场所、内部管理是否制度化为标准划分为管理有序、管理相对有序、管理混乱三种情形①，将近90%的社会团体利用网络的活动在管理上存在着管理无序和混乱的情形，这些社团成员流动性大、没有固定的活动场所和经费来源，形式松散。

本条例旨在研究社会组织利用互联网开展活动的相关行为规范的整体架构为主题，在深化对社会组织利用互联网开展活动特点和规律认识的基础上，建构社会组织利用互联网开展活动的相关行为规范体系。

第三条　社团利用网络开展活动的指导原则

社会团体利用信息网络开展活动，应树立社会主义荣辱观，倡导文明办网、文明上网。坚持正确舆论导向，致力于传播弘扬热爱祖国、服务人民、崇尚科学、辛勤劳动、团结互助、诚实守信、遵纪守法、艰苦奋斗内容的价值观，维护网络空间健康秩序。

◉**说明及理由**

在当前"双层社会"趋近形成的背景下，网络不再是纯粹的虚拟

_____

①　为了评估的简便，具备评价标准中两项为管理有序，具备一项为相对有序，其他为管理混乱。

空间，也不再是无法无天任君驰骋的"自由"王国，其与现实空间的紧密衔接正在不断的削弱网络行为的虚拟性，网络行为被赋予了越来越多的现实性和真实性。

在"双层社会"下，任何发生在网络空间中的人类行为都可以在现实空间中找到回应，其行为结果必然能够在现实社会中有所体现，网络与现实空间中间的"蝴蝶效应"已经成为现实，轻轻点击电脑键盘所实施的网络行为，甚至可能引发现实社会中的重大结果。如同网络造谣诽谤一样，一句看似漫不经心的诽谤性谣言将可能造成现实社会中数以千万甚至数亿、数十亿的经济损失，"海南香蕉致癌""四川柑橘出现蛆虫"等造谣性言论造成果农的巨大损失即是此例。可以说，尽管虚拟性仍然是网络的本质特性，但这一特性已经越来越多的失去其本来意义，社会团体利用网络活动不再单纯仅仅限于虚拟行为，而是被越来越多的赋予了现实意义，社会团体利用网络活动所产生的实际影响和社会效果已经逐渐地反映到现实生活中。从长远来讲，最好的解决模式还是推进网络参与环境由"不互信"向"互信"的回归。在网络发展的早期，网络用户往往属于特定的个人或者群体，网络服务对象对应于现实社会中的真实身份，他们之间受到现实社会道德与法律规则的约束，存在着现实社会中的"网络互信"。[①]但是，随着网络的普及和网民数量的迅速增加，网络逐渐变成了"陌生人社会"。正是由于这种网络用户之间的虚拟性，使得网络互信前提大大减弱，这也就导致网络言论似乎成为不受法律约束的"法律真空地带"，某种程度上刺激了网络诽谤的猖獗。因此，改变目前网络身份虚拟的现实，或许能够从根本上解决网络诽谤言论盛行的难题。对此，可以借鉴韩国、澳大利亚等国推动并日益成熟的网络实名制度，通过在网络空间中构建起一个真实的现实社会，最大限度地减少网络违法犯罪行为的发生。因此，网络中的众多违法行为固然可以归结于个人的原因，但"橘生淮南则为橘，生于淮北则为枳"，网络的

---

① 参见于志刚：《网络犯罪与中国刑法应对》，载《中国社会科学》2010 年第 3 期。

虚拟性也是诱发诸多违规行为的重要原因，实名制其实是针对网络的进行的"水土改良"工作。实名制实现了个人真实身份与虚拟身份的对应，它有助于"生人社会"与"熟人社会"的转换，有助于虚拟社会与现实空间的对接。实名制如同交叉十字架的中心，它一边沟通了虚拟网络社会与现实空间，一边沟通了生人社会与熟人社会。从沟通虚拟社会与现实社会的角度来看，实名制实际上是增加了网民守德守法的自律意识和心理负担。网民在网络上留下的信息痕迹和技术痕迹决定了，网民从来就没有获得真正的遁形。无论是实名制还是非实名制，网下的你和网上的你都是被连为一体的，你的现实身份和网上身份原本就是一体的：在非实名制的情况下，连接两者的是你的 IP 地址等技术信息；在实名制的情况下，连接两者的是你登记的真实身份信息加上你上网的技术信息。因此，实名制的意义并不在于让管理部门能够找到你，因为他原本就能找到你；实名制存在的意义，其实更多地与网民的心理基础有关，实名制的客观效果是让网民从心理上意识到、认识到他的网络身份和现实身份是被连为一体的，有助于消减网络的虚拟色彩，增加网络的现实成分，打破网络空间"他人奈我何"式的心理定势，破除一些人自以为可以无影无踪的掩耳盗铃之举，形成对于造谣、诽谤者等失德、违法、违规者潜在的道德震慑和法律威慑。对于那些恣意造谣者、恶意诽谤者来说，网络实名制在其心理上增加了责任的现实性，提高了追究责任的几率，加重了其可能要承担失德、违法责任的心理负担。而这就是实名制的要义所在。实名制降低了对造谣、诽谤者的查找难度，但是，这并不是实名制的真正贡献，因为它的难度原本就是不大；实名制的最大效果和贡献，是要破除造谣者"自欺欺人""法不责众"的虚假幻想，逐步引导和确立网络参与者的规范意识。

同时，社会团体利用互联网开展活动也有一定的"风险性"。比如因为匿名，网民一定程度上不需要为自己在网络上的非理性行为承担更多的责任等。受制于网络技术侦察手段的有限性，大量的社会团体利用网络开展的违法犯罪行为并没有得到应有的法律制裁。因此本条旨在制定合理的社会团体利用网络的价值观标准，维护正常的网络空间秩序。

第四条　社团利用网络开展活动的监管

社会团体利用信息网络开展业务活动，应当遵守相关信息网络法律法规和政策规定，符合章程规定的宗旨和业务范围，自觉接受登记管理机关、行业主管部门、有关职能部门的监督检查和社会监督，并加强面向社会信息公开的力度。

◉**说明及理由**

从目前来看，我国关于规范基金会行为、社会团体合作活动、社会组织举办研讨会论坛和评比达标表彰活动、社会组织评估指标以及登记管理机关行政处罚程序等一系列规定存在着不少的问题，已不能满足引导和规范社会团体开展活动的需要，更不用说满足对社会团体监管的需要了。主要表现在：法律规范滞后，可操作性差，缺乏针对社会团体利用互联网开展活动的相关法律规范；社会团体活动监管缺失，监督制度不健全，我国现在还没有专门针对社会团体活动进行监督的法律，也没有专门的政府机构对社会团体利用互联网开展活动进行登记监控；社会团体利用互联网开展活动自律机制不完善，责任追究缺乏法律依据；网络环境复杂，互联网相关法律制度缺乏。

我国当前对于社会团体活动监管和引导面临的最紧迫的任务是对我国社会团体利用互联网开展活动进行分析和归类，将关于社团监管的相关法律法规加以归纳和总结，借鉴国外成功的社团监管机制，统一、规范、充实、丰富关于社会团体利用互联网开展活动的相关行为规范体系。由于类型划定的标准不同，在以往的研究中，对社会团体利用互联网开展活动的相关行为规范有着不同的归纳。在有些研究中，研究者从量化的角度和方法，运用分析软件，界定社会团体网络非法行为的基本属性及其特征，进而划分社群的类型。

本条例针对社会团体利用互联网开展活动中存在的现实问题提出

对策性的解决意见。根据对于社会团体利用互联网开展活动的类型分析和规律研究，总结出社会团体利用互联网开展活动过程中有借助网络平台侵犯他人人身权利、扰乱公共秩序等危害社会，违反宪法、法律的行为类型，并结合对于当前行政执法与司法实践关于社会团体利用互联网开展活动判定过程中存在的现实问题，从民法、行政法、刑法层面分别就上述社会团体利用网络开展活动的责任界定确定明确的标准和判定模式。加强立法和相关制度建设，强化依法运用网络技术监管，网上管理与网下管理相结合，从法制层面实现对社会团体利用互联网开展活动的有效监管和引导。

第五条　网络非法结社的防控

社会团体应坚决抵制非法社会团体利用网络活动，对于不法分子利用本团体名称进行非法结社的行为予以监督，并向相关部门举报。

◉说明及理由

客观讲，社会团体利用网络开展活动之所以发展迅速，根本原因是它能够满足网络人群多层次的需求，一些与道德和法律规范相悖的需要，在社会团体利用网络活动中也能一定程度上得到满足。由于网络因素的介入，使其与普通结社行为相比，具有了网络时代背景下所特有的新特征。1. 成长速度快，覆盖范围广。依托于网络的开放性和便捷性，组织者能很快联系和集聚响应者；网络在时空上的便利，使组织者能轻松自如地发布和获得结社信息，不用花太高的成本，相当便捷，而且可以覆盖所有的网络区域和网络人群，范围很广。2. 虚拟与现实交融，风险与便利互生。社会团体利用网络活动往往有着虚拟与现实的两面性：在网络空间中是虚拟的，而在现实社会中实施的行为则是与现实的接触。这种两面性同时还体现在社会效果上，一方面，网络社团全员参与、自主管理，充满活力的组织模式吸引凝聚了大量网民，在民意表达、信息发布、凝聚力量、申张正义、舆论监督、声讨及维权方面具有强力推动作用，促进了网民与社会的互动。另一方面，由于网络空间中鱼龙混杂，各种信息良莠不齐，网络社团某种程度上成为网络谣言的传播源头。

同时，尽管网络空间中的 IP 地址、电子账号、用户名等数字符号与现实社会有着紧密联系，但很大程度上仍然属于掩藏现实身份的面具或者马甲。由于"虚拟身份"的存在，使得一些不法分子利用合法社会团体的名称在网络上进行非法活动。

在这种背景下，国家在技术层面上对网络的控制虽然有力，但是，控制的效果越来越不尽如人意。除了极端情况下在特定区域内采取物理隔绝等方式强行断网之外，网络的无中心和无边界性将会导致技术层面的控制越来越困难，必须日益重视应用层面上的管理。而在应用层面上，孤立的、分散的个人往往是网络新闻、信息等社会内容的制造者，尤其是微博等新兴的传播工具的出现，导致传统的删贴等管理手段甚至无法有效切断信息传播的路径。传统的管理体制可以通过控制"中心节点"（例如，每一级政府、新闻机构、组织人事部门等）的方式控制整个社会，但是在网络中，政府必须直面成千上万的独立的个体，这种网络监管的负担是不堪其负的。可以说，网络给社会管理造成的最大障碍，就是网络的无中心结构。而网络的无边界性结构促使了"地球村"在网络空间中的逐渐成形，矛盾的汇集和发酵变得更为容易，国内矛盾和国外干预因素结合得更为快捷和顺畅，原本属于极小的"星星之火"般的国内偶发事件，通过网络借助于国内尤其是国外推波助澜式的"东风"之后，往往不经意之间具有了"燎原之势"。因此，过去过度重视、依靠技术防控的策略应当有所转变。网络由中心化转向无中心化，意味着网络上的权力分配关系也发生了变化。如果说，以前管理社会"中心节点"式的控制主要依赖于一种强制性的话，那么，互联网时代的社会控制，则可能要更多地考虑建立一种"认同性"，从而，网络社会治理的核心开始转向意识形态层面。

在美国等西方国家中，大多数网络结社过程中实施的违法案件往往都是通过民事侵权诉讼程序进行救济，除了针对未成年人实施的网络欺凌犯罪之外，国家公权机关几乎很少出现在网络结社过程中实施的违法案件。具体到我国应对网络结社的司法实践，不妨也可以将网络结社过程中出现的违法行为最大限度的交给受害人，充分保障公众的意思自治和言论自由。

第六条　社团利用网络开展活动的义务性规定

社会团体利用信息网络开展业务活动，不得捏造、散布虚假消息损害政府、企业和公众的形象和利益，不得使用违背公序良俗、侵犯他人权益或者故意误导他人的言论，不为利益集团所利诱和利用，做出违纪违法以及违反民间组织活动原则的行为。

◉说明及理由

信息时代背景下，互联网络在社会团体活动中的作用和功能与日俱增，我国社会团体利用互联网开展活动类型复杂多样，出现了诸多新问题。不仅是社会团体利用网络活动与现实社会紧密相容，而且网络空间中所滋生的诸多新型法益也在逐步受到现实社会的重视，诸如QQ币、游戏装备、网络知识产权等早已不再为我们所陌生的网络财富而已成为现实社会的重要财富。[①] 社会团体尤其网络团体在信息时代背景下，开展活动与现实空间相比，往往是非正式和松散的，由于其本身控制力很低，出现问题时可能导致极大危机和付出巨大代价。由于网络的虚拟性和网络联结个人和社会关系的纽带脆弱，网络中出现了诸多应当被防治的违法行为。

社会团体利用网络过程中的违法行为，整体上以网络造谣诽谤为主，其次网络诈骗、诋毁竞争对手进行恶意竞争、发布虚假广告等非

---

① 于冲：《网络诽谤行为的实证分析与刑法应对——以10年来100个网络诽谤案例为样本》，载《法学》2013年第7期。

法行为呈现增加趋势。从法律责任承担上讲，社会团体利用网络行为中出现的违法行为，基本大多数未承担法律责任，仅有很少的行为人承担民事责任。社会团体利用网络违法行为承担法律责任的数量较少，很大程度上因为司法实践中对于网络社团侵害公民权利的行为缺乏足够重视，而且大部分违法行为属于言语攻击、骚扰和侵犯隐私等行为，受害人运用法律保护这些权利的意识也不强烈。从社会团体利用互联网开展活动的实践来看，遭受来自网络侵扰的情况，最多的主要是言语攻击、侵犯隐私、侮辱诽谤以及虚拟违法犯罪、网络诈骗等问题。当受到上述来自社会团体及其成员的侵扰时，大部分网民所采取的措施包括向网管报告、网上揭露其不良行为、用同样方式还击、自己忍受，而很少有通过法律手段解决。同时，囿于网络技术侦查投入量的严重匮乏、相关学理研究的滞后以及法不责众的社会文化心理，大量社会团体利用网络行为中的违法行为，在事后没有能够进入到司法程序中进行查处和制裁，无法对于社会团体利用网络实施违法行为者形成有力的威慑。

当前大部分社会团体利用互联网开展活动过程中存在的非法行为仍然处在法律的评价半径之外，某种程度上助长了此类行为的日渐猖獗，本条例为全面评析社会团体利用互联网开展活动过程中存在的非法行为的责任认定体系提供了现实必要性基础。

第七条　社团利用网络开展活动的利益平衡

社会团体利用信息网络开展业务活动所发表言论不得违反国家的法律法规，不得含有下列内容：

（一）违反宪法确定的基本原则的；

（二）危害国家安全，泄露国家秘密，颠覆国家政权，破坏国家统一的；

（三）损害国家荣誉和利益的；

（四）煽动民族仇恨、民族歧视，破坏民族团结的；

（五）破坏国家宗教政策，宣扬邪教和封建迷信的；

（六）散布谣言，扰乱社会秩序，破坏社会稳定的；

（七）散布淫秽、色情、赌博、暴力、恐怖或者教唆犯罪的；

（八）侮辱或者诽谤他人，侵害他人合法权益的；

（九）煽动非法集会、结社、游行、示威、聚众扰乱社会秩序的；

（十）以非法民间组织名义活动的；

（十一）含有法律、行政法规禁止的其他内容的。

◉说明及理由

同现实社会中的结社一样，网络结社的法律调控也面临着保障结社自由与其他公民合法权益保护的合理平衡问题：一方面需要采取合理步骤确保普通公众权益受到保护，而另一方面又需要确保网络结社自由。可以说，网络言论及网络结社在某种程度上反映了民众的现实愿望，是彰显网络民意的重要渠道，不合理地压制网络民意极易侵犯网民的言论自由与结社自由。但是，在保障言论自由和结社自由的同时，其他公民的合法权益同样也应受到尊重。

从国外司法实践来看，网络结社的制裁几乎很少适用，在国内也出现了保障公民网络结社自由的呼声。客观地讲，我国现阶段应当合理发展网络结社，避免过多干预公民言论权利和结社自由，避免新近频繁发生的网民"因言获罪"的司法尴尬。

第八条 社团利用网络开展活动的年检制度

社会团体在接受年度检查时，应当向登记管理机关报告上一年度利用信息网络开展业务活动的情况。

◉说明及理由

客观讲，随着网络结社的发展，其中掺杂着违法行为乃至犯罪行为，对于其中的犯罪行为应严厉追究刑事责任。详言之，防控和治理网络帮派犯罪，应当从一般网络犯罪的诱发机制着手，减少网络及网络帮派对公民的负面影响，同时从社会、政府等处着手为网民营造健康的网络环境。犯罪控制应当立足于对引发行为人犯罪的外在因素与关系的干预上，通过干预引发犯罪的外在因素与关系，使行为人失去实施犯罪的外在根据而形成具体人不实施犯罪的外在根据从而控制犯罪。这种犯罪控制模式亦可用于网络帮派犯罪的防止与司法干预。

因此，应严格监督和检查社会团体遵守法律法规和国家政策的情况，严格执行社会团体利用网络活动的年检制度。检查其依照规定履行登记手续的情况，按照章程开展活动的情况，人员和机构变动情况，理事会换届改选情况，重大活动报告制度落实情况，财务管理情况等，社会团体遵守法律法规和国家政策规定，内部管理规范，严格按照章程规定开展活动，无违法违纪行为的，年度检查结论确定为"年检合格"。社会团体有违法违纪行为的，视情节轻重，年度检查结论确定为"年检基本合格"或"年检不合格"。"年检不合格"的社会团体，应当在限定期限内完成整改，并将整改报告报送登记管理机关。逾期不整改者，将依法予以处理。

本条例强调各社会团体网络业务主管单位要做好审查工作，依法加强社团管理，各社会团体要重视年检工作，指定专人负责，认真开展自查，保证上报信息的真实性和准确性。

第九条 社团利用网络开展活动的实名注册制度

社会团体利用信息网络开展业务活动，应采取会员实名注册制度，合理控制会员数量和范围，避免网络聚众事件的发生。

◉ **说明及理由**

随着信息化时代的深入发展，互联网已经成为社会团体开展活动主要的平台和工具，并通过舆论表达、信息传播等方式积极组织和开展各项事务、经济活动，对现实社会的政治、经济和文化发展都产生了巨大影响和冲击。

客观讲，网络社团强大的舆论造势能力对现实生活产生强烈的冲击，往往成为群体性事件的助推器，"人肉搜索"、侵犯隐私、曲解事实、道德强迫及网络暴力等非法行为日益增多，甚至通过社会团体利用网络实施犯罪的行为也逐步涌现，例如类似的未成年人社会团体利用网络犯罪的现象已有扩散之势。同时，目前我国的网络社团，绝大多数是不需要登记的，也自然不需要根据对登记社团的标准进行监督管理。批准登记制度使大量的社会团体难以获得合法身份，据有关调查显示，除正式登记在册的组织之外，还存在大量未经登记的社会组织，其数量大约10倍于登记在册的民间组织数量。[1]

从长远来讲，最好的解决模式还是推进网络参与环境由"不互信"向"互信"的回归。在网络发展的早期，网络用户往往属于特定的个人或者群体，网络服务对象对应于现实社会中的真实身份，他们之间受到现实社会道德与法律规则的约束，存在着现实社会中的"网络互信"。[2] 但是，随着网络的普及和网民数量的迅速增加，网络逐渐变成了"陌生人社会"，正是由于这种网络用户之间的虚拟性，某种程度上刺激了网络结社违法行为的猖獗。因此，改变目前网络身份虚拟的现实，或许能够从根本上解决网络结社混乱及其不法行为泛滥的难题。

因此，社会团体利用信息网络开展业务活动，应采取会员实名注册制度，合理控制会员数量和范围，避免网络聚众事件的发生。譬如，在一些学校出现了论文枪手社团、替考社团、传销社团等，一些消极、不健康的思潮也会乘虚而入，这是我们对社会团体利用网络活动进行管理时所应当注意防范的。

---

① 谢海定：《中国民间组织的合法性困境》，载《法学研究》2004年第2期。
② 于志刚：《网络犯罪与中国刑法应对》，载《中国社会科学》2010年第3期。

第十条　社团网络平台建设

社会团体建设网站，应认真遵守宪法和互联网相关法律法规及行业公约，坚持网站利益服从国家利益和公共利益，坚持社会效益高于经济效益，强化管理制度，完善技术措施，拒绝传播违反国家法律、危害国家安全、破坏社会稳定、伤害民族关系和宗教信仰的信息。

◉说明及理由

目前，可以看到的是在网络违法犯罪行为高发的大背景下，[①] 可以说，在网络空间中，人们将自己隐藏在各式各样的网络马甲背后，网络社会的交往规则几乎颠覆了传统现实社会的道德规范体系。人们通过互联网可以"放肆"地表达着自己的各种想法，对于"漫网飞舞"的网络信息仅凭自己的感情好恶去传播、加工再传播，网络俨然成为部分网民宣泄情绪的发泄场。结果就会导致一些社会团体利用网络，不顾国家民族的利益，只顾一己私利，传播危害国家安全、稳定的违法信息的行为，严重影响了社会稳定和国家安全。

网络结社及其违法行为不仅成为中国的一个严重的社会问题，同时也是国际社会所共同关注的社会问题。针对网络空间中日益混乱的网络结社及其不法行为，世界上大部分国家的立法或者司法机关，都在积极的探索网络结社及其违法行为的责任评价体系，很多国家已经确定了体系化的治理规则，或者在司法上有所实践和尝试，中国作为世界上网民人数最多的国家，中国政府也应该对社会团体利用网络的行为予以足够的重视并制定相应的法律法规。

网络时代到来以前，传统的社会团体内就存在一些例如发布危害国家安全、破坏社会稳定、伤害民族关系和宗教信仰等之类的违法犯罪问题。在进入到网络时代以后，这些现实社会中的违法犯罪现象也

---

① 于志刚：《网络空间中培训黑客技术行为的入罪化》，载《云南大学学报》2010 年第 1 期。

随之出现在互联网上，尤其随着网络社团的兴起和迅猛发展，网络结社危害国家安全犯罪行为日益呈现高发态势。但是，由于网络的特殊环境，使得目前的法律法规对其约束力有限，所以要加强对网络社团的监管，必须出台有针对性的法律法规，明确网络社团不法行为的法律责任认定体系。

第十一条 社团网络平台活动的法律义务

社会团体建设网站应自觉遵守国家有关互联网信息服务管理的规定，自觉履行互联网信息服务的自律义务：

（一）本团体网站不制作、发布或传播危害国家安全、危害社会稳定、违反法律法规以及迷信、淫秽等有害信息，依法对用户在本网站上发布的信息进行监督，及时清除有害信息；

（二）本团体网站不链接含有有害信息的网站，确保网络信息内容的合法、健康；

（三）本团体网站制作、发布或传播网络信息，要遵守有关保护知识产权的法律、法规；

（四）本团体网站增强网络道德意识，自觉抵制有害信息的传播。

◉说明及理由

当前大数据时代背景下，社会团体利用信息网络开展活动作为信息时代的特有形式，其发展规律和演变特征均与网络发展息息相关。随着当前三网融合步伐的加快，网络已经成为社会公众基本的生活交流平台，社会团体利用信息网络开展活动的行为与社会组织的传统活动模式相比，也具备了全新的行为特质。例如，由于网络信息传播迅速，社会团体组织者利用互联网开展活动，能很快联系和集聚响应者；同时由于网络在时空上的便利，社会团体组织者利用电子网络能轻松自如地发布和获得信息，成本低廉，便捷迅速，并且可以覆盖所有的网络区域和网络人群，超越了国界和种族。正是由于网络活动的门槛和成本被极大的降低，每个人都可以通过网络将自己的声音在瞬间扩散至全球每一个角落，真正实现了网络空间中"一呼百应"的效果。

随着社会团体利用互联网开展活动的日益普遍和常态化，而现有法律法规对于此类行为却存在真空与严重滞后，导致社会团体利用互联网开展活动缺乏明确的行为规范做引导，同时，在相关法律责任的认定上要么存在无法评价、要么评价不足的法律尴尬，为此对于社会团体建设网站的管理，不仅要集中在社会团体利用互联网开展活动的监管层面上，更要严格要求社会团体建设网站应自觉遵守国家有关互联网信息服务管理的规定，自觉履行互联网信息服务的自律义务。

因此，本条例力求在吸取国外相关立法经验的同时，结合中国自身社会团体的发展现状、时代背景和现实司法环境来反思中国社会团体利用互联网开展活动相关行为规范的体系构建。拟对于社会团体利用互联网开展活动的相关行为的自律行为予以分析和解读，为指导目前关于社会团体利用互联网开展活动相关行为规范体系的构建。

第十二条 社团利用网络开展活动的内部治理

社会团体利用信息网络开展业务活动，要提高应对非法网络公关行为的防范能力，完善内部管理制度，积极开展法律法规培训及职业道德教育，提高团体成员网络法律意识和责任意识，引导团体成员健康有序开展网络活动。

◉说明及理由

社会团体利用互联网开展活动的相关行为规范不仅要纳入法律评价体系之内，还应提高对非法网络公关行为的防范能力，完善内部管理制度，积极开展法律法规培训及职业道德教育，提高团体成员网络法律意识和责任意识，引导团体成员健康有序开展网络活动。因此，保障社会团体利用互联网开展活动的有序开展，有必要对社会团体利用互联网开展活动予以研究和防控。当然，对于传统社团如此的现状，我们可以说对于自由化程度更高的网络，明确其自治地位更是毋庸置疑的。一方面，根据法不责众理论，行政执法对于这些法律滞后所造成的"违法"无能为力；另一方面，通过法律明确界限不仅可以给予这些自治组织更好的发展空间，也可以预留法律空间制定新的法规进行规制。

网络违法行为和犯罪行为是相互共存的，防控和治理网络帮派犯罪的最优路径，则是在其演变为犯罪之前，在违法阶段就予以彻底根除。因此，社会团体完全可以充分依靠行政法规和部门规章加强对团体内部网络违规和越轨行为的治理力度。相关部门应努力加强对网站内部人员的管理和对网站发布信息的技术监控，对非法交友网站、非法网络游戏公会等有害网络社团网站进行及时警告和处理。对于严重违法的网络行为，予其处罚。从源头上杜绝违法行为的产生。

第十三条　社团利用网络开展活动的社会监督

社会团体利用信息网络开展业务活动，自觉接受社会监督，设立便捷的举报渠道，积极处理社会各方面的投诉，及时反馈处理结果、及时处理各种违法和有害信息。

◉说明及理由

传统的社团管理体制并没有将社会团体利用网络的行为纳入其监管范围之内，而在政府对互联网的监管中，社会团体利用网络行为也没有获得足够的重视。网络社团不属于正式登记注册的合法社团，不具备合法性，也未被纳入社会团体的管理范畴之中。因此，保障社会团体利用网络行为的有序开展，有必要对网络社团非法行为予以研究和防控。相对于传统社团如此的现状，网络社团的自由化程度更高，保证其充分的自主地位，同时通过法律明确界限不仅可以给予这些自治组织更好的发展空间，也可以预留法律空间制定新的法规进行规制。

本条例要实现在现有体制内对社会团体利用互联网开展活动进行切实有效的监管，就必须理顺社会团体利用互联网开展活动与传统组织活动监管体制及行为规范确立的主线，发掘其利弊，从而实现以最少的成本将社会团体利用互联网开展活动相关行为规范予以合理构建，将其纳入现行法律责任认定体制，确保分工明确，协调一致。并且充分利用群众力量，建立起"全民网管"模式，鼓励网民积极监督各种网络活动、举报不良网站，对于通过所举报信息成功排除不良网站的网民应给予奖励。

第十四条　社团利用网络开展活动的信息安全

社会团体利用信息网络开展活动，应严格保守国家秘密，切实保障公民个人隐私权，除非涉及公众利益或者经当事人同意，不得公开他人的姓名、住址、电话等个人资料以及其他隐私信息。

◉ 说明及理由

在大数据时代的今天，个人信息愈加成为一种重要的资源。拥有这些资源，便意味着拥有了受众市场，正是这种诱惑刺激着一些不法分子打起非法获取公民个人信息的歪主意。自 2008 年以来，网络非法倒卖公民个人信息的案件层出不穷，犯罪分子通过网络倒卖的信息数量之大令人瞠目结舌，其中甚至还有工商民政等多部门的公务人员参与其中。某些掌握大量公民个人信息的单位的工作人员利用职务之便，将所掌握的信息在网上大量、快速地出售，有的不法分子则借此将网民的个人信息低价买入高价卖出，网络非法交易平台正在逐渐的形成。

如何有效得保护社会团体的个人信息安全，已成为社会各界共同关注的热点问题。当前法律的不健全使得侵犯个人信息安全的行为得不到有效的制裁，与此同时被侵权者也不能够借助法律的武器有效地保护自己的利益，这就更加助长了侵权行为的发生。网络泄露个人隐私的行为具有极大的隐蔽性，这种行为往往是由受害者受到了实际损害之后才向公安机关举报的。有的民众根本就没有意识到自己的信息有可能已经被泄露了，自然也不会向公安机关举报。而且网络具有虚拟性，在网上进行交易的双方往往都不知道对方的实际情况，因此对犯罪分子的追踪难度也比较高。

网络个人信息泄露的后果一般是收到各式各样的垃圾短信、各类的诈骗短信，甚至可能被一些犯罪分子利用，对公民的生活、财产甚至生命健康造成威胁。因此，完善社会团体中网络管理监督机制，防止公民个人信息泄露的问题发生，健全网络立法迫在眉睫。

第十五条　本《规定（草案）》的适用范围

本规定所称信息网络，包括以计算机、电视机、固定电话机、移动电话机等电子设备为终端的计算机互联网、广播电视网、固定通信网、移动通信网等信息网络，以及向公众开放的局域网络。

◉说明及理由

社会团体利用互联网开展活动不断呈现出诸多特有特征，现有的法律法规无法对其进行监管和引导，以致对于部分违法行为的法律责任认定存在无法可依的尴尬。网络改变了社会团体开展活动的传统行为模式、形态和内容，比如社会团体利用电子商务的签名技术以及吸纳会员或进行捐赠、在社会团体网站放置网络广告获得收益、网络新闻传播、网络犯罪等网络行为与现实中的相应行为相比有其特殊性，另外网络造就了一些特殊的主体，如网络推手公司、网络公关团队等，同时，还引发了一些新的权利之争，比如网络知识产权、网络人权。总之，网络的特点及社会组织利用互联网开展活动的开放性给我国现行的法律带来了多方面的、全方位的影响。因为社会团体网络活动而催生的法律问题正在成为理论界和实务界关注的热点。在网络出现以前，传统现实中的社会团体活动没有也不可能触及这些问题，而在网络出现以后，社会团体利用互联网开展活动必须有相应的新的行为规范来调控，由网络引发的全新法律问题对现实中相关的传统法律部门如民商法、刑法、行政法、诉讼法的适用和变更都产生了重大影响。比如网络结社行为中经常充斥着价值观冲突、群体极化、网络情感欺骗和网络欺凌，还有过分沉溺虚拟世界使得现实生活的交流淡化。这些新出现的问题，都需要相关行为规范的完善，才能实现对社会团体利用互联网开展活动的监管和引导，真正维护社会团体正常网络活动秩序，规范社会团体利用信息网络开展活动，保护社会团体合法权益。

第三节《社会团体利用网络开展活动若干问题的规定（草案）》实证案例分析

一、非法结社的监管与防控

社会团体应坚决抵制非法社会团体利用网络活动，对于不法分子利用本团体名称进行非法结社的行为予以监督，并向相关职能部门举报。

相关问题的案例对比分析——赵某等通过网络非法结社冒充合法社团组织敲诈勒索案

1. 案例基本案情

2014 年 4 月，徐州经济开发区某项目接到标有"社会焦点网"的一纸传真，称"项目违规"。随后，项目所属公司的经理魏某又接到电话，对方称是社会焦点网的赵记者，要求见面解决问题。后赵某冒充"媒体监督组织"对被害人进行敲诈勒索，被害人鉴于其身份信息予以相信，并向其支付了 30 万元。后查明，赵记者的真实身份是仲伟，系某不法网站负责人，多人通过冒充合法社会组织的形式进行诈骗和敲诈勒索。8 月 23 日，仲伟被警方抓获。仲伟先后开设了"社会焦点网""今日焦点网"等 6 个网站，冒充社会组织专门用来敲诈勒索。同时，2011 年，仲伟通过虚假注资的方式，注册了纬业焦点（北京）文化传媒有限公司。仲伟团伙敲诈成功，就会以公司的身份，以广告费、赞助费等名义与受害方签订协议。[①]

2. 评析

社会团体利用网络开展活动之所以发展迅速，根本原因是它能够满足网络人群多层次的需求，一些与道德和法律规范相悖的需要，在社会团体利用网络活动中也能一定程度上得到满足。由于网络因素的介入，使其与普通结社行为相比，具有了网络时代背景下所特有的新特征。尽管网络空间中的 IP 地址、电子账号、用户名等数字符号与现实社会有着紧密联系，但很大程度上仍然属于掩藏现实身份的面具或者马甲。由于"虚拟身份"的存在，使得一些不法分子利用合法社会团体的名称在网络上进行非法活动。

3. 草案下的重新审视

公民在虚拟环境中结成网络团体的行为符合结社的构成要件，是公民结社权在虚拟环境中的运用。网络结社的出现是经济、社会、技术等因素共同作用的结果，市场经济下利益诉求的多元化是网络结社产生的根本原因。网络结社的出现一方面为公民结社权的实质性实现找到了新的空间；另一方面却也引发了一系列的社会问题。法权界限划分的不清晰是网络结社行为失范的原因所在。通过多网络非法结社行为进行明确的界定和监管，可以很大程度上降低网络非法结社违法犯罪的发生。

二、社会组织利用网络开展活动的法律义务

社会团体利用信息网络开展业务活动所发表言论不得违反国家的法律法规，不得含有下列内容：散布谣言，扰乱社会秩序，破坏社会稳定的；散布淫秽、色情、赌博、暴力、恐怖或者教唆犯罪的；侮辱或者诽谤他人，侵害他人合法权益的；煽动非法集会、结社、游行、

---

① 佚名：《自建网站冒充记者 11 个敲诈勒索网站被查处》，载《人民日报》2013 年 09 月 08 日。

示威、聚众扰乱社会秩序的；以非法民间组织名义活动的；含有法律、行政法规禁止的其他内容的。

相关问题的案例对比分析——网络不良信息引发社会不稳定因素

1. 案例基本案情

上海检察机关在审查一起青少年围殴事件时，发现一个名为"尊龙名社"的网络社团。该社团 2008 年 6 月注册成立，短短半年内已有 169 人，成员年龄不一，大多 16、17 岁，以在校学生为主，间或有 20 岁左右的社会闲散人员。社团内部设置了管理机构和成员等级，只要"堂主"发一个帖子，数十名手下就会带上家伙，迅速在某个地点聚集。为了网络世界里的"帮派利益"和所谓的"哥们儿"义气，可以喊打喊杀。调查发现，80% 以上的未成年人犯罪与接触网络不良信息有关，在与网络有关的未成年人犯罪案件中，80% 以上都有通过 QQ 等即时通讯工具进行联系的情况，一些未成年人利用 QQ 群结成帮派，聚集犯罪。一些未成年人对网络依赖程度极高，沉迷网络暴力游戏、"网络偷菜"等游戏，将游戏情景带入现实生活，体验暴力的快感，受游戏诱惑而体验犯罪。一些未成年人通过 QQ 群等聊天工具，在网上联络沟通，网下实施犯罪，类似的未成年人网络结社的现象呈扩散之势。

2. 评析

同现实社会中的结社一样，网络结社的法律调控也面临着保障结社自由与其他公民合法权益保护的合理平衡问题：一方面需要采取合理步骤确保普通公众权益受到保护，而另一方面又需要确保网络结社自由。可以说，网络言论及网络结社某种程度上反映了民众的现实愿望，是彰显网络民意的重要渠道，不合理的压制网络民意极易侵犯网民的言论自由与结社自由。但是，在保障言论自由和结社自由的同时，其他公民的合法权益同样也应受到尊重。网络不良信息已成为影响未成年人犯罪的一大重要因素，八成以上的未成年人犯罪与接触网络不良信息有关。社会团体利用网络开展活动更应予以重视相关事宜。

3. 草案下的重新审视

网络结社的制裁几乎很少适用，在国内也出现了保障公民网络结社自由的呼声。客观的讲，我国现阶段应当合理发展网络结社，避免过多干预公民言论权利和结社自由，避免新近频繁发生的网民"因言获罪"的司法尴尬。因此，在目前利益多元化的网络背景下，立法者和司法者的职责就是应通过法律的利益分配和协调，将各种利益冲突控制在合理的范围之内，最终实现最大多数人的利益。具体到网络结社的处置模式中，就是应当将平衡网络言论自由、网络结社自由与保障其他公民合法权利摆在首要位置。进而言之，尽管网络结社行为中掺杂着部分违法犯罪行为，但不能因此对网民的言论自由、网络结社自由进行过多限制，否则就有因噎废食之嫌。

三、网络虚拟社群活动的监管与危机干预

全媒体的合力传播，往往是舆论热潮的引爆源，易导致"突发公共事件"发生。网络社群成员通过终端媒介，能同时获知同一信息，并不约而同地迅速传播、辐射这些信息，甚至引发群体骚动。因此，社会团体利用信息网络开展业务活动，要提高应对非法网络公关行为的防范能力，完善内部管理制度，积极开展法律法规培训及职业道德教育，提高团体成员网络法律意识和责任意识，引导团体成员健康有序开展网络活动。

相关问题的案例对比分析——全媒体网络虚拟社群活动易成为社会危机事件的引发源

1. 案例基本案情

2012 年，根据百度高级搜索平台及新浪微博平台筛选出的舆情热度在 10000 以上的 42 起突发公共事件中，多数事件引发来自于社交网络。如广东"乌坎事件"、四川"什邡事件"、江苏"启东事件"等均是在网络社群推播下将敏感热点事件不断炒作、放大导致群体极化现象发生，对社会稳定造成了极大的影响。尤其是网络"地球村"结构，其无边界传播功能，使得网络更加复杂混乱。境外敌对势力往往利用网络社交媒体将网络社群作为渗透、煽动的主体，有意制造与传播负面有害信息，歪曲事实，虚构真相，煽动社群成员的不满情绪。如"2012 年的一份调查显示，美国驻华大使馆在中国的微博视频

使用率达到 18.97%，并对我国的舆论和民意产生了不可忽视的影响力。'美国之音'等诸多视听媒体也加大'从电波到比特'的转型以及向社会化媒体的融合嵌入"。这样，国内矛盾和国外干预推波助澜，更易引发危机事件，形成蝴蝶效应，造成我国社会不稳定。

2. 评析

据中国互联网信息中心统计，截至 2013 年 12 月底，我国网民规模达 6.18 亿，手机网民规模达 5 亿。另据统计，2012 年底"全国有 5000 多万个 QQ 群，按平均每个群 10 人计算，就有 5 亿人在群里"。因为，社交媒体最大的特点是赋予每个网民创造并传播内容的能力，依据这一特点全媒体虚拟社群就易成为"微力量"的汇聚平台，它正在再造个体行动、群体串联的能力。在群体性事件中，网络社群成为影响力极强的社会动员力量，对全媒体下虚拟社群的演化需要把握其传播规律。对网络背景下的社会团体活动及其行为规范体系构建和理论论证，对于当前社会团体利用互联网开展活动类型及其主要特征进行全面解读，在此基础上从刑事法、民事法以及行政法角度探析相关行为的规范体系构建，通过社会组织利用互联网开展活动相关行为规范的科学梳理，为社会团体利用互联网开展活动相关行为规范构建奠定法律基础，同时，促使社会团体利用互联网开展活动走向科学合法的发展轨道。社会团体利用互联网开展活动是传统社会组织活动在网络时代背景下衍生出的新型活动类型，其在性质上仍从属于传统社会组织行为，但是在监管方式和行为规范确立的要求上呈现出较多的个性化。

3. 草案下的重新审视

本草案要实现在现有体制内对社会团体利用互联网开展活动进行切实有效的监管，就必须理顺社会组织利用互联网开展活动与传统组织活动监管体制及行为规范确立的主线，发掘其利弊，从而实现以最少的成本将社会团体利用互联网开展活动相关行为规范予以合理构建，将其纳入现行法律责任认定体制，确保分工明确，协调一致。并且充分利用群众力量，建立起"全民网管"模式，鼓励网民积极监督各种网络活动、举报不良网站，对于通过所举报信息成功排除不良网站的网民应给予奖励。

图书在版编目（CIP）数据

中国网络法律规则的完善思路．行政法卷/于志强主编．
—北京：中国法制出版社，2016.1
（法学格致文库系列/于志刚主编）
ISBN 978 - 7 - 5093 - 6845 - 9

Ⅰ.①中… Ⅱ.①于… Ⅲ.①法律－汇编－世界②行政
法－汇编－世界 Ⅳ.①D911.09②D912.109

中国版本图书馆 CIP 数据核字（2015）第 256361 号

策划编辑/刘　峰（52jm. cn@163. com）
责任编辑/韩璐玮（hanluwei666@163. com）　　　　　　　封面设计/杨泽江

中国网络法律规则的完善思路·行政法卷
ZHONGGUO WANGLUO FALÜ GUIZEDE WANSHAN SILU · XINGZHENGFA JUAN
著者/于志强
经销/新华书店
印刷/北京京华虎彩印刷有限公司
开本/640 毫米×960 毫米 16　　　　　印张/ 15.75　字数/ 183 千
版次/2016 年 1 月第 1 版　　　　　　2016 年 1 月第 1 次印刷

中国法制出版社出版
书号 ISBN 978 - 7 - 5093 - 6845 - 9　　　　　　定价：58.00 元

北京西单横二条 2 号　　　　　　　　　值班电话：010 - 66026508
邮政编码 100031　　　　　　　　　　传真：010 - 66031119
网址：http：//www. zgfzs. com　　　　编辑部电话：010 - 66053217
市场营销部电话：010 - 66033393　　　邮购部电话：010 - 66033288

（如有印装质量问题，请与本社编务印务管理部联系调换。电话：010 - 66032926）